Lettres d'Espagne

PAR LA COMTESSE J. DE ROBERSART.

Nouvelle édition considérablement augmentée.

Paris.
WATELIER, LIBRAIRE-ÉDITEUR,
RUE DU CHERCHE MIDI, N° 5.

Imprimerie de St-Augustin.
LILLE, RUE ROYALE, 26. — BRUGES (BELGIQUE).
DESCLÉE, DE BROUWER & Cie.

MDCCCLXXIX

A conserver.

1035

Lettres d'Espagne.

Avant-Propos
DE LA SECONDE ÉDITION.

LA PRÉFACE *de la première édition est un diamant attaché sur une robe de bergère et l'étoffe paraît plus humble encore, je le sais; si j'ai laissé la pierre précieuse, que le lecteur daigne croire à mon abnégation, c'est pour ne pas l'en priver.*

1879.

Préface de la première édition.

L'ÉDITEUR ANONYME A L'AUTEUR INCONNU.

Madame,

Vous voilà imprimée, c'est fait. Il ne reste à l'éditeur qu'à vous offrir votre ouvrage ; il ne vous reste qu'à en prendre votre parti. Si l'on vous avait annoncé l'aventure, peut-être n'en auriez-vous pas été bien étonnée. En maints endroits, vos lettres montrent que vous sentez rôder l'imprimeur. Il n'y a point de modestie qui empêche de savoir que l'on tourne agréablement une pensée fine et que l'on sait bien peindre ce que l'on sait bien voir. Vous avez donc entrevu que ces feuilles légères, délices de quelques amis délicats, finiraient par s'envoler vers le public. Seulement, vous pensiez que ce serait quelque héritier qui ferait ce présent à tout le monde, et vous dormiez tranquille là-dessus, assurée d'avoir impunément de l'esprit. Mais patatras ! Voilà qu'ouvrant un ballot de livres, votre main tombe sur ce joli volume. Vous voulez savoir qui est cet auteur qui a écrit de l'Espagne comme vous, et vous trouvez que c'est vous !

Je me peins votre étonnement, votre épouvante même... N'ayez point peur.

D'abord, vous êtes fort innocente, et même vos amis sont innocents. Aucun d'eux n'a fait ce coup d'audace.

Vous n'avez rien à vous reprocher que d'avoir écrit des pages qui ont été trouvées charmantes par quelqu'un qui ne vous connaît pas, ce qui vous garantit l'intégrité de son jugement. Tous vos lecteurs vous pardonneront; vous ferez de même. Et comme les gens en petit nombre qui vous pourront reconnaître sont de votre intimité, c'est-à-dire discrets et sachant vivre, ils garderont le silence aussi exactement que vous, en sorte que vous ne serez pas plus auteur que vous ne voulez l'être, et le gros public n'aura que ce qui lui appartient.

Faut-il, Madame, vous dire comment ces confidences d'une personne qui m'est inconnue, sont tombées entre mes mains ? En vérité, je ne le sais guère. Il me paraît que l'amie à qui les lettres sont adressées n'en a pas ignoré le mérite, et elle a fait ou laissé faire une copie pour d'autres personnes également dignes de les apprécier. Cette copie a été à son tour copiée, probablement plusieurs fois, et enfin une de ces copies m'a été communiquée sans que l'on pût déjà m'indiquer la source première. Je vous avoue que je n'ai fait nul effort pour découvrir l'auteur. J'aurais tremblé d'en venir à bout, ce qui m'eût obligé par délicatesse de solliciter une autorisation que j'étais trop assuré de ne point obtenir; et si contre toute attente je l'avais obtenue, je sais bien ce qui serait arrivé.

Vous auriez au moins voulu revoir votre manuscrit, retrancher, ajouter peut-être, certainement corriger. Vous seriez entrée dans les transes d'une femme bien élevée qui se voit subitement changée en auteur de profession, et vous auriez à la fin, ou retiré la permission, ou gâté l'ouvrage.

Oui, Madame, vous-même, de cette main vive et facile dont vous l'avez écrit, vous l'auriez gâté! Au lieu de cette négligence aimable et de cette liberté souriante qui jette pêle-mêle les fleurs cueillies en courant, vous auriez voulu ajuster des bouquets. La plupart eussent été ravissants; plusieurs néanmoins se fussent trouvés lourds. Là où vous prenez votre élan, vous laissant emporter à la fougue de l'esprit, vous auriez marché d'un pas grave, et à la place des plus jolies pirouettes du monde, nous aurions eu des révérences. Personne ne doutera de la bonne grâce des révérences, mais les pirouettes valent mieux. Chez Madame de Sévigné, l'esprit, la main, le papier, tout vole; de même chez vous, et c'est ce qu'il faut. Si Madame de Sévigné avait revu ses lettres pour l'impression, nous ne les aurions pas toutes, et ce serait grand dommage. Celles qu'elle eût voulu conserver, non pas certainement les meilleures, elle les eût poudrées de tout ce qu'elle admirait dans Corbinelli, un pédant, et dans Bussy, un fat.

Et qui sait? la tentation vous serait venue peut-être de relire une histoire d'Espagne, pour éviter les erreurs d'histoire ou de géographie. Je vous vois fort éprise, à titre de Belge, de la gloire des Gardes Wallonnes: qui sait où cette tendresse vous eût menée? Vous êtes piquée de curiosité au sujet des coutumes juives du Maroc, quelque dissertation pouvait sortir de là! Tout était à craindre, jusqu'à ces belles eaux des Maures, dont vous faites voir la course et entendre la voix; il ne vous faudrait qu'un peu de loisir, peut-être, pour entrer, grand Dieu! dans un long détail sur l'art des irrigations.

J'ai prévu ces malheurs, Madame, et c'est pourquoi je n'ai pas voulu me mettre dans le cas de solliciter une autorisation qu'il était en même temps si difficile et si périlleux d'obtenir et si aisé de prendre. Et puis, après tout, vos lettres seront réimprimées, j'en réponds. Vous aurez tout pouvoir et tout loisir de les abîmer si vous y tenez absolument, je m'en lave les mains. Hélas! je vous supplie, au moins n'ajoutez point d'histoire, point d'économie politique, point de géographie; il y en a juste assez, et considérez que toute addition de ce genre vous donnerait une physionomie d'auteur. Ne changez rien aux portraits, ils sont vivants; sous prétexte de plus grande ressemblance, ne faites point des masques photographiques. Moquez-vous des professeurs qui vous signaleraient quelques fautes de grammaire; ces fautes ne sont que l'exercice le plus légitime de votre droit le plus évident. Vous savez le français mieux que tous ceux qui l'enseignent et que l'élite même de ceux qui l'écrivent. Le français est large et prompt, son vrai génie est de prendre les chemins courts et hardis. Les grammairiens ignorent cet art, mais la muse le révèle à ceux qu'elle aime, et vous êtes de ceux-là. Madame de Sévigné écrivait: « Ah! ma fille, la vie est triste lorsqu'on est aussi tendre aux mouches que je LA suis. » C'est une faute énorme et une grâce exquise. Vous faites de ces fautes, gardez-les bien. Gardez vos inexpériences, aussi jolies et heureuses que vos témérités. Il y a des endroits où vous bégayez tout à fait. Ah! quel malheur si vous veniez à parler aussi couramment qu'un grand avocat!

Tels sont, Madame, mes humbles conseils. Si j'ajoutais

des excuses pour la liberté que j'ai prise, je ne paraîtrais pas sincère; mais puisque après tout cette liberté peut sembler un peu bien forte, considérez, s'il vous plaît, que pour m'être conduit en larron, je n'ai pas laissé d'agir en galant homme. J'ai élagué tout ce qui pouvait déceler vos traces. J'ai mis partout des noms et des initiales de fantaisie. Il y avait des dates, je n'en n'ai pas laissé une. Il y avait des caprices d'orthographe assez violents, qui pouvaient être du fait du copiste, qui étaient probablement du vôtre, je les ai redressés. Ce n'est pas que j'estime infiniment l'orthographe, et je me suis assuré maintes fois que les femmes qui ont eu au plus haut degré le don d'écrire, étaient légères là-dessus, comme il se pourrait que les plus élégantes fussent de médiocres couturières, mais c'est devant les fautes d'orthographe que les grandes oreilles se hérissent et deviennent des baïonnettes qui veulent tout percer. Je leur ai ôté ce scandale.

Et enfin, Madame, écoutez deux considérations encore, qui me garantissent votre pardon et me vaudront, peut-être, vos remerciements.

Je n'ai pas l'honneur d'être Belge, mais vous m'avez fait aimer ce petit peuple qui vous a donné votre valet de pied Xiste, qui a donné à l'Espagne ses Gardes Wallonnes, aux arts Rubens, à la civilisation quantité de bonnes choses en tout genre, sans compter la bière de Louvain. Une chose pourtant manquait encore à la gloire de la Belgique. Quoi donc ? Peu de chose, Madame, si vous voulez, mais enfin quelque chose : un écrivain français. Je ne conteste pas à la Belgique ses savants, ses érudits ; elle en eut, il lui en reste. Des orateurs, elle n'en a que trop... Mais un écrivain français, elle ne l'avait pas, et c'est le présent que je lui fais. Première considération, qui intéresse votre patriotisme, et qui m'assure un entier pardon.

La seconde considération vous touchera plus encore. Lorsque vos lettres m'ont été prêtées, je cherchais le moyen de secourir une grande infortune. Il s'agissait de trouver promptement le nécessaire pour plusieurs orphelins. Trouver cela, même dans Paris, n'est pas facile à un homme de lettres. Il n'y a de plus mal aisé, même à un homme de lettres, que de mettre la main sur un manuscrit vraiment digne de l'impression, un manuscrit qui soit plein de bonnes pensées en bon style, d'esprit pétillant sans bouffonnerie, de distinction sans roideur, d'imagination sans bizarrerie, de raison sans vulgarité. A-t-on pourtant rencontré tout cela, mais sans nom d'auteur connu, et même sans nom d'aucune sorte, il y a une autre difficulté, c'est de rencontrer un libraire qui vous en offre le moindre ducaton. Or, j'ai trouvé le manuscrit, j'ai trouvé le libraire, et les orphelins ont reçu le ducaton. Et ainsi, grâce à la bonne Providence, ces jolies lettres que vous jetiez sans compter, étaient des lettres de change que le public devait acquitter au profit de quelques pauvres petits enfants.

N'ai-je pas raison de croire, Madame, que vous remerciez au fond du cœur celui qui a l'honneur de se dire, avec autant de reconnaissance que d'admiration et de respect,

Votre très-humble éditeur.

Lettres d'Espagne

PAR LA COMTESSE J. DE ROBERSART.

Nouvelle édition considérablement augmentée.

Paris,
WATELIER, LIBRAIRE-ÉDITEUR,
RUE DU CHERCHE MIDI, N° 5.

Société de St-Augustin,
LILLE, RUE ROYALE, 26. — BRUGES (BELGIQUE).
DESCLÉE, DE BROUWER & Cie.

MDCCCLXXIX.

LETTRES D'ESPAGNE.

LETTRE I.

A Mademoiselle Charlotte de Grammont.

———

Bayonne, 20 mars 1863.

CŒUR Charlotte, c'est à toi que j'écris la première ; je le dois pour tous les services que tu viens de me rendre, mais je veux te le dire en gros; si j'entrais dans le menu, je m'attendrirais et ce n'est pas le moment.

O toi, mon doux charme, tu es disparue, tu es loin, et pour combien de temps ?... Que Dieu soit mille fois béni de m'avoir ouvert les trésors de ton cœur. Que je sente ta pensée autour de moi, comme une invisible mais fidèle compagne.

Tout me semble triste, et tel est en vérité le ciel de Bayonne, gris, bas et fondu en eau. Je suis bien logée. Un magnifique omnibus avec un superbe paysan, m'attendaient à la station, ce qui ne m'a pas empêchée d'être tentée de repartir à l'instant pour Madrid, mais douze heures de diligence, immédiatement entassées sur dix-huit heures de chemin de fer, m'ont effrayée; je me suis laissée conduire à l'auberge Saint-Martin, où j'ai trouvé l'hôtelier, en petite veste blanche, le bonnet à la main et le saumon dans la poêle.

Xiste, quoi que tu en dises, et malgré madame Waudru qui prétend qu'il a peur en chemin de fer, qu'il n'ose pas même y dormir, qu'il tremble et claque des dents, Xiste va et vient avec l'air calme d'un héros. Au milieu de la nuit, j'entendis à ma portière un accent que les Belges seuls apprécient : " Madame a rien bésoin ? " C'était lui, le bon et courageux Xiste, qui me parlait dans les ténèbres.

Hier, après ton départ de Paris, j'ai dîné chez Albert, qui a rempli de vin et de fortes et douces choses, mon petit buffet de voyage. Le soir, il m'a conduite avec Berthe et Marie Joseph à la gare. Je suis arrivée la dernière; plus de place dans le compartiment des dames! J'ai eu beau en appeler au chef et montrer ma jeunesse effarouchée; il nous a fallu, mademoiselle Octavie et moi, entrer dans un vagon avec deux messieurs. Je n'ai rien eu à leur reprocher que la grandeur démesurée de l'un de leurs nez, le nez de François Ier; ils ont dormi, et nous de même.

Je me suis réveillée dans le Périgord ; il avait gelé, les campagnes étaient blanches. Ce spectacle, désagréable pour une malade, m'a refermé les yeux jusqu'aux Landes. Ah! j'ai aimé leur tristesse, leur morne silence, leur stérilité, le vent de leurs bruyères, plus douloureux qu'un sanglot ; j'ai aimé le feuillage sombre et immobile des pins ; j'ai aimé cette scène longue et désolée à travers laquelle je passais. Ainsi parfois est la route de toute une vie.

Bayonne est horrible. Monsieur C... sort de chez moi. " Il a des dents dans la bouche mais point dans l'esprit ; quant au frère curé, ça m'est égal. "

(*Victor Hugo.*)

Samedi 21. — J'ai dormi, j'ai des forces, mais mon cœur crie et se lamente. Je vois le soleil, j'irai à Biarritz.

Hier soir je suis entrée dans l'église de Bayonne, et mes yeux, en s'enfonçant sous ses nefs gothiques, se troublaient et se voilaient. La cathédrale, avec plus de lourdeur, ressemble à Saint-Waudru ; le passé s'est mis à gémir autour de moi....

L'évêque, vénérable vieillard à cheveux blancs, est venu ; on a fait le chemin de la croix ; il l'a suivi, et a prêché. J'ai senti que j'avais un juste devant les yeux.

Adieu ; prie saint Joseph pour moi. Je t'embrasse et je t'aime selon ton mérite, et ce n'est pas peu dire. Écris-moi, donne-moi de longs détails, je les lirai avec tout mon cœur.

LETTRE II.

A Mademoiselle Charlotte de Grammont.

Madrid, lundi soir, 23 mars 1863.

Le premier rayon de soleil m'a fait du bien ; il m'est tombé à Biarritz, au bord d'une mer sublime. Mes pensées mêlaient leur tristesse à celle de l'océan, et jamais il ne m'avait paru plus sombre ; sa terrible voix semblait gémir les plaintes du genre humain. Comment, de cet abîme, s'est-il élevé peu à peu un grand nom, le nom d'un juste ? je ne sais. Comment la pensée de cette âme où il m'a été donné de lire la page que lisent les anges, m'a-t-elle fortifiée, consolée ? je l'ignore. Tout ce que je sais, c'est que secouant le deuil qui m'enveloppait, il s'est formé dans le sanctuaire le plus secret de moi-même, un désir profond, auguste, aussi grand que l'infini qui était devant moi, d'aimer de tout le reste de mes forces, l'éternelle bonté. Celui qui n'a pu nous donner plus qu'il n'a fait, puisqu'il *s'est donné lui-même*, comme tu me l'as dit d'une manière si touchante. Pendant cette heure de larmes sans amertume et de pensées qui avaient quitté la terre, la marée montait, et déjà les vagues battaient la falaise, mais je ne voyais rien, je n'entendais rien.

Mademoiselle Octavie éperdue, se mit à courir les pieds dans l'eau ; mon brave Xiste s'arrêta. C'est horrible un océan qui rugit comme ferait une bête féroce avant de vous dévorer; mais c'est terrible aussi de se mouiller les pieds. Il fallait entendre les cris de mademoiselle Octavie :

— " Sauvez-vous, madame, mon Dieu, sauvez-vous ! "

— " Oui, mais j'aurai les pieds mouillés. "

— " Eh ! qu'est-ce que cela fait ? "

Des Anglais souriants nous regardaient de la jetée. Notre sang-froid nous a tenu les pieds secs. Attendant sur la pointe d'un petit rocher que la lame montante fut redescendue, sautant alors sur une autre pierre, j'ai gagné enfin le rivage. Une vieille Anglaise qui avait un voile vert, de longues dents, et de très-grands pieds, m'avait trompée en me disant : " Ne pressez pas vô ! vô hâvez trois bonnes heû encore ! "

Je suis partie de Bayonne à cinq heures du soir. En passant la Bidassoa, j'ai pensé aux exercices littéraires de notre enfance sur l'île des Faisans ; j'ai pensé aux horreurs commises à Saint-Sébastien. J'ai haï la guerre, mais j'ai aimé, sans la connaître ni la voir, il est vrai, la cathédrale de Burgos. Nos quatorze mules enragées nous faisaient sauter comme des totons sur pierres, monts et vaux ; elles se sont envolées sans arrêt jusqu'au lendemain matin, à la gare du chemin de fer, qui va lentement et prend haleine de cinq en cinq minutes, ce qui m'a donné le loisir de contempler les montagnes couvertes de neige, et les torrents de pluie qui tombaient.

Après une journée en vagon, j'ai traversé en diligence le désert de la vieille Castille, semé de pierres. J'ai eu un vif plaisir à me trouver la nuit, emportée tantôt par des chevaux, tantôt par dix ou quatorze mules aux pieds ailés, comme dit Ossian. On prend, on laisse, on reprend chemin de fer et diligence ; on n'a le temps ni de dormir ni de manger ; quand on boit, c'est d'ordinaire du vin mêlé de poivre et de canelle.

A l'aurore, tandis que nous étions dans une grange, à boire cette fois " el chocolate ", l'Espagne m'est apparue sous la forme d'un soldat qui avait une guitare pendue au cou.

Madrid, 10 heures du matin. — Madrid ne me dit rien ; c'est moderne, aligné, propre, civilisé. Point de moines, point d'églises remarquables. De jolies femmes, enlaidies par la crinoline et les cachemires français, font briller des yeux noirs sous leur mantille.

Par exemple, le musée est incomparable. J'y ai passé de longues heures. J'y ai vu entre autres le *Spasimo*, la perle de Raphaël. Je veux le revoir.

Querida Carlotta, *Con Dios !*

LETTRE III.

A Mademoiselle Charlotte de Grammont.

Madrid, 24 mars 1863.

J'ASPIRE à Séville. Madrid est une ville trop moderne pour mes vieilles idées et mes vieux goûts.

J'ai trouvé au débotté, un envoyé de Trinidad. Je descendais du coupé, songeant de quelle façon nous allions nous tirer d'affaire, quand un jeune homme vint à moi, et me dit :

" La Trinité salue la señora. "

— Amen, — répondis-je, croyant que c'était une prière espagnole de bienvenue. Trinidad, bonne et charmante, du fond de Séville, pensait à tout, et m'envoyait Don Eusebio pour m'aider à me loger. Il me trouva un confortable appartement, hôtel des Princes, sur la place de la Puerta del Sol, sans salon, il est vrai, au second, pour quarante francs par jour.

Le ciel est bleu, on se promène en foule dans les rues ; tout est animé et vif, la mantille est générale. Nos hideux chapeaux font peur çà et là, mais en petit nombre ; du reste, plus de costume national, mais quelque chose qui ressemble terriblement à la mise de province. Des jeunes dames espagnoles, auxquelles j'étais recommandée de Paris, me sont venues voir avec leurs maris, et m'ont promenée au Prado. L'une, la plus jolie, a un tout petit nez ; elle se l'était rempli de tabac, du fameux râpé d'Espagne, espérons-le !

LETTRE IV.

A Mademoiselle Charlotte de Grammont.

Madrid, Annonciation, 23 mars 1863.

My sweet heart !

SAINT François de Sales dit excellemment qu'un voyage est l'image de la vie, ce campement plus ou moins bon avant l'éternelle arrivée !

Je mène de front mes deux voyages, celui d'Espagne et celui de l'éternité ; ils se ressemblent. Dans l'un comme dans l'autre, ceux que j'aime me quittent et disparaissent ; je tends la main à des inconnus, et ces inconnus à leur tour sont remplacés par d'autres. Les lieux, les relations, les idées, moi-même, tout change, tout se précipite, tout crie : Cours, hâte-toi. Courir, où donc ? à Cordoue, à Séville, en Afrique ? Non, non : à la mort !

Un de mes voyages, celui d'Espagne, subit une vive contrariété ; on m'a mal comprise, et ma place n'est retenue que pour le 27, ce qui me fera manquer, peut-être, le dimanche des Rameaux à Séville.

Aujourd'hui, repos absolu en l'honneur de la fête. Rien n'est ouvert que les églises. Elles sont nues. On sent que la révolution, cette grande voleuse, a passé par là. A cause du carême, les tableaux sont voilés.

Les rues sont encombrées par une foule grave, presque silencieuse, qui marche lentement à la façon des ombres. Plus un costume. Les hommes, généralement de petite taille, ont des paletots ou autres vêtements assez laids; les femmes ont gardé la mantille qui s'attache derrière la tête. Leurs magnifiques cheveux, véritable forêt d'ébène, sont arrangés avec un talent d'artiste ; leur taille est souple, leur marche, celle du faon gracieux, et leur figure resplendit d'une étrange beauté. La beauté est générale. Don funeste ! disait ma tante Obert. Je la veux croire. Leurs noires prunelles, en effet, semblent briller quelque peu du feu d'enfer. Elles traînent dans la rue et dans la poussière les robes les plus éclatantes, telles que nous en portons le soir à Paris. La Reine avec le Roi époux, conduits à quatre chevaux, passent souvent sous mes fenêtres ; une horrible trompette me l'annonce. Les Infants, il en pleut des infants, toujours annoncés par cette trompette, traversent et retraversent ma Puerta del Sol, emportés par le galop de quatre mules. Cher cœur, les mules sont mon amour, j'en veux avoir et en émerveiller Paris et Versailles; elles volent, elles sont belles, elles ont des oreilles spirituelles qui vont et viennent et éclatent de rire; je ris moi-même en les voyant; elles ont des idées, il faut compter avec elles et leur parler... O mules !

C'est jusqu'à présent ce que j'aime le mieux en Espagne. Je ne sais pourquoi on leur pèle le dos ; du reste, ça leur donne un air de grande modestie.

Et le fameux Prado ! faut-il avouer que les arbres y ont l'air de pauvres, qu'il y a une poussière horrible, mais les plus jolis minois du monde, et des chants langoureux ?

Madrid, 27 mars. — Je pars dans quelques heures pour Séville. M'entends-tu bien, pour Séville ? Ah ! j'ai envie de me baiser la main ! Je n'ai qu'un instant que je te consacre, et que tu devrais payer par des volumes ; je l'emploie à te dire que je ne dirai rien. Je suis émue et frémissante d'avoir vu hier le sombre Escorial. Cette journée est une des marquantes de ma vie, et comme mon émotion dépasse mon pouvoir de peindre, peut-être la garderai-je pour moi.

J'abandonne madame Waudru, qui fait horriblement d'horribles paquets ; je vais courir aux écuries de la Reine, au musée, dîner, partir. Ah ! que d'affaires ! Madrid, décidément, est trop moderne pour moi ; à chaque pas, j'y songe à un champignon poussé dans le désert. Sauf le Prado et ses courtoisies, sauf les chiens dans les églises, sauf les nattes et les femmes assises dessus en mantilles, belles et profondes dans leur dévotion, je ne croirais pas être en Espagne. Cependant je voudrais étudier ce peuple de près, je me sens portée à l'aimer. Je trouve partout une grave et véritable politesse. Sans un seul mot d'espagnol, je me fais comprendre, et j'évite le supplice d'un guide-interprète.

Et " el chocolate "! ah! mon petit oiseau chéri, c'est du nectar, j'en suis déjà engraissée. Le ciel est admirable, le soleil doux et tendre comme ton cœur. Quel paradis si tu étais là!

Je ne peux me consoler de l'absence des moines, j'en hais plus que jamais les révolutions et les nouveautés immorales. Il y a quatre-vingts ans, la France croyait tenir le bonheur ; elle avait la boite de Pandore dans les mains ; les idées dangereuses et tous les maux s'en échappèrent. L'Espagne l'a vue à l'œuvre et elle l'imite; ah! elle est impardonnable! Peut-être est-ce la prospérité et la grandeur de la Belgique qui la trompent... ; mais la Belgique est dans une position à part.

Adieu! Comme je ferai courir à la poste de Séville! Comme je me sens remuée à la pensée de revoir des écritures chéries! Adieu encore. Je te regrette, c'est mon doux, mon triste refrain.

Tout à Marie, toute à toi.

LETTRE V.

A Mademoiselle Charlotte de Grammont.

Fonda de las Españas, calle de Madrid.

Séville, 31 mars 1863.

Chère aimée,

CETTE lettre ne comptera pas ; je sens d'avance qu'elle n'aura ni queue, ni tête, ni pattes ; elle n'aura qu'un cœur qui pleure après toi, comme le Saint-Jean du Vatican. Mais je suis une pauvre artiste, et excepté Crivelli et toi, personne ne peut faire de cette douleur nerveuse et terrible, un chef-d'œuvre. Si je pouvais arracher la grande épine de ton absence, je serais dans un véritable ravissement, bien que pas plus à Séville qu'à Madrid, je ne voie ces costumes pittoresques, auxquels nous ont habitués les tableaux.

Hier, il y eut procession.

Trinidad m'avait placée à un balcon de la calle de la Sierpe. On promenait, sur cinq ou six estrades, les mystères de la Passion. Les personnages en bois, de grandeur naturelle, étaient vêtus magnifiquement.

Une musique accompagnait la procession, précédée elle-même par des confrères appelés nazaréens. Quels confrères! Ils avaient de grandes robes à queue en percale blanche, des voiles blancs et épais sur la figure, avec deux trous pour les yeux, et des bonnets blancs et pointus hauts de deux mètres. Ils tenaient une corbeille dans les mains; autrefois cette corbeille se remplissait de dragées qu'ils offraient aux dames.

Tout le monde était au balcon et dans la rue. Chacun a de terribles yeux qui ont l'air de ne pouvoir dire que deux choses : amour, ou haine. Il y a de grandes beautés, de petits pieds qui portent de petites personnes qui se balancent d'une façon très charmante. La mantille est universelle ; quand les femmes y ajoutent des fleurs et leur ancien costume noir, elles ravissent; leur teint mat, qui semble éclairé par le dedans, leur silence passionné, leurs yeux de velours qui voilent la foudre, en font des créatures pleines d'attrait.

Je compte rester longtemps ici ; je t'enverrai mes remarques heure par heure. Aujourd'hui j'ai une sorte d'ivresse, de joie de l'esprit, qui me trouble, et un reste de fatigue, car je ne suis arrivée qu'hier.

Trinidad me comble d'attentions. Nous nous sommes reconnues, nous nous sommes jetées dans les bras l'une de l'autre ; nous étions bien émues... Le passé s'est dressé devant nous. Elle a perdu comme moi une partie de sa famille ; comme moi... Mais laissons là les vaines douleurs.

Elle habite avec sa sœur, la comtesse del Aguila, qui porte des fleurs de lis dans ses armes, en souvenir d'une glorieuse bataille remportée par des aïeux de son mari. Je me réjouis d'être admise dans cet intérieur qui va me permettre bien des études. Je les ai commencées aujourd'hui même. Les del Aguila sont venus me chercher en voiture, à deux heures et demie. Il y a trente ans, quand ils se sont mariés, il n'y avait que trois voitures à Séville, à présent on en compte beaucoup. Le luxe gagne, les machines gagnent, les industries diverses gagnent, et bien des choses gagnent qu'on appelle progrès; la religion perd. Les couvents ont été pillés, brûlés, changés en places publiques ou en fabriques. Jadis Séville était une ville de foi ; on y vivait au foyer avec grand respect de l'autorité paternelle, retiré, priant et faisant l'aumône. Ce n'est plus cela. Il y a progrès maudits.

Nous sommes allés au musée, je t'en parlerai, et à la promenade sur les bords chantés du Guadalquivir. J'ai vu des bateaux à vapeur et beaucoup de barques ; les vagues moutonnaient et le flux se faisait sentir ; c'est le privilége de ce fleuve, qui baigne le paradis terrestre, d'avoir des marées comme la mer.

J'ai bu un verre d'eau conservée dans une amphore de pierre ; elle était fraîche et délicieuse ; j'y ai mis une sorte de sucre vaporeux, qui ne laisse aucune trace dans l'eau, et qui sent légèrement le citron. On l'appelle panales.

Nous sommes allés à la cathédrale que le soleil éclairait d'une belle lumière; je t'en parlerai. Rien n'est plus beau. J'ai la fièvre d'admiration et je ne peux écrire. Nous sommes rentrés chez mon cousin pour diner à l'espagnole et très-bien.

Adios, Querida.

Je vais dimanche à la course des taureaux ; pense à moi.

LETTRE VI.

A Mademoiselle Charlotte de Grammont.

Séville, mardi, 31 mars 1863.

Ma lettre sans queue est partie ce matin ; je rentre fatiguée et n'ayant que le temps de me reposer une heure, parce que les del Aguila vont venir me prendre pour aller à l'Alcazar. Il n'importe, je veux t'écrire, sweet heart, et te prouver que jamais Andalouse n'eût de chevalier plus fidèle ni plus esclave de sa volonté. Si ton bizarre amour de mes lettres change, surtout préviens-moi, afin que je jouisse dans la paresse, de cette infortune.

J'ai été à la cathédrale ce matin. J'aimerais mieux décrire le ciel, dont elle a la hauteur, que cette merveille. Cependant je m'y mettrai après Pâques, quand les tableaux seront découverts, et que j'aurai vu saint Ferdinand dans sa châsse d'or. Trinidad m'a attaché pour mes matinées, un vieux et aimable señor, la bonté même. Il m'a menée aujourd'hui par des rues toutes charmantes, garnies de balcons et de maisons mauresques qui font rêver. Elles ont d'abord une sorte de vestibule ouvert et pavé en marbre, dont les murs sont revêtus de faïences éclatantes, et qui est fermé du côté de l'intérieur par une grille à jour, d'un travail en fer souvent délicat. Cette grille laisse voir une cour en mosaïque, un jet d'eau, des touffes de roses, des bananiers, parfois des palmiers, et une colonnade de marbre ; c'est le charmant *patio*. Les appartements d'été ouvrent sous les blanches colonnes ; quand la chaleur est venue, on tend une toile au-dessus du patio, on l'orne, on y passe la journée, on y donne les tertullias. Tout est amour ici, et tout s'y prête merveilleusement ; le beau ciel sans nuage qui se reflète peu à peu dans l'âme et lui fait croire au bonheur ; le balcon, la colonnade mystérieuse, le demi-jour de l'église et son bénitier, la promenade où chaque soir on se rencontre, la vie molle, l'indulgence pour les faiblesses du cœur, voilà ce que j'entrevois.

Je ne connais encore qu'une partie de Séville ; les rues, à cause de la chaleur, sont étroites, elles s'entrecroisent et s'enlacent ; c'est un labyrinthe peint en blanc, qui a une étrange et attrayante physionomie.

A mon arrivée à Séville, j'ai trouvé ma chambre garnie de fleurs ; c'était la bienvenue que me souhaitaient mes cousines ; selon l'usage espagnol et tout courtois, elles sont venues me voir les premières. Depuis lors, Trinidad n'est occupée qu'à empêcher ses amis de me visiter. Comme ils ne savent pas le français, elle a pitié de mon embarras. Plusieurs ont rompu la barrière néanmoins, et sont montés chez moi pour m'offrir leurs services. Oh! Paris! Paris froid, indifférent, inhospitalier, qui vit sur son ancienne réputation de courtoisie, quelle différence!

Je reviens au musée de Madrid, que j'ai admiré à plusieurs reprises. Il renferme deux mille et un tableaux; j'aurais voulu y passer autant de jours. C'est impossible à décrire: il y a des Greco, des Ribera, des Zurbaran, soixante quatre Velasquez de Silva, des Alonzo Caño; quarante six Murillo; des Goya, des Bellini, des Titien, des Tintoret, des Véronèse, des Léonard de Vinci, des André del Sarto, des Corrège, des Carrache, des Guido Reni, des Albane, des Dominiquin, des Salvator Rosa, des Dürer, des Rembrandt, des Wouwerman, soixante deux Rubens, des Van Dyck, des Breughel, des David Teniers, des Poussin, des Claude Lorrain, trois portraits et sept tableaux de Raphaël. J'ai contemplé longtemps la *perla*, ainsi nommée par Philippe II. Elle avait appartenu à Charles Ier, d'Angleterre; leurs yeux l'ont regardée comme moi... Le *Spasimo* mérite le voyage; le monde entier s'est réuni pour vanter la tête de Notre-Seigneur se retournant et reflétant sur ses traits divins l'angoisse de l'Homme-Dieu et une inénarrable compassion pour les femmes qui le suivent. Quelle retouche a-t-on faite à ce Raphaël sans prix? On l'a rendu très-dur, et de loin je ne savais que penser.

Esteban Murillo te ravirait; on ne le comprend bien et il n'a toute sa valeur qu'en Espagne. Je vois dans les rues les enfants qu'il a peints et les femmes ravissantes dont il a fait ses Madones. C'est un maître et un des premiers. Son tableau le plus célèbre de Madrid, est sainte Élisabeth soignant les teigneux.

J'ai donné une part de mon cœur à Velasquez, et je l'ai définitivement retiré à Ribera, dont les héros noirs et se frappant la poitrine avec des pierres, meurent dans des supplices horribles, leurs boyaux tournés et retournés sur des roues; ils m'épouvantent.

Je reprends mon récit :

Je pars de Madrid, je cours au chemin de fer. Mademoiselle Octavie déploie du génie pour se faire comprendre. Mes colis volent à droite et à gauche; Xiste, le héros, laisse faire madame Waudru et sourit bénévolement à tout ce qu'il voit. Il est cependant devenu sérieux en face des aguadores. Quand on pense, a-t-il dit, qu'ici on boit de l'eau!

Nous sommes restés en chemin de fer jusqu'à quatre heures du matin, puis, il a fallu reprendre la diligence.

J'ai beaucoup à me louer des Espagnols; ils sont pleins de réserve et d'égards pour les femmes, mais ils ne quittent pas la cigarette.

Boire, dormir, manger, sont des choses indifférentes, me paraît-il, dans ce pays de poésie. Heureusement que ma nature, aidée du bon petit buffet d'Albert, se prête à ce genre de vie. On n'arrête guère ; les dix mules se détellent et sont reattelées en un instant, et le zagal et le mayoral et la diligence, tout repart dans le plus terrible ventre à terre, sans vous laisser le temps d'avaler une goutte d'eau. Les montagnes étaient couvertes de neige. J'avais deux manteaux, dont l'un en fourrure, et ma couverture; j'ai eu froid, et j'ai eu trop chaud.

Voilà un voyage celui-ci, un vrai voyage, avec six ou huit cents lieues dans ses longues jambes, une langue inconnue, des diligences, des monts, des vaux et la famine! On ne peut se figurer la beauté de la sierra Morena; Marie Joseph y aurait pensé à Subiaco. Le défilé de Despeña perros est ce que j'ai vu de plus remarquable jusqu'ici. Les montagnes de rochers s'entassent l'une sur l'autre, et forment une architecture gigantesque. La pierre est d'un rose baigné de soleil, qui m'a rappelé Saint-Jean de Latran; un torrent mêle sa note grave à ce grave tableau. Les bandits, jadis, avaient choisi cet endroit pour repaire. On dit qu'il n'y en a plus; j'aime à ne pas le croire. D'ailleurs, des gendarmes garnissaient la route de distance en distance; ce n'était pas pour nous arrêter, à coup sûr.

Don Quichotte a suivi une partie de cette voie. Je sens l'honneur de marcher sur ses traces.

La végétation change; voici le Sud, presque l'Afrique. Les cactus et les aloès bordent la route; j'aime mieux l'aloès sous notre ciel gris, et triste prisonnier dans sa caisse; il est dépaysé dans son pays. Cette plante dégingandée et terne, compose une assez bonne harmonie avec l'olivier. L'olivier, gloire injuste et mal acquise, n'est qu'un saule poudreux dont toutes les feuilles semblent tachées d'huile.

Séville, Jeudi-Saint. — Le temps s'envole ; ma vie serait le paradis si je pouvais effacer le passé et mettre des livrées roses au lieu de celles du deuil.

Il m'est impossible de t'écrire sous le feu, tant je vois de choses, grâce à la charmante Trinidad et à sa sœur Rosario. Trinidad parle beaucoup de toi, elle te regrette. Notre aimable compagne du Sacré-Cœur de Paris a de l'influence, et sa vertu solide fait exemple. Les hommes admirent son éducation et sa modestie ; les femmes s'essaient à mettre, comme elle, quelque chose de sérieux dans leur vie.

Je ne sais par où commencer mes narrations ; les offices, l'Alcazar, San-Telmo ? Je suis tentée de passer au travers de tout, au grand galop des mules, et de m'aller promener sous les orangers, mais tu ne serais pas contente.

Je me décide pour l'ordre chronologique.

Hier, les del Aguila sont venus me prendre dans un bel équipage attelé de chevaux anglais, point andalous, hélas ! On dit que la race pure en est perdue. Ce n'est pas peu de chose que d'aller en voiture à Séville. Il faut faire de grands détours, car il n'y a que cinq ou six rues assez larges pour qu'on puisse y tourner, et ces cinq ou six rues ont de petits pavés disloqués, pointus, effroyables. Mon cousin del Aguila, attelait autrefois à son carrosse sept mules à la file ; ces mules que j'aime tant, qui m'emportèrent de Madrid à Séville, comme dans un tourbillon ; qui montaient les montagnes les plus raides en galoppant, qui répondaient à leurs noms en faisant des gambades et en courant encore plus fort, qui étaient toutes plus spirituelles les unes que les autres, et têtues à merveille !

Nous sommes descendus à l'Alcazar, le magnifique palais des rois Maures jusqu'à la prise de Séville, le 22 décembre 1248. Saint Ferdinand s'y installa. Pedro le Justicier, Charles-Quint, Philippe II, y firent travailler. Enfin il vient d'être restauré avec une rare patience ; toutes les arabesques avaient disparu sous l'empâtement d'une peinture à la chaux. Quand on entre, l'effet est des plus fantastiques ; on ne voit que lointains mystérieux, que colonnades légères et travaillées, que murailles de si fines dentelles, qu'il semble qu'on y frissonnerait au moindre souffle, et que la main d'un enfant mettrait en pièce cette merveilleuse broderie de pierres. Le patio de las doncellas a cinquante-deux colonnes de marbre blanc ; elles soutiennent vingt-quatre arcs formés de treize demi-cercles. Une galerie l'entoure, et ses murs, couverts de ravissantes arabesques, sont lambrissés de faïences inimitables, car les Maures en ont emporté le secret.

Le salon des ambassadeurs, avec sa haute coupole, est une féerie. Des arcs, des balcons, des arabesques, des galeries, de l'or, des couleurs chatoyantes, montrent l'art et la richesse de cette époque et font rêver au paradis de Mahomet.

Sur une des dalles de marbre blanc, on voit une grande tache indélébile ; c'est, dit-on, le sang de Don Fadrique, tué là par l'ordre de son frère, Pierre le

Justicier, comme l'appellent les Espagnols. Les plafonds seuls avec leurs alvéoles sculptées arrêteraient des jours entiers. J'y retournerai ; je veux revoir les jolies fenêtres mauresques divisées par une fine colonne de jaspe ; je veux revoir les quatre têtes de Maures peintes à l'entrée de la chambre de Don Pedro, et redescendre le bel escalier de marbre.

Sous des arceaux froids et sombres, on voit d'immenses vasques de marbre blanc, qui formaient le bain des sultanes et de Maria de Padilla.

Le jardin de l'Alcazar, fabriqué à l'italienne, avec des ifs et des buis taillés, renferme des surprises. Le comte de *** avait bien envie d'en surprendre mademoiselle Octavie. Vous vous promenez, et sous vos pas s'élancent mille jets d'eau. C'est une invention de Pierre le Cruel ; qu'il n'y ait point de paix pour son âme !

J'ai été hier aux offices de la cathédrale. Toutes les femmes en noir et en mantille sont assises par terre avec la grâce des gazelles. Elles sont recueillies. Le soir à neuf heures, il y eut un *Miserere* d'une bonne musique, mais faiblement exécutée ; toute la ville y était. Ce peuple, ce temple éclairé, la musique triste et grave, la foule s'écoulant silencieuse dans les rues, le ciel bleu, brillant d'étoiles, sont des souvenirs que je n'oublierai pas. Aujourd'hui, jeudi-saint, et demain, personne ne va en voiture.

A la messe, à l'endroit de l'Évangile où nous nous prosternons, on déchire l'immense voile qui est devant l'autel et on tire des coups de fusil. Les enfants crient, les chiens se sauvent.

J'ai visité mercredi San-Telmo, palais des Montpensier. Je ne te parlerai ni des vastes appartements, ni des belles armes, ni des tableaux, quoiqu'il y en ait quelques-uns de bons ; mais des jardins. Nous nous sommes promenés dans un bois d'orangers ; nous nous sommes assis aux pieds de dix palmiers très-grands, très-beaux ; les senteurs les plus douces parfumaient l'air; je croyais rêver, je rêvais en effet. Ah ! quel paradis !

Adieu, ma chère Charlotte, je te quitte pour aller aux offices.

LETTRE VII.

A Madame la Marquise de V***

Páques, 1863.

DE Séville, Carissima!!!...
Après je ne sais combien de jours et combien de nuits passées en chemin de fer, et surtout en diligence, me voilà enfin à Séville, la merveille des Espagnes! Pour m'y faire arriver, dix mules ont rué, ont reçu des coups de bâton, ont galoppé, se sont emportées dans des gorges admirables, quoique privées de bandits. On n'en trouve plus que dans les églises ; là, dans la plus belle cathédrale du monde, des brigands m'ont volé ma bourse, mais bourgeoisement, en secret, sans me demander la vie.

En route, on n'a le temps ni de manger, ni de boire que, de loin en loin, *el chocalate* et du vin épicé de poivre et de canelle, qui vous met en train de voyager jusqu'aux colonnes d'Hercule, si bien que je suis tombée sans fatigue dans les bras de mes cousines. Elle sont charmantes, ont train de prince et me promènent à quatre chevaux. Que tu aurais été aise de passer toute la journée et toute la soirée avec elles ; et quelles soirées ! En plein air, avec des senteurs enivrantes de jasmins et d'orangers, une lune admirable et un doux zéphyr qui soulève à peine le coin de la mantille !

Les rues sont blanches, étroites, enlacées, mauresques, peintes à la chaux ; elles me rappellent le grand béguinage de Gand. Mais je m'arrête court comme une poupée à ressort. Les descriptions, ça ennuie tout le monde. Causons : Point d'insectes ; grande, grande propreté partout. La hoye, toujours pour premier plat ; on l'appelle ici *el cocido*, ou *puchero* ou *olla*.

Quel temps fait-il à Paris ? Il me semble que Paris est la Sibérie.

Je vais tout à l'heure au combat de taureaux. Je suis assez calme.

Je suis donc en Espagne et à Séville, la reine des Maures. Quel rêve ! Pense à moi dans ton Alcazar de la rue de Babylone.

Comme j'ai horreur des adieux, je suis consolée de t'avoir manquée, mais reconnaissante de tes venues chez moi.

Je t'aime, je me souviens, je suis toute à toi.

LETTRE VIII.

A Mademoiselle Charlotte de Grammont.

Séville, samedi, 11 avril 1863.

Ta lettre m'est un tel bonheur, elle rouvre la porte au rire avec un tel fracas, que je veux t'en dire un mot aujourd'hui, te remercier, et demander encore la reconnaissance des tiens, de ne leur avoir pas enlevé un trésor tel que toi.

Le jour de Pâques. Je pars pour le combat de taureaux.

Lundi de Pâques. Quel mélange dans mes lettres; quel plus grand mélange encore dans ma vie! Et mes pensées, si je les écrivais?... Beaucoup te feraient pleurer. Cette livrée de deuil est attachée à moi comme la tunique de feu. Quelles blessures elle m'a faites! As-tu su l'affreux malheur arrivé aux S...? Je suis atterrée; pauvre Louise! Je n'ai pas de détails sur cette mort subite et terrible. Heureusement que cette noble Louise n'aimait que Dieu.

Le matin de Pâques j'ai assisté aux offices de la cathédrale ; ils se font bien, mais sans cérémonie particulière. La richesse des ornements est très-grande.

Le samedi-saint, la procession qui va dans l'Église, de chapelle en chapelle, est accompagnée par des flûtes, des hautbois, toutes les sortes d'instruments qui jouaient autour de la fille de Jaïre, quand Notre-Seigneur est entré pour la ressusciter. Ah ! qu'il a bien fait de les chasser.

Nous avons eu trois processions aussi curieuses que magnifiques, pendant la semaine sainte. En décrire une est les décrire toutes. Je bénis le sort de m'avoir fait naître Belge. Comme j'ai vu toute ma vie des saints habillés, je n'en ai point été offusquée ici, et j'ai pu saisir tout de suite la beauté des fêtes.

Les Vierges sculptées en bois, ont des manteaux de vingt à trente mètres de longueur, en velours brodé magnifiquement ; elles sont couvertes de pierreries ; Plusieurs d'entre elles, Notre-Seigneur et une Madelaine admirable, sont de Montañes, dont le nom, trop peu connu à l'étranger, est entouré en Espagne d'une juste gloire.

Voilà Trinidad. Adios !

Mardi de Pâques. J'ai si peu de temps ! et pendant ce peu de temps, j'ai si envie de dormir, que tu ne seras pas contente de mes lettres.

Par où commencer, bon Dieu, par où commencer ?

J'ai là, sur ma table, une *navaja* longue de trois coudées, que mon cousin Fernando del Aguila m'a donnée. C'est un vrai coutelas, mais passons.

Ce matin, Trinidad m'est venue prendre pour aller voir le trésor de la cathédrale. Il renferme des mines d'or, d'argent et de pierreries ; la sacristie Mayor, où il est déposé, est elle-même remarquablement belle ; on y voit deux Murillo, san Isidoro et san Leandro, et un Campaña. J'y ai admiré des ostensoirs d'un grand mérite et toujours d'une grande richesse ; l'un est orné de mille trois cent soixante-cinq brillants, et de deux perles, sinon de la grosseur du bœuf, certainement de celle de petites grenouilles ; quatre chandeliers en argent massif, donnés par une dame, ont coûté cent mille francs ; ils servent le jeudi-saint devant la Custodia qui vaut douze millions. Cette Custodia est en argent massif, elle a douze pieds de haut et quatre étages ; le travail en est excellent. On met la Sainte Hostie dans le second étage. Les statuettes sont faites avec art. Vingt-quatre hommes sont nécessaires pour porter ce monument dans les processions. Je passe les ornements d'église faits à Séville, dans ces fabriques de soie jadis si célèbres ; ils sont dignes du reste. La cathédrale est presque le seul lieu du monde où on ait le droit de dire la messe en bleu-de-ciel. On se sert d'admirables ornements bleus-de-ciel brochés et rebrochés d'or, à l'Immaculée-Conception et à la Fête-Dieu. Seize enfants du séminaire, habillés de satin bleu à paillettes d'or, dansent avec gravité en chantant devant l'autel.

Trinidad et Fernand Caballero m'ont dit que c'est d'une naïveté qui, loin de donner envie de rire, émeut jusqu'aux larmes. On m'a montré un calice fait avec le premier or venu d'Amérique, les clefs de Séville remises par le roi maure à saint Ferdinand, des reliquaires presque dignes, à force de beauté, des objets qu'ils contiennent, la Sainte Épine, entre autres. Je m'arrête : le temps, le précieux temps me manque. Nous sommes sortis par des rues mauresques, dont je ne me lasse pas ; elles sont étroites, toutes blanches, toutes parfumées, charmantes. On respire les plus douces senteurs du jasmin, de l'oranger et je ne sais quel suave bouquet répandu dans les airs. On marche comme dans un étroit corridor à balcon, sur des dalles formant trottoirs ; le milieu de la rue est fait de petits pavés en furie. Ces petites pierres sont renversées et déchaussées, elles vous percent les pieds comme des aiguilles. On avance lentement, personne n'est pressé ici ; on jouit de l'air pur, du ciel bleu ; on passe devant des patios embaumés d'orangers, égayés de plantes grimpantes à longues grappes bleues. J'écoute avec délices les eaux qui retombent dans les vasques de marbre. Il me semble que j'entends la voix de mes amis... Oh ! quel rêve, quel rêve ! Quel pays de rêves et d'enchantements.

J'ai vu la maison de Murillo, puis nous sommes arrivés, au milieu des fontaines et des orangers, à une belle galerie de tableaux, composée par un doyen de la cathédrale.

Le matin j'avais fait la connaissance du R. P. José Medina, qui a été quinze ou vingt ans en France et même à Nivelles ; il m'a fait un grand éloge de la Belgique qu'il trouve ressembler à l'Espagne. Le P. José Medina est un homme savant ; on dit, ce qui vaut plus encore, qu'il est saint. Je l'ai interrogé sur bien des choses, et entre autres sur l'expulsion des Ordres religieux et leurs abus. Sa réponse m'a frappée :

" Par qui ont-ils été chassés ? cela répond à tout. Les Capucins et les Carmes pratiquaient les plus hautes vertus, ils ont été chassés ; les Jésuites n'avaient aucun abus, ils ont été chassés, et bien d'autres qui vivaient de l'esprit de l'Évangile. La Compagnie de Jésus ne comptait, avant 1835, que trois cent soixante-six de ses enfants en Espagne ; depuis qu'ils n'y sont plus que tolérés, il y en a mille et quelques-uns. Ainsi Dieu se sert même des tempêtes et des révolutions pour semer et faire croître ses disciples. "

Je réponds à ta lettre du 28 mars. Mon séjour ici continue à être une féerie. Saint Joseph l'a béni, et je me console très-bien qu'on m'ait volé ma bourse dans la cathédrale. Je suis traitée comme la reine de Saba. Les del Aguila me promènent, Rosario me comble de bontés, Trinidad est pleine de cœur et d'esprit. On me soigne, on m'amuse, on me nourrit fort bien. Je pense avec douleur qu'il me faudra, vers le 29, quitter ce paradis, et néanmoins ce sera pour Tétouan et Grenade !

Donne-moi des nouvelles ; mets-moi plus avant dans l'âme de cette charmante M..., qui donne envie d'être meilleur, et je te dirai pour récompense que Mathilde va bien, ainsi que le gros Georges, le nouveau né. Je serai sans doute forcée de retourner par Madrid ; je passerai quelques jours encore à l'Escorial. Sois tranquille, je te le décrirai. Si je prends une autre route, n'importe, je t'ouvrirai mon cœur sur ce palais monacal, presque sinistre.

Dimanche et lundi, je suis allée au musée. Hélas ! on l'a établi dans le couvent de la Merci et il n'est guère composé que de la dépouille des cloîtres. On voit d'abord quelques fragments romains trouvés à Italica, là où naquit Trajan, et une grille mauresque dont l'entrelacement est un problème ; nul ne peut dire par où passent et s'entre-croisent les barreaux. On monte par un escalier royal en marbre blanc. Les plafonds sont des marqueteries charmantes. Il n'y a qu'une salle, et il n'y a que des chefs-d'œuvre. Mes yeux se sont ouverts sur le grand mérite de Murillo ; il est tout ce que je croyais qu'il n'était pas, et je ne m'étonne plus qu'on l'appelle le Raphaël de l'Espagne. Douze ou quinze toiles de lui, qui sont réunies là, méritent à elles seules qu'on fasse cinq cents lieues pour les voir. Les figures et les corps sont d'une vérité, d'une anatomie, et en même temps d'un idéal que Raphaël seul surpasse, peut-être ; il y a des têtes qui font pleurer tant elles ont de sainteté et d'amour ! On tremble, on retient sa respiration, on assiste à l'extase de saint François qui a le plus divin des enfants Jésus dans les bras ; on voit le Christ se détacher de la croix et étreindre le saint dans un embrassement mystique. On vénère saint Félix de Cantalicio, et rien n'est plus idéal et plus divin que la Vierge qui lui apparaît ; elle a un vaporeux contour et une beauté de traits qui passent toute description. C'est vraiment la Reine du ciel qui descend vers la terre.

Un de ses tableaux que Murillo aimait le mieux, est saint Tomas de Villanueva donnant l'aumône aux pauvres ; toutes les figures parlent; le saint rayonne de paix et de mansuétude. Un petit garçon, montrant à sa mère la piécette qu'il vient de recevoir, se détache de la toile et semble vivant. Le musée possède deux Immaculées-Conceptions, toutes deux très-belles, toutes deux rappelant celle de Paris. Dans l'une, des têtes d'anges, d'un céleste idéal, pavent le chemin du ciel ; c'est la route de l'infini et sa profondeur incommensurable.

Un peintre renommé, M. Becker, d'origine belge, dont j'avais visité l'atelier et admiré les tableaux, m'a fait un discours en espagnol, et voyant que depuis trois jours, je n'avais pas appris sa langue, il a secoué la tête et m'a amené un autre Espagnol sachant le français, mais qui n'a pas compris le mien. Après des signes de muets et des cris d'aveugles, nous nous sommes séparés. M. Becker est allé chercher le directeur. Je me rappelai que tu m'avais recommandé de parler nègre en pays étranger pour me faire comprendre, et j'allais dire : " Moi Monsir, être bien content, bien content de Murillo à vous, " quand le directeur m'adressa la parole en bon français.

J'ai eu une scène ce matin dans mon hôtel. On me voulait faire je ne sais quelle pillerie, mais Trinidad a mis à l'ordre l'Italien majordome qui est particulièrement entendu à ce sac. C'est un jeune et noir mécréant, qui mange de la viande le vendredi-saint.

Et les taureaux ! J'en ai rêvé.
Nous y sommes allés le jour de Pâques, avec mon cousin del Aguila. Les dames n'y paraissent presque plus à Séville, c'est un progrès. Sur six ou huit mille personnes que contenait le cirque, il n'y avait pas deux cents femmes. Pendant que la voiture qui me conduisait à la corrida, penchait et cahotait dans les rues de Séville peu faites pour elle, je souffrais mort et passion, et ma pensée allait à toi et aux vêpres que tu chanterais, tandis que moi, à ce moment même de trois heures, je verrais peut-être tuer un homme. Je me rappelai que quelqu'un m'avait dit au Colisée : Vous seriez allée voir les combats de gladiateurs... Avait-on raison, grands dieux ! C'est dans cet état piteux que je fis mon entrée. Le combat était commencé. J'eus pour premier point de vue un taureau couvert de sang, de plaies et de poussière, l'œil féroce ; il était immobile. Jamais je n'ai éprouvé plus d'horreur et plus de pitié. On le harcela, on lui mit des banderillos dont la douleur le fit bondir ; le matador lui enfonça enfin l'épée entre les cornes; il courut encore assez longtemps et s'affaissa.

C'est tout ce que je vis de ce premier combat, j'étais comme ivre. Mademoiselle Octavie devint si rouge, sa figure enfla si fort, que je pensai à l'apoplexie; Xiste avait l'air indigné ; mon cousin Fernando souriait ; la foule acclamait.

Nous avions encore sept taureaux à voir tuer, je repris du cœur.

Quatre picadores à cheval étaient dans l'arène, armés de lances de dix pieds, et vêtus de jolies vestes rondes à broderies d'argent ; leurs chapeaux sont ronds avec de grands bords ; leurs chevaux, maigres rosses ruinées, ont les yeux bandés, car la vue du taureau les glacerait de crainte. La troupe leste et chatoyante des banderilleros, offrait un coup d'œil pittoresque; ils étaient douze ou quinze, en bas de soie, en veste brodée d'or et d'argent, de toutes les couleurs les plus tendres, bleue, solférino, rose. Leurs cheveux, tressés et retenus par un énorme nœud derrière la tête, leur donnent beaucoup de grâce.

Les torreros sont coiffés d'un chapeau à trois cornes, très-léger et qui a une élégance singulière. Tous les costumes sont coquets et magnifiques. Les banderilleros tiennent dans la main des manteaux éclatants dont ils agacent, avec la plus téméraire coquetterie la terrible victime destinée à mourir.

Ah ! ciel, le combat va recommencer. Le torrero, au pied de la loge de l'alcade, fait son compliment avec vivacité ; il finit par un demi-tour sur lui-même et jette son chapeau en l'air sans regarder jamais de quelle manière il tombe. La trompette sonne, le taureau s'élance : c'est un bel animal bai-brun ; il court sans s'arrêter jusqu'au milieu du cirque, puis immobile, il regarde. Le peuple le salue de toutes sortes de cris. Le taureau a l'air fier et plein d'un féroce courage. Les chulos l'excitent de leur muleta ; il donne des coups à droite et à gauche. Je crois les hommes blessés, je frémis, mes yeux sont rivés malgré moi sur les combattants. Le taureau s'élance sur un picador, qui lui donne un coup de lance à l'épaule ; le sang coule à flots. Ils s'éloignent puis reviennent furieux l'un contre l'autre ; le taureau parvient à saisir le cheval du picador dans ses cornes ; il le soulève un instant et le laisse retomber éventré ; les entrailles s'échappent, ah ! c'est à en mourir. Le peuple crie, il trouve que les picadores sont mous. Un homme du peuple, derrière moi, et qui est toujours hurlant, les appelle " fripons, voleurs ! " Les picadores s'élancent au combat, quatre chevaux sont blessés à mort ; ils marchent, courent et se prennent dans leurs entrailles pendantes.

La trompette met fin à cette boucherie. C'est le tour des banderilleros qui, au péril de leur vie, plantent les banderillas ou longues flèches ornées de franges de papier sur la nuque du taureau. Il retrouve une nouvelle rage, il court, il écume, il a l'œil en feu, il frappe la terre de son pied et fait voler la poussière, il regarde ses ennemis et réfléchit sur lequel il s'élancera ; il retourne au cheval éventré, et de ses cornes, répand ses dernières entrailles. Les hommes mêmes détournent la tête de cette vue. Un Français, commis voyageur, qui était auprès de nous, se mit à dire en ricanant :

" Pauvre taureau, il songe à sa verte prairie ! " Je me bouchai les oreilles ; j'avais déjà les yeux fermés.

La trompette annonça les toreros ; ils étaient quatre ; le sort en désigna un d'une tournure charmante, habillé en bleu-de-roi et couvert de broderies d'argent. L'infortuné semblait ému. Mon cousin dit avec un grand sang-froid : " Il arrivera malheur aujourd'hui, il a peur ". Je me mis en prières ; il avait vraiment peur. La corne du taureau lui passa à deux lignes de la poitrine ; son épée vola sur le sable, sa muleta écarlate se prit dans les pieds de l'animal, il n'eut que le temps de se sauver. Le peuple siffla, hurla. La sueur inondait le front du torrero ; trois fois il revint à la charge, trois fois il manqua son coup. Les sifflets retentirent plus fort. Ah ! je croyais que cet homme éperdu allait périr, j'étais folle. Mademoiselle Octavie pleurait. Enfin, il parvint à planter sa longue espada dans la nuque du taureau et à le tuer. Aussitôt que le combat est fini, des mules attelées quatre par quatre, entrent et entraînent le cadavre avec la vivacité de l'éclair.

Minuit. Il est trop tard pour continuer, je vais me coucher. J'ai bien hésité à te faire cet affreux récit.

Suite. — *Mercredi.* — J'ai vu tuer huit taureaux et dix-huit chevaux. Un cheval blanc résista presque jusqu'à la dernière heure, il m'épouvantait. Il était devenu entièrement rouge de sang, sa croupe était labourée par des entailles profondes, ses entrailles pendaient. Je faisais des vœux pour sa mort. Le taureau, en passant, lui donna enfin le coup de grâce, mais cette agonie fut effroyable ; ses yeux devinrent vitreux, il marchait en frémissant, tout son corps prit une expression de souffrance suprême dont je n'avais pas même rêvé l'existence ; enfin il tomba et mourut, pauvre cheval ! Et ce sont là des jeux et des plaisirs !

Un jeune torrero, qui commence sa carrière, a fait un grand coup. Après les pirouettes les plus folles et les plus périlleuses, que la foule ivre de sang encourageait de ses applaudissements, il a tué raide le taureau, d'un seul petit coup d'épée sur la nuque ; il en a pris un autre par la queue, et il a fait tourner plusieurs fois cette bête féroce, étonnée d'une telle familiarité.

Un petit taureau a manqué de courage, il ne voulait pas combattre. Les cris, *los perros, los perros*, sont devenus quelque chose d'inouï ; on criait aussi : *banderillas de fuego !* L'alcade a accordé le fuego ; ce sont des flèches qui contiennent des fusées et qu'on attache à l'animal; plus la victime se secoue, plus le feu éclate. Il se répandit une odeur de chair grillée insupportable. Ah ! la pauvre bête, elle est devenue enragée ! Elle allait éventrant les chevaux, cherchant à tuer les hommes, jusqu'à ce que la bienfaisante mort lui soit venue à elle-même.

. . . .
. . . .
. . . .

Ce matin, je suis montée à la Giralda, nom charmant de la fameuse tour arabe tant chantée ! Adieu, je vais avec el señor T..., à la maison de Pilate.

Que je te regrette, chère aimée ! quand recevrai-je ta lettre ? C'est un si grand bonheur que je voudrais qu'il m'arrivât tous les jours.

LETTRE IX.

A Mademoiselle Charlotte de Grammont.

Séville, 11 avril 1863.

My *sweet heart*, j'attends ta lettre avec grande envie de baiser ta chère écriture ; cinq cents lieues sont entre nous ! Ah s'il y avait la mort... Hélas ! un jour l'abîme sans fond se creusera.

Je reviens d'un palais couleur safran, où chacun est couvert d'une petite poudre jaune et fait les cris affreux que tu me reproches avec inhumanité. Ce peuple éternuant, qui habite la fabrique de tabac, est composé de mille hommes et de cinq mille femmes. Les machines pour tordre, hacher, râper le tabac, sont remarquables. La plus ingénieuse, dit-on, est la langue des cinq mille Andalouses. Je n'ai pu en juger ; la présence du Directeur, qui nous accompagnait, les rendait muettes.

J'ai vu des cigares de toutes grandeurs, de tous prix et des cigarettes qui volent entre les doigts de ces jeunes femmes et se font en un clin d'œil. Je me suis fait faire montrer le fameux râpé jaune. Il n'est plus de mode ; on le conserve dans du fer-blanc avec d'autres tabacs qui sont là en depôt depuis 1755.

Cette fabrique est le plus fort revenu de la couronne ; elle rapporte tous les ans quatre-vingt-dix millions de réaux. On y vend par mois cinquante-six mille livres de cigares à un sou, et seize à dix-sept mille livres de cigares à quatre sous, qui sont les plus chers qu'on y fasse.

L'aspect des salles est curieux. Les femmes ôtent en entrant leur crinoline, et même leur robe, les pendent à la muraille; elles ôtent les fleurs de leurs cheveux, les mettent dans de l'eau pour qu'elles soient fraiches au sortir, et commencent courageusement l'ouvrage. J'ai vu là de frappantes beautés et des yeux qui vous arrêtent sur place; ils ont quelque chose du regard de la gazelle, avec un mélange de profondeur sauvage et de rêverie. Les gitanas surtout frappent étrangement.

De la fabrique de tabac, Trinidad et moi, nous sommes allées à la fonderie de canons. J'ai vu couler du fer, j'y ai pensé aux feux éternels. " Qui de vous pourra demeurer dans le feu dévorant ? Qui d'entre vous pourra subsister dans les flammes éternelles ?..."

Un jeune artilleur m'a expliqué dans un très-bon français ce que je voyais ; le colonel en faisait autant en espagnol à Trinidad. Ils nous donnaient le bras à chaque marche et ils ont fini par nous baiser les pieds, en paroles, il est vrai, mais de quel air! Enfin le colonel nous a offert des bouquets délicieux de roses jaunes et amaranthes. J'étais une sotte, ma Charlotte, quand j'ai dit du mal des *idoles*; ce rôle a de la douceur, c'est le rôle de la femme en Espagne.

J'ai fait une tournée de couvents et d'hospices, j'ai vu enfin Maria Coronel dans son tombeau. O purissima, tu as célébré jadis sa vertu avec l'enthousiasme qui caractérise ton âme de lis et de feu. Tu savais, ce que m'enseigne le Père d'Orléans, la bonne grâce, la beauté, les terribles et grandes qualités de Pierre le Justicier.

" Il était bel homme, dit l'historien, il avait le teint blanc, les traits réguliers, la taille haute, et un air de grandeur. De plus, de l'esprit, de la valeur, et il connaissait l'art de gouverner. "

Les religieuses, habillées de bleu, un grand voile noir baissé, sont venues nous recevoir, leur aumônier en tête. Leurs vieux cloîtres, tenus avec une propreté flamande, renferment quelques objets d'art. Maria Coronel est bien conservée; on voit parfaitement la trace de ses brûlures. Je vais répéter son histoire; elle est bonne à méditer, meilleure encore à imiter.

Pierre le Cruel, irrité de la vertu de Maria Coronel, fit condamner à mort son mari, prince et gouverneur des Iles Baléares, qui avait participé à quelques troubles, et promit inutilement sa grâce à sa femme, à de perverses conditions. Maria Coronel laissa exécuter son mari. Elle s'enferma dans un couvent ; Pierre la poursuivit, une nuit il entra dans sa cellule. Elle s'oignit la figure d'huile bouillante ; le roi s'enfuit à cette vue. Maria Coronel fonda le monastère où elle est enterrée.

Je suis allée hier matin au célèbre hospice de la Caridad ; on m'avait dit que j'y trouverais des sœurs de Saint Vincent de Paul, et je m'en réjouissais. Au lieu de leurs cornettes blanches, je n'ai vu sur la tête des religieuses, qu'une sorte de voile tout ordinaire.

L'hôpital, qui est magnifique, est tenu avec l'extrême propreté de la Belgique; les salles sont aérées et les malades sentent la rose.

L'église possède le Moïse de Murillo, le chef-d'œuvre vanté ; c'est divin. Elle a encore d'autres tableaux d'une renommée européenne, entre autres un Valdès, représentant le cadavre d'un archevêque qui commence à être rongé par les vers. Murillo disait qu'à sa vue il fallait se boucher le nez.

Les del Aguila et moi, nous sommes allés dans un hospice de vieilles femmes, parfaitement tenu par de bonnes religieuses. Les dames de la ville vont y servir et soigner les malades. J'entrevois qu'il y a ici un fond admirable, que les idées révolutionnaires et les passions troublent parfois, mais qui reste intact chez un grand nombre. Ce caractère ressemble beaucoup au caractère belge. Comme nous, les Espagnols sont fiers et de peu de paroles et comme nous aussi, les actes suivent les paroles, on peut compter sur eux. Leur hospitalité est charmante, leur politesse toute chevaleresque.

Hier les *** m'ont enchantée, je croyais être dans la patrie lointaine. Même manière de vivre ; de la bonhomie, du laisser-aller, de la dépense qui va sous terre, des gens nombreux mal tenus, une franche hospitalité.

Dimanche.

Ma Charlotte,

Je trouve ta lettre en rentrant de la cathédrale. J'avais eu hier un instant de spleen, il me semblait que je ne reverrais jamais ton écriture ; ma nuit s'était remplie de fantômes. Quel plaisir tu me fais et que je suis contente !

Ah ! petite chatte, tu me flattes et tu fais patte de velours pour que je t'écrive. Eh ! qu'est-ce que je fais donc, quoique je sache bien que mon jargon ne vaut pas " une queue de cerise, " comme disait Père Pisart. Ne te fâche pas et ne sois pas jalouse ; au ciel près, la Belgique et l'Andalousie ont une grande ressemblance. Nous sommes très-aimés ici et on nous appelle Flamingos. Beaucoup d'Espagnols ont de notre sang dans les veines et descendent des fameuses gardes wallonnes. Grâce à une bulle donnée en l'honneur de l'expulsion des Maures, on ne fait jamais maigre ; je nage dans la paix, j'ai ma bulle et il n'y a plus de vendredi ni de samedi.

Hier, mademoiselle Octavie m'a dit d'un grand air :
— Madame a commis un péché mortel.
— Et lequel ?
— Madame a mangé de la viande vendredi.
— Oh ! non, mademoiselle, j'ai ma bulle !

Xiste a mis le feu à mon tapis. Il a horriblement embrouillé une commission, et il dit du *chicolat*.

Je suis logée dans une belle fonda, qui a un vieil avare pour maître et un jeune italien voleur pour intendant. Le patio est en marbre blanc, l'escalier de même jusqu'au premier. Mon salon est un heureux mélange de papier jaune, de damas de soie rouge et de fauteuils verts. Il donne d'un côté sur deux portes vitrées ; l'une est l'entrée de ma chambre, l'autre celle de Mademoiselle Octavie, et puis une antichambre. Les serrures sauteraient sous la main d'un petit enfant. J'ai un inutile balcon ; je paie trente francs par jour. La nourriture n'est pas mauvaise. Il y a un plat quotidien appelé el cocido, qui ressemble beaucoup à la hoye belge ; il est composé de bœuf, de saucisses, de lard, de boudins, de garbanzos, de choux, de laitues, de fèves, etc. Je dine tous les jours chez les del Aguila ; on y fait chère de prince ; je crois que le cuisinier est italien. On ne boit pas de vin, ou guère. Les oranges sont délicieuses ; les limons doux, que mon cousin Fernando arrange d'une manière fort coquette, me paraissent fades. Ce n'est pas la saison des grenades, ni des figues d'Inde. El chocolate est un délice, une boisson onctueuse et légère, qui vous épaissit le corps et vous rend l'esprit subtil.

Je ne peux me mettre à te décrire la cathédrale. J'en suis écrasée. Je vais faire seulement ses petits comptes de ménage. Aujourd'hui il se brûle par an dans la basilique vingt mille livres d'huile. Il y a quatre-vingts autels, on y dit cinq cents messes par jour et on y consomme dix-huit mille sept cent cinquante litres de vin par an. Le monument ou reposoir a près de cent pieds de haut. Les orgues gigantesques ont d'innombrables tuyaux. On compte quatre-vingt-trois vitraux; les plus beaux et les plus anciens ont été peints par Arnold de Flandre. Les chapelles ont chacune leurs chefs-d'œuvre. L'église est remplie de sculptures en pierre, en bois, en argent, de Juan d'Arfé, de Juan Millan, de Roldan, de Montañes; des peintures de Murillo, de Zurbaran, de Pierre Campaña, de Roëlas, de Don Luiz de Villegas, des Herrera vieux et jeune, de Juan Valdès, de Goya. De tous côtés et sous ces voûtes qui se perdent dans les nuages, ce ne sont que brocart, or et argent, pierres précieuses, objets incomparables. Ce matin, dans une des chapelles, nous avons compté quarante-huit lampes d'argent massif. Aucun conte arabe n'égale les merveilles renfermées ici. Les piliers, comme des montagnes, ne semblent cependant que de frêles colonnes pleines d'élégance et de fierté. Hier, j'étais assise seule dans une chapelle écartée; les ombres projetées dans les nefs étaient si suaves et si belles, les perspectives si profondes et si augustes, le spectacle si sublime, *Dieu* si présent, que j'éprouvai ce qu'on ne peut décrire...

La paresse, ou plutôt le temps, m'accable. J'avais envie de t'envoyer ces huit premières pages sans rien ajouter, et néanmoins la journée d'aujourd'hui ne peut être passée sous silence. La voici; j'ai entendu la messe dans la chapelle aux quarante-huit lampes d'argent massif. Les autels sont en argent repoussé; il y en a trois. Le tabernacle est en argent et d'un très-beau travail. Ce qui met le comble à cette richesse, c'est la table de communion en argent massif et haute de deux pieds.

Mademoiselle Octavie est venue me prendre à la cathédrale, je me suis donné le congé d'errer au hasard de rue en rue, j'allais dire de cloître en cloître, plus charmantes et plus embaumées les unes que les autres.

Je suis entrée dans trois églises; Saint-Nicolas, qui resplendit de dorures; San-José, Santa-Maria-la-Blanca, où j'ai vu une très-belle Descente de croix d'un style raide et naïf. Je ne peux me lasser d'admirer les sculptures de bois peint du célèbre Montañes. Il faisait chaud. Je suis revenue pour voir Lara, le peintre qui me copie des Murillo.

A une heure, Trinidad est arrivée me chercher. Nous avons passé le pont. Je tiens à rendre les honneurs qui sont dus au Guadalquivir; c'est un beau fleuve qui a de l'eau, et même des bateaux à vapeur jusque dans Séville. Nous avons traversé le faubourg de Triana pour aller à la Chartreuse, transformée par un Anglais en faïencerie. Tu ne vas pas me demander compte des petites poteries qui se font là, comme partout, comme en Belgique, comme en Angleterre. Ce couvent magnifique est donc transformé depuis 1836 en fours, en ateliers, en machines; la chapelle même n'y a pas échappé; tout est dégradé, perdu. Il n'y a plus que d'admirables vestiges, des portes sculptées, des plafonds finement ornés qui donnent une idée du reste. O progrès détestable! Nous nous sommes promenés dans le jardin, cueillant des roses sous les orangers.

LETTRE X.

A Madame la Marquise de V***

Séville, jeudi, 16 avril 1863.

VOICI ta lettre charmante et douce; c'est une telle joie, que j'y réponds à l'instant même. Pourquoi n'es-tu pas venue? Mademoiselle Octavie, qui est toujours ta servante, s'écrie de temps en temps: " Madame la Marquise a bien fait de ne pas venir. " Et ceci, parce que les coupés des diligences sont mauvais, pleins de poussière, de plaies et de bosses, quand les dix mules vont leur terrible ventre à terre. Mais elle ne sait pas, comme moi, que ça te serait égal. Ici, nous sommes très-bien, et Séville est un rêve réalisé. Il y a peu de voitures, peu de bruit, peu de paroles dans les rues; les femmes, toujours en noir, marchent avec une grâce de déesse; elles glissent sur les dalles des rues blanches à balcons. Le moindre souffle apporte de délicieuses senteurs. Ce matin j'ai passé devant ces cours poétiques et orientales, plantées de buissons de roses, de bananiers, de grenadiers, où on n'entend que le murmure de l'eau, où on ne voit que marbre, que colonnades et enfoncements pleins d'un charmant mystère.

Je rencontre chez mes cousines des dames qui ont de si petits pieds que je m'étonne de les voir marcher, et de si petites mains, qu'en regardant les miennes, je crois qu'une fée malfaisante m'a accroché celles d'un géant. Mes cousines me comblent, me promènent, me nourrissent. Mes cousins, qui ne savent pas le français, mettent la main sur leur cœur, et me font dire par Trinidad qu'ils me baisent les pieds, tout cela d'un ton parfait et avec des manières qui étaient autrefois celles de la France. On croit encore ici à l'urbanité française et à l'esprit des salons de Paris.

Tous les jours j'admire davantage la cathédrale. Quelle merveille gothique, et quel temple de Salomon ruisselant de brocarts d'or, de marbre, de pierreries; et quels tableaux! Le baptistère possède le chef-d'œuvre de Murillo. Qui n'a pas vu le Saint Antoine de Padoue, dit un voyageur français, ne connaît pas le dernier mot du peintre de Séville.

J'attends la feria qui est le 18. Les chaleurs, très-grandes dès la fin de mai, me pressent de continuer mon voyage; ma première adresse sera Gibraltar.

Je fais faire des copies de Murillo, en voudrais-tu? Le copiste est bon peintre, bon époux, bon père et bon pauvre.

J'ai passé longtemps avant-hier dans un bois d'orangers, à la Chartreuse!

J'ai un temps admirable, une chaleur douce qui me rappelle à la vie, un ciel bleu foncé. Ma chambre et mon salon sont embaumés de roses jaunes et de fleurs d'orangers.

A toi. Aime-moi tant que tu pourras.

LETTRE XI.

A Mademoiselle Charlotte de Grammont.

Séville, jeudi soir, 16 avril 1863.

CARISSIMA, je voudrais être forcée de me taire éternellement. Le ciel bleu foncé, le soleil, les brises d'Afrique, les parfums de l'air agissent sur moi, mon âme s'endort, je suis sans parole; je ne sens mon existence que par l'imagination, et mon cœur même n'a plus que des tressaillements sourds, comme le bruit lointain d'un orage qui s'éloigne.

Je comprends l'immobilité de l'ibis et la gravité silencieuse des Orientaux. Si tu ne m'écris pas, c'en est fait, je vais m'enfouir dans quelque coin de cette terre heureuse. Que je serais vite oubliée! Mais pas de toi, fidèle entre les infidèles.

Demain, je verrai le corps de San Fernando; c'est une grande faveur accordée à la duchesse de Medina las Torres et à laquelle elle me fait participer.

Bon soir, Dearest. Quelle joie si le courrier m'apporte ta lettre!

Vendredi. — Tu ne m'as pas écrit, petit monstre.

Ce matin, j'ai erré au hasard dans les rues étroites et mystérieuses dont je ne me lasse pas. Je suis entrée dans une chapelle illuminée. Il y avait là, ce que j'ai cru d'abord une statue habillée et couchée. La figure était voilée, on voyait des mains bien faites, dont l'une tachée de sang. C'était un mort que deux vieilles considéraient avec une curiosité mêlée. Tout est mélange en ce monde! Il y avait certainement du plaisir dans les yeux des deux sorcières et une sorte de compassion. La mort, qui est au fond de toutes mes pensées, m'attire; pourtant je ne suis pas restée auprès de ce cadavre. Que Dieu ait son âme!

L'heure du rendez-vous est arrivée; j'ai traversé le patio de los Naranjos, embaumé des plus doux parfums, planté de beaux orangers et au milieu duquel s'élève la fontaine où les Arabes faisaient leurs ablutions avant d'entrer à la mosquée. Cette cour est au pied de la Giralda. J'ai passé la porte del Lagarto, sous laquelle est suspendu un crocodile, en souvenir de celui qu'un sultan d'Égypte envoya à Alphonse le Sage, et je suis allée m'asseoir dans la chapelle de San Fernando, me demandant de quelle manière je reconnaitrais la duchesse de Medina las Torres, que je n'avais jamais vue?

S'asseoir comme les Espagnoles, est difficile mais gracieux. Elles ont l'air de gazelles qui rêvent, ces Andalouses charmantes, quand après s'être agenouillées, elles s'affaissent doucement sur elles-mêmes.

Essaie; non ce n'est pas cela, disait Trinidad. J'ai essayé, mais j'ai eu des crampes, et au bout d'un instant je me suis assise comme j'ai pu, sans l'ombre de grâce, tandis que les Espagnoles restent immobiles des heures entières.

Pour cette fois, j'avais pris un escabeau, et quand quelqu'un entrait, je me livrais à mes conjectures. " Madame, les voici, dit mademoiselle Octavie. " Trois señoras entrent. Je me lève. Elles montent d'un air farouche vers l'autel sans me saluer. Je pensai à Henri IV, qui, voyant l'ambassadeur grand d'Espagne garder son chapeau sur la tête en lui parlant, enfonça le sien jusqu'aux oreilles.

Je ramène ma mantille, et je sauve l'honneur belge par un tour de tête d'une grande dignité.

Nous voyons très-mal, on ne se donne aucune peine. Ce n'est pas cela, pensai-je, et je revins à mon escabeau. Un monsieur et deux dames entrent et se mettent à genoux. Je ne bouge pas. Tandis que je regardais le plafond, une petite main d'enfant prend la mienne, et je m'entends dire avec un accent parisien les choses les plus gracieuses. C'était la jeune duchesse, avec des dames, le R. P. Medina, un jeune prêtre anglais d'une distinction parfaite, qui était l'année dernière à Rome avec le docteur Manning, pour la canonisation, l'abbé Howard.

Interruption; mes cousines viennent me chercher.

LETTRE XII.

A Madame Verspyck.

Séville, 16 avril 1863.

IL faut tout pardonner aux femmes en couches, même de peupler le monde, même d'oublier les commissions. J'avais écrit de Madrid à Mathilde, il y a un mois, la priant de vous envoyer ma lettre; elle ne l'a pas fait, et vous avez ignoré qu'en mettant le pied à l'étrier, j'avais pensé à vous, chère Louise, dont la plainte me remue le cœur.

Jamais je ne pourrai décrire Séville! C'est un paradis qui ne se dévoile que peu à peu, et où il y a du mystère, du conte oriental, une poésie brûlante qui sent l'Afrique.

Je me suis éveillée d'abord me croyant dans le grand béguinage de Gand. Voilà une chose surprenante, n'est-il pas vrai? Les rues sont propres, étroites, éclatantes de blancheur. Je crois bien que les béguines n'ont pas tant de balcons, je crois bien que leurs patios sont différents; mais j'ai vu aussi dans ceux de Flandre des buissons de roses et l'éclat du lis. Ici s'arrête la comparaison. Séville écoute chants et poésies, se penche au joli mirador, et y prend le doux mal d'aimer...

Les rues étroites ne se prêtent pas aux voitures, on va généralement à pied. Les femmes, toujours vêtues de noir, voilées de la mantille qui sied à leur piquante beauté, ont l'air de déesses qui marchent. On s'étonne qu'avec de si petits pieds elles puissent faire un pas. Que leurs mains sont fines et mignonnes !

Il y a du sang belge ici, beaucoup de familles viennent de cette source pure. Mes cousines d'abord, et bien d'autres.

Un jour où je me trouvais dans l'atelier d'un peintre célèbre, et qui représente noblement l'école sévillane, je demandai son nom. M. Becker, me fut-il répondu. Becker ? mais cela sonne comme venant de Flandre ? Il me fit dire, car il ne sait pas le français, qu'en effet sa famille, qui était belge, avait suivi Charles-Quint.

Les Français ont fait de grands ravages à Séville pendant les guerres. En 1836, la révolution a supprimé les couvents; on les a rasés, ou changés en musées, en fabriques, en places publiques. Les trésors de livres et de tableaux, que les moines avaient amassés depuis des siècles, le *progrès* les a jetés aux vents. Il reste encore de très-grandes curiosités, une bibliothèque où j'ai vu la belle écriture de Christophe Colomb, l'épée de Vargas, des tableaux incomparables, et, construite par le Chapitre, une cathédrale qui donne à elle seule raison du voyage. C'est la merveille de l'art gothique.

Je ne vous décrirai pas ses cinq nefs, ses colonnes, qui sont des pyramides de pierre; ses vitraux, ses perspectives, ses ombres profondes, ses orgues d'acajou, dont les tuyaux sont braqués horizontalement comme des canons de siége, madame la colonelle! ses autels d'argent massif, ses deux Vierges miraculeuses, son trésor. Il faudrait quatre gros volumes, un temps que je n'ai pas et surtout un talent que je voudrais avoir.

Je renais sous ce ciel bleu indigo; je me promène dans des bois d'orangers si grands qu'il y faut un guide.

Chère Louise, je relis votre lettre; votre existence sérieuse, recueillie, dévouée à Dieu, me donne de l'envie et de l'admiration. Dans votre humilité, vous appelez cela *la prose*. Oh! non; la prose, c'est le chiffon, c'est la vanité dans le néant, c'est l'égoïsme.

Votre dîner m'a divertie; je vous vois d'ici, sage Louise, sans part à ce gâteau de conversations insipides. Quand nous serons ensemble, cela ne sera pas de même. Quelle joie, et que de choses à nous dire!

Vous m'écrivez que les Espagnols, prétend-on, boivent un verre d'eau pour déjeuner et mangent un ail pour dîner. Je ne le sais, je ne le crois pas, mais plût aux dieux que j'en puisse faire autant. L'eau est très-bonne.

Nous! dans une *posada!* Y pensez-vous, belle Louise. Posada répond à : On loge ici à pied et à cheval. Je suis dans une *fonda*, dont le patio et l'escalier sont en marbre blanc; mais n'importe, à cheval, à pied, en voiture, en posada, en fonda, je suis et je serai toujours à vous.

LETTRE XIII.

A Mademoiselle Charlotte de Grammont.

Séville, 16 avril 1863.

NE t'ai-je pas laissée à la cathédrale, au moment où la charmante duchesse arrive ? Le grand chanoine arrive aussi, tous les sacristains sont en l'air, on apporte des cierges.

Je ne peux assez vanter la politesse espagnole, elle semble venir du cœur, par conséquent elle est parfaite. Toutes ces dames ont des manières charmantes et naturelles; elles s'occupent de vous avec tact et vous rendent service. La duchesse de Medina las Torres a la meilleure grâce du monde; elle est instruite et me paraît posséder une grande sûreté de goût. O Paris! Paris, où il est de si bon ton d'être impertinent, où j'ai vu des jeunes femmes du grand monde couchées dans leurs fauteuils avec un terrible mépris de toute grâce et de toute bienséance, toisant, lorgnant, ricanant; où le dédain et le mortel ennui habitent beaucoup de salons... mais il faut continuer. Les préparatifs étant faits, on découvrit le tombeau de San Fernando. C'est miraculeux de beauté. La châsse est en argent massif avec des ornements du style plateresque. Le socle est en jaspe. Après avoir ouvert le tombeau, dont le dedans même est en argent travaillé, on leva le voile de drap d'or qui couvre le Saint. Le corps est bien conservé, ses portraits lui ressemblent; on voit même encore l'enflure d'un des pieds où il avait la goutte.

Derrière le tombeau est la Vierge des rois. La tradition dit que saint Louis de France l'a donnée à saint Ferdinand. Elle est en bois et d'une grande naïveté; elle a des articulations, on la peut asseoir et lever à volonté. Le vainqueur des Maures lui avait composé une cour, comme à une reine régnante, et lui avait bâti un palais. Elle lui était apparue, et lui avait prédit qu'il reprendrait Séville, ce qu'il fit le 22 septembre 1248, après seize mois de siége. Aujourd'hui cette vénérable Vierge du XIIe siècle porte sur la tête un diadème de grosses émeraudes, et sa poitrine est couverte de pierres fines, données par San Fernando. Un escalier placé auprès du tombeau, conduit à un petit souterrain où l'on vous montre dans une armoire, rangés plutôt comme des pots de confitures qu'autrement, quatre jolis coffrets de velours rouges. Ce sont les corps de Maria Padilla, des deux fils qu'elle eut de Pedro le Cruel, et le quatrième est Pedro lui-même ou son frère, je ne me le rappelle plus. Sur l'autel est la Vierge d'ivoire que saint Ferdinand portait à l'arçon de sa selle pendant les batailles, et à côté, le tombeau de bois de cèdre, dans lequel il resta jusqu'au jour où il fut déposé dans sa belle châsse d'argent et d'or.

Nous sommes entrés ensuite dans la sacristie mayor. Je t'en ai déjà parlé ; voilà une répétition qu'il faut pardonner à ma sainte ivresse, car c'est cela qu'est devenue mon admiration. Cette sacristie renferme deux toiles de Murillo très-vantées, San Isidoro et San Leandro. Toutes mes sympathies sont pour la Descente de croix de Campaña, d'un style raide et d'un coloris éteint, mais d'une expression vraiment chrétienne. Nous avons revu la custodia d'argent faite en 1587. Je l'aurais crue moderne, si de nos jours on employait les richesses de cette façon. Je ne peux te décrire tous les saints d'argent massif, tous les chandeliers du même métal et plus hauts qu'un homme, toutes les amphores immenses qui servent à la consécration des saintes Huiles, ni parler en détail des innombrables reliquaires, calices, encensoirs, ornements d'église etc., aussi remarquables par le goût artistique que par la matière précieuse dont ils sont faits ; et tout cela étincelle de perles et de pierreries. Ah ! quel trésor, et quand on l'ouvre, quel coup de baguette ! Vous nagez dans l'or, l'argent, les pierreries, le brocart, les ornements incomparables ! Comment tant et de si précieuses richesses ont-elles échappé aux révolutions ? C'est miraculeux.

Sévilla la Belle, Sévilla la Merveille, a toujours été un paradis. Sous les Maures, elle avait quatre cent mille habitants et des palais féeriques. Plus tard, les Indes et l'Amérique y versèrent leur or à flots. Les fortunes colossales ne servaient qu'aux aumônes, pour ainsi dire et à l'Église. On méprisait le vain luxe, les chevaux, les équipages, la dissipation. On vivait dans un austère recueillement. Les temps sont changés. L'étranger a bouleversé la terre de la foi. Désormais on peut laisser arriver impunément dans ce pays agité, révolutionné, et les chemins de fer, et les progrès matériels ; le passé est fini pour l'Espagne, comme pour nous tous. Il faut se lever et marcher ; il ne faut point rester assis à l'ombre de la mort et des regrets stériles, le pire des maux est le néant. Si l'Espagne reprend enfin sa place, avec ce fond admirable de foi qui la caractérise, que ne pourra-t-elle pas encore ?

J'ai vu dans la sacristie le célèbre ténébrario, chandelier gigantesque, fait sur le modèle du chandelier à sept branches de Jérusalem. Il est en bronze richement orné. J'ai vu aussi les clefs de Séville, que le roi maure a remises à saint Ferdinand.

Le grand chanoine nous a assuré que nous étions fatigués ; il nous a conduits dans une salle obscure, presque noire, où nous nous sommes assis. J'eus de l'ennui puis envie de rire d'être tenue dans cette prison, tandis qu'autour de nous tout resplendissait de lumière.

Connais-tu l'école sévillane, où brillent d'abord Murillo, puis Campaña, Caño, Vargas, Valdès, les Herrera, Zurbaran, triste, sombre, sublime, le Philippe II de la peinture ? Ces grands peintres et les sculpteurs Montañes et Roldan, ont enrichi la colossale enceinte de leurs plus belles œuvres ; à chaque pas dans la cathédrale, l'extase vous saisit.

Nous allons au chœur : il a cent vingt-sept stalles gothiques; celle du cardinal est toute belle ; la jeune duchesse m'y fait asseoir. Nous rions un peu, mais un instant, un grand spectacle vous rend graves. Nous avons devant nous toutes les richesses de la terre offertes au ciel ! Nous sommes sous la grande nef. Sa hauteur donne le vertige. Elle est soutenue par des colonnes de pierres. Les grilles en bronze doré qui s'élèvent comme de hautes murailles, sont d'un magnifique travail. Les orgues ont des ornements excessifs peut-être, mais qui font bien dans l'ensemble; les buffets sculptés sont en acajou massif; l'un a cinq mille trois cents tuyaux et cent touches; beaucoup de ces tuyaux sont horizontaux et semblables à des canons de siége; ils braquent sur vous une formidable harmonie. Devant moi est la capella mayor, digne de la majesté de la basilique. C'est là que se font les offices. Son rétable, le plus grand qui existe, est en bois de mélèze fouillé et sculpté admirablement; le tabernacle est en argent doré. De tous côtés, j'aperçois les ogives les plus pures, mon regard se perd dans des perspectives pleines du mystère religieux; des vitraux admirables jettent des flots de lumière irisée.

Le prêtre anglais me dit :

— Cette cathédrale est la plus belle chose du monde.

— Après Saint-Pierre, lui répondis-je.

— Oui, après Saint-Pierre, mais elle est plus parfaite.

La cathédrale a cinq nefs, quatre-vingt-treize fenêtres, trente-sept chapelles, toutes recélant des chefs-d'œuvre, et neuf portes. J'admire neuf toiles de Zurbaran dans la chapelle de San Pedro. J'ai envie de faire pénitence en contemplant ces têtes parfaites, noyées dans la douleur, le repentir et la crainte.

Nous retournons au baptistère, où est le chef-d'œuvre des chefs-d'œuvre, le San Antonio de Murillo. Nous sommes si habitués aux splendeurs que nous passons, sans nous y arrêter, devant la chapelle aux quarante-huit lampes. Dans toute la cathédrale, les lampes sont en argent, et je vois de toutes parts des devants d'autels en argent massif. Je finis par trouver cela assez simple et de bon goût.

T'ai-je dit que beaucoup de vitraux sont d'Arnold de Flandre, et par conséquent d'un prix inestimable ?

La cathédrale de Séville a été bâtie par les chanoines qui se réduisirent au strict nécessaire pour l'élever. Voilà un assez bon emploi des richesses, me parait-il, et qui peut donner à réfléchir à ceux qui réclament contre les biens du clergé. Que de faits de ce genre ! J'espère qu'un jour la plume habile de Fernand Caballero nous dira quelques-unes des vertus et des gloires des monastères d'Espagne.

Je m'arrête, c'est assez pour cette nuit. Pauvre cathédrale ! comme je te l'ai abîmée ; comme ma plume zézaie, bégaie et badigeonne !

La feria est commencée. C'est étrange, amusant, je ne t'en ferai pas grâce, mais ce sera pour le dernier jour. Le goût des taureaux passe, cela est certain. Hier, le combat n'a pu avoir lieu faute de spectateurs. Autrefois, ce fait eût été inouï.

Il faudra quitter Séville, hélas! et s'embarquer, et courir les terribles bordées de Cadix à Gibraltar, de Gibraltar à Tanger, de Tanger à Malaga.

Pour me donner un peu de " zeste " à tes yeux, comme tu disais plaisamment, je ne te cacherai pas que le passage de la Méditerranée dans l'Atlantique, offre des dangers. Si je suis en péril de mort, je ne te regretterai plus, ce sera toujours cela de gagné.

Hier, nous nous sommes promenés très-tard. Nous avons vu maints entretiens à la fenêtre grillée. Ah! que l'on aime ici à mourir du mal d'aimer, et à en faire sa vie. Le novio est dans la rue, la novia est à un balcon derrière la grille, souvent les cheveux ornés de fleurs naturelles, et ils causent comme Roméo et Juliette, jusqu'au premier chant de l'alouette. Le novio joue de la guitare.

Bonsoir. Tu ne m'écris pas! Je mets mille maux à tes pieds andalous et un charivari sous ton balcon.

18. — J'ai eu cette nuit mon horrible cauchemar, le cauchemar qui prédit la mort. Je prie beaucoup pour Louise de Sabran, Louise aimée de Dieu, si bonne, si dévouée, si grande dans ses idées, si pure. Ô mort!

4.

Dimanche. Pas de lettre de toi. Je t'écrirai encore, va ! J'ai reçu une lettre de Marie Joseph, qui me fait grande joie. Elle me dit la nouvelle des journaux anglais, le cardinalat de Mgr L..... Que j'ôterai volontiers mon chapeau à ce chapeau-là !

A mon regret, on a fait des processions pour la pluie, et il pleut. La foire va en souffrir, mais les moissons étaient compromises, et l'on n'a pu attendre mon départ.

Je t'ai dit, je crois, que les hommes et les femmes se tutoient et s'appellent par leur nom de baptême; malgré cette apparente familiarité, les manières sont posées, et la courtoisie est simple et noble. Les foules même ont de la dignité. A la feria, hier, non-seulement on n'entendait pas de cris, mais même pas d'éclats de rire, quoique le plaisir fut vif. Le principal amusement est un joujou délicieux, un petit chemin de fer; la locomotive est à croquer; on fait cinq tours pour six cuartos; les majos se précipitent dans les vagons et rient en silence, d'une oreille à l'autre.

J'ai visité encore un hôpital magnifique, tenu par des sœurs espagnoles de Saint Vincent de Paul. Cet hospice est un palais, avec d'immenses galeries à arcades, des patios embaumés d'orangers et de roses qui grimpent le long des colonnes de marbre, des salles hautes, aérées, admirables, où je me ferai porter dès que je serai à la mort. Je suis étonnée et charmée de retrouver ici la propreté belge. Une femme bien mise était tristement penchée à une de ces galeries, regardant les orangers et l'espace. Mes cousines pâlirent; je les questionnai. Cette dame, la plus riche, la plus belle, la plus heureuse de Séville, il y a quelques années, est folle. Il y a aussi parmi les hommes un jeune homme, qui s'est épris de la duchesse de M..., et avec son cœur, il lui a donné sa cervelle, pauvre fou !

Ma Charlotte, j'ai bu du lait de chèvre, ce qui m'a aidée à grimper à la tour de la cathédrale. Dans cette tour, au nom charmant de Giralda, une rampe en pente douce, pavée de briques, monte en spirale comme à la Campanilla de Venise; elle a été construite par les Arabes. La cathédrale avec ses arêtes, ses clochetons, ses nefs, fait de là-haut l'effet d'une forêt. On a trop vanté les environs de Séville. Jusqu'aux montagnes, qui sont à des lointains immenses, on ne voit que plaines, mais baignées par le Guadalquivir, il est vrai.

Je ne peux me décider à quitter Séville. J'y resterai peut-être huit jours encore. Notre correspondance va être bien dérangée. Écris-moi à Gibraltar.

Vaya usted con Dios ! Querida.

LETTRE XIV.

A * * *

Séville, dimanche, 19 avril 1863.

IL était temps, Marie Joseph, plus que temps de m'écrire; l'inquiétude me gagnait et ne pouvant soupçonner votre âme, je tremblais pour votre corps. Tout bonnement vous vous contentiez de penser à moi sans me le dire. Ah! ne faites plus cela.

Le soir. — J'ai été interrompue. Mes cousines sont venues me chercher pour me conduire à la feria qui se tient dans un champ hors de la ville. La feria est célèbre; on y vend des bœufs, des moutons aux laines trainantes, des mérinos frisés, des brebis au lait excellent, des chevaux andalous, dont la race pure n'existe pas davantage à présent que le fameux costume; des ânes pleins de vaillance, grands, posés, superbes; des individus de la race porcine de toute taille, noirs, bleus, avec et sans poils, et des mulets. Voilà le prétexte de la joie générale qui dure trois jours. Les Bohémiennes font des beignets et disent la bonne aventure ; les Bohémiens sont maquignons et voleurs par état ; leurs femmes sont belles, d'une beauté extraordinaire, et toutes sont sages. Qui ne connait à Séville la belle et vertueuse Aurora ?

Auprès des Bohémiens, on voit des saltimbanques ; un peu plus loin le parc des animaux ; enfin, le long de la voie, des tentes coquettes, où les personnes riches passent la journée ; on y déjeûne et même on y dîne. Le soir, tout s'illumine ; on entend la guitare et les chansons, et on danse depuis le matin jusqu'au matin. Les équipages se pressent à la file ; il en passe de toute espèce et de toute couleur. La foule, grave, élégante, marche sans se heurter, les femmes en mantille, des fleurs naturelles dans leurs cheveux, les majos avec un reste de costume qui ne manque pas de grâce. Ils arrivent à cheval, souvent deux sur la même monture, et souvent le second est une femme. Les yeux sont plus noirs que la nuit ; les cheveux sont bleus ; les pieds et les mains étonnent et ravissent par leur petitesse. La beauté, ou au moins le charme, est général, et il court dans l'air quelque chose de vif, de gai, de passionné, et une grande *charité*, pour ne point employer de mot profane, ô sainte Marie Joseph très-aimée.

On dépense beaucoup de verve, d'improvisations, l'esprit vole ; la vantise andalouse est dans toutes les bouches. Le langange des femmes est plein de grâce et de douceur. Celles qui parlent français m'ont paru avoir de l'esprit et plus de savoir qu'on ne leur en prête généralement.

Ah! Marie Joseph, que n'êtes-vous ici! Nous irions nous établir dans la Sierra; il y a des vues sublimes, et j'aurais plus de joie au cœur, vous ayant à mon côté.

Vous aviez raison, il fallait que je quittasse Paris; je vais mieux, je ne tousse plus, et je mange à présent chaque fois que j'en ai le temps.

Je ne lis jamais un journal, je ne sais rien ; je n'entends parler que du bal costumé de la duchesse de Medina Cœli, à Madrid.

Ave, ma Sœur.

LETTRE XV.

A Mademoiselle Charlotte de Grammont.

Séville, 22 avril 1863.

J'ÉPROUVAIS une véritable angoisse de ne pas recevoir ta lettre ; elle est arrivée ce matin.
Tu dis que je ne pourrai m'arracher de Valence ; que va donc devenir mon voyage ? A la lettre, c'est ce qui m'arrive ici, il m'est impossible de prendre jour pour la levée du camp. Quitter Séville ! mais c'est s'arracher à la cathédrale, à la plus belle chose du monde, à la merveille qui chante jusque dans les nuages la gloire de Dieu, et le génie de l'homme consacré à Dieu. C'est quitter le temple où on voit l'ombre de Dieu lui-même, où on sent l'infini, où on pleure d'admiration et d'amour ; où l'on se dit avec le Père Gratry : " Quelle que
" soit ma bassesse, levons-nous, soyons un ouvrier, le
" moindre, peut-être, d'un édifice intellectuel, plus vas-
" te, plus beau encore que celui-ci, d'un édifice qui ré-
" parerait Babel. "
Hier, j'y allai au déclin du jour ; la nef où j'étais age-

nouillée, s'inonda d'une lumière qui, en passant au travers des vitraux, devenait de la poussière d'or ; les autres nefs, plongées dans l'ombre, semblaient avoir des profondeurs sans fin. Quelques femmes voilées étaient assises sur les dalles, un homme priait les bras en croix. Un silence sublime, imprégné de Dieu, régnait dans l'immense espace. Mon visage s'est inondé de larmes. Jamais je n'ai mieux senti la présence et la bonté du Créateur ; jamais je n'ai mieux vu ma misère ; mais ces larmes étaient douces, ce sont celles qu'on verse dans le sein d'un ami au moment où il pardonne et encourage.

. . . .
. . . .
. . . .

Nous avons visité la fabrique de capsules. L'officier directeur m'a montré la grande machine horizontale, quelque chose d'admirable, qui fait mouvoir toutes les petites affaires. " C'est une machine belge, m'a-t-il dit, " et toute la fabrique a été montée par des Belges. " — " Et moi, Señor, m'écriai-je, je suis aussi... " — J'allais dire une machine belge, mais pensant combien je suis détraquée, je me contentai d'ajouter : " Je suis Belge. " Il faillit me baiser les pieds tout de bon. Tu ne pourras jamais te figurer combien les *Flamingos* sont aimés ici.

Je reviens à tes chères écritures. Je n'ai rien lu de plus naturel, de plus divertissant, de plus joli que tes lettres ; elles sont remplies de fines pointes

On demande que je parle de la beauté des andalous ; ils ont beaucoup d'élégance, leurs visages sont bruns, leurs traits nobles et mâles; leurs yeux admirables expriment aussi bien le sentiment le plus tendre et le plus chevaleresque que la plus sauvage énergie ; ils sont grands et ont à cheval une grâce particulière; la force de leur constitution est telle, qu'ils n'ont besoin de presque aucune nourriture. Tu penses que se portant comme le Pont-Neuf, ne voyant jamais un nuage sur leur ciel bleu, ils ne tombent point dans la mélancolie ; ils sont connus pour leurs andalousiades, leurs improvisations, leurs vers, leurs chants, leurs guitares et leur amour du plaisir.

Les petits garçons ravissent. Je conçois à présent la facilité avec laquelle Murillo en fit des chefs-d'œuvre dans tous ses tableaux ; tout est modèle ici. Quelquefois je m'arrête dans la rue, frappée d'admiration, devant des enfants plus beaux que la nuit, avec leurs yeux noirs et pensifs, et leur chevelure faite d'ombre. Ils ont une incroyable gravité.

Vendredi, 24. — Voici un projet qu'il faut prendre en main, grande et belle âme. Écris à madame Sophie Dusaussoy, afin qu'elle décide sa tante, madame Barat, à fonder un Sacré-Cœur à Séville. Jamais œuvre n'aura été plus utile. Il n'y a aucun couvent pour l'instruction des jeunes filles distinguées; on ne leur apprend que la couture, on ne les arme que d'oisiveté; quelle arme pour la lutte! Mikaëla m'a raconté des histoires qui font pleurer. Les pauvres anges déchues, dont elle m'a parlé, étaient des natures fières, des fonds riches, qui après la chute, meurent parfois de désespoir. Ah ! qu'on ne laisse pas cette moisson sans ouvriers. Si les religieuses du Sacré-Cœur, qui nous donnent l'exemple de toutes les vertus et qui enseignent avec solidité, pouvaient venir, elles sèmeraient et récolteraient.

Trinidad m'a remis pour toi une croix en filigrane faite à Séville ; elle te regrette sur tous les rythmes les plus tendres. Chaque soir, nous allons à la promenade aux bords du Guadalquivir. Rosario me présente les personnes qui parlent français ; partout je trouve le meilleur ton. Les équipages vont et viennent, comme aux Champs-Élysées ; il y en a de très-beaux. Si deux auteurs français ne le disaient, tu croirais, peut-être, que je me vante en comparant le Guadalquivir à... l'Escaut d'Anvers. Le Guadalquivir et l'Escaut vont à la mer entre des rivages semblables, c'est pure vérité.

Nous avons été hier voir les ruines d'Italica, où naquit Trajan. Cette grande ville a été ensevelie sous terre, je ne sais par quelle commotion. On y fait des fouilles ; on a remis à jour le cirque qui m'a paru pouvoir contenir de dix-huit à vingt mille personnes. Je suis montée sur les gradins croulants, j'ai descendu les escaliers ruineux, j'ai examiné les peintures et les statues, en pensant au Colysée de Rome. C'est ici, dans cette enceinte, que les Romains ont appris aux vaincus que pour s'amuser quelques instants, on tuait des hommes. Mon cousin del Aguila a chanté une hymne en l'honneur des taureaux. Il est vrai que ce n'est que douceur en comparaison. Le gardien de ces ruines est un type. Trinidad me plaignait de ne pas comprendre l'espagnol. Il a fini par improviser des vers. Il nous a menés dans sa cabane; elle est sur une hauteur, adossée au cirque, toute obscure, toute petite, avec un lit de mousse, des pampres et des roses. Que ne donnerais-je pour en avoir une pareille pendant huit jours?

Nous sommes remontés en voiture. Nos quatre chevaux allaient comme le vent le long des blés déjà en épis, par des chemins remplis d'eau, ayant la belle sierra près de nous, un ciel bleu foncé, du soleil et de l'air parfumé. Un magnifique couvent s'est trouvé sur notre route, nous y sommes entrés. On en a chassé les Hiéronymites, et on y a établi une maison de détention pour les femmes. Les figures effrontées de ces créatures nous ont navrés. Nous nous disions avec Trinidad, qu'il y a quelques années, là même, des Saints priaient et faisaient l'aumône et que l'enfer avait remplacé le paradis. En parcourant les grands cloîtres, nous cherchions à nous pénétrer des saintes pensées des moines. Nous rencontrâmes une femme hideuse, un démon! Elle a tué son père.

Tout tombe en ruine, tout est dégradé, les peintures sont mutilées, les oiseaux font leur nid dans l'église qui est belle, et qui a de remarquables sculptures de Montañes, entre autres un saint Jérôme saisissant. San Isidro faisait ses études dans ce monastère; la paresse le tentait; il se prit à considérer le marbre du puits sur lequel la corde, à force de passer, a fait une empreinte profonde, et il se dit : " Si la corde a creusé la pierre, pourquoi l'étude ne creuserait-elle pas mon esprit ? Il devint la lumière de son siècle. J'ai baisé la pierre. On voit le tombeau d'une dame brûlée avec sa cameriste, pour avoir résisté à Pierre-le-Cruel.

Les cours sont sévères ; l'une s'appelle la cour des morts ; elle est plus triste que la mort elle-même, avec ses dalles sépulcrales et ses piliers ébranlés, son ciel sans horizon et ses prisonnières détestables.

Le soir, nous allâmes à Séville dans le jardin d'un châlet qui est au bout de la promenade. Un vieux garçon y offrait des glaces, du punch et de l'eau. L'eau est la boisson suprême. On a dansé. La mantille donne un air paré et tout charmant. Il faisait très-doux, mais la pluie est venue et nous sommes entrés au spectacle. La salle est belle. Les danses, prétendues nationales, mais ornées des pirouettes et des jambes en l'air de tous les pays, m'ont plu médiocrement. On jouait des saynettes espagnoles qui faisaient rire.

Trinidad vient de me conduire chez une femme auteur, regardée comme la gloire de Séville, Fernan Caballero. J'ai passé quelques heures dans son poétique logement de l'alcazar, embaumé par des bouquets grands comme des pyramides. L'automne commence pour Fernan, mais il a respecté ses beaux cheveux blonds, ses petits traits délicats et presque sa beauté des anciens jours. C'est une amie du bon Dieu, très-douce à entendre, très-compatissante. Elle m'a parlé de la foi des campagnes, de leurs mœurs sévères, de la science profonde, de la théologie saine et fidèle à Rome, de la sainteté du clergé d'Espagne, du malheur des révolutions. A son éloquence entraînante, j'ai compris mieux que jamais la beauté du caractère espagnol. Je regrette de n'avoir fait sa connaissance que pour lui dire : *Farewell for ever !* Sans doute.

Son éloge est dans toutes les bouches; aucun auteur, dit-on, ne rend aussi bien les mœurs et les usages de son pays. Ses ouvrages sont traduits dans toutes les langues, la Gaviota, Elia, Clemencia, fleurs des champs, la famille Alvara, etc., etc.

Je pars décidément après-demain pour Cordoue, Cadix, Gibraltar, après lequel j'aspire à cause de tes lettres qui m'y attendent. Tu ne peux te figurer quelle privation douloureuse j'éprouve de ne plus en recevoir. Je m'embarquerai pour Tanger et Malaga. J'ai bien des flots à traverser; espérons, comme dit le sage Xiste, que "cela n'ira pas si pire que le naufrage." Oh ! oui, espérons-le.

Il y a quelques semaines, allant vers Séville, je traversai Cordoue à une heure de la nuit; tandis que nous marchions dans les rues mauresques, une voix chantait dans le lointain : *Maria purissima, ora pro nobis !*

Je me sens de l'humeur contre San Telmo, qui me revient à l'esprit; on pourrait créer le plus beau parc du monde dans son bois d'orangers et de grenadiers, et au travers de ses cactus, de ses aloès et de ses magnifiques bouquets de poivriers et de palmiers; le terrain est immense; toutes ces beautés sont perdues dans un fouillis, on marche d'arbre en arbre, il n'y a aucune perspective. Les eaux sont encaissées et laides; les plates-bandes, où j'ai vu des roses couleur de feu plus larges que les deux mains, sont à l'écart. Le garde, qui vous suit comme Banco, ne vous laisse ni flânerie ni paix.

Je crois que j'irai à Ronda, à mon retour d'Afrique. C'est épouvantablement beau, un nid d'aigle caché dans les nuages, des précipices, des torrents, pas de chemin, soixante lieues à cheval. Ah! si tu étais avec moi!

Mardi. — Demain je serai à Cordoue; j'aurai repris mon bâton de pèlerin pour ne plus le déposer qu'à ton foyer.

LETTRE XVI.

A Mademoiselle Charlotte de Grammont.

Cordoue, jeudi, 30 avril 1863.

J'AI quitté Séville !
Je suis triste, bien plus triste que je ne m'y attendais. Ah ! je le crains, la douleur va être un pli de mon âme et sa pente naturelle ; elle a, depuis ces dernières années écoulées, une ride profonde que rien n'efface....

Trinidad est venue me conduire au chemin de fer avec mon cousin del Aguila. Au moment où le convoi partait, ils sortirent de la salle et me firent de la main ces signes si joyeux quand c'est la bienvenue, si navrants quand c'est l'adieu ! Un éternel adieu !... Peut-être.

Ah ! mille fois j'ai compris l'enfer ; les cœurs insensibles seuls peuvent n'y pas croire. L'enfer, c'est perdre pour toujours le bien par excellence, le bien qu'on aime par-dessus tout ! Que de pages dans la vie écartent le voile du monde à venir et font entrevoir cette vérité.

La cathédrale ! je crois que cela m'a fait plus de peine que de quitter Saint-Pierre de Rome. On garde l'espérance de retourner à Saint-Pierre, mais à Séville, je sais que je n'y reviendrai plus. Je suis sans courage, il me semble que mon voyage d'Espagne est fini.

Mon cousin m'avait présenté à la station un de ses amis, l'ancien gouverneur de Cordoue. Ce señor, Don Francesco del B..., et un autre, me nommaient les lieux par où nous passions. La culture est étrange, on a encore le préjugé que sur trois ans, il faut laisser la terre se reposer une année; outre cela, beaucoup de terrains sont incultes depuis l'expulsion des Maures et les guerres civiles, qui ont décimé la population. Les chemins de fer ramènent la vie, on commence à défricher. Nous avons passé devant plusieurs monastères abandonnés; l'un déjà n'est plus qu'une ruine; l'autre a eu je ne sais quel acquéreur; il est situé sur le versant de la sierra, dans un lieu admirable pour la méditation et le remords, aussi le possesseur de ce bien religieux, mal acquis, le laisse-t-il à son abandon sans l'habiter.

Il faisait une vive chaleur; Don Francesco alla me chercher un verre d'eau glacée, qui sortait d'une amphore de pierre, et il m'offrit à Palma des oranges plus grosses que bien des melons.

As-tu jamais parlé par interprète ? quelle gêne; on sent pour le coup qu'un *traduttore* est un *traditore*. C'est ce que j'éprouve ici. Les del Aguila avaient annoncé mon arrivée à Cordoue. J'ai trouvé à la station Don Raphaël Chaparro avec sa voiture et son interprète.

L'interprète est une oie empesée que je fuis à tire-d'aile. Quant à Don Raphaël, tu l'aimerais. Il est vif, il est vieux, il me comble de bontés. Nous essayons à tous moments de nous parler. Souvent nous nous mettons à rire, quelquefois nous nous décourageons et nous faisons revenir l'oie interprète, qui embrouille le chaos.

Pour comble de maux, et pour que mes regrets d'avoir quitté Séville soient du désespoir, il y a eu cette nuit un orage épouvantable. Il pleut comme le jour où nous étions à Rome à Saint-Pierre-aux-Liens; les rues sont de petites rivières impétueuses, toute ma journée est noyée.

Hier Don Raphaël nous a conduites aux deux promenades, qui ont la perspective admirable de la sierra Morena, et des fouillis de fleurs. J'ai vu chez nos paysans de Belgique ce désordre sans art. Je suis entrée dans plusieurs églises dont les moines ont été chassés, et qui ont un air morne, malgré la somptuosité de leurs dorures. A mon arrivée, je désirais si passionnément aller à la cathédrale que, malgré l'heure avancée, on m'y a menée. L'ombre était venue. J'ai à peine entrevu les mille colonnes. J'ai senti que c'était là un rêve nouveau que je n'avais jamais fait; tout m'a paru fantastique, impossible! Je suis revenue m'asseoir dans la cour des orangers, oppressée et cherchant des yeux le bel Abencérage.

Ce matin, quand j'étais sous une des trente-six nefs, comptes-tu bien? trente-six nefs! Don Raphaël est venu à moi avec un dignitaire de la cathédrale qui m'avait obtenu de l'évêque l'impossible permission de voir les ermitas. On va aux ermitas à dos de mules, par un chemin à pic, dans la sierra Morena. Il m'a dit qu'il donnerait tous les ordres pour que je visse la cathédrale, qu'il voulait que j'emportasse une bonne opinion des Espagnols. Pendant qu'il parlait, je contemplais sa vénérable figure et ses cheveux blancs. Il doit y avoir une longue suite de bonnes actions dans cette vie de prêtre.

Nous avons visité un collége de demoiselles, c'est ainsi que cela s'appelle; il est dans un palais donné par un Pacheco. Il y a trente-six élèves, qui y sont perdues comme trente-six petites souris, et cinq maîtresses séculières. J'en ai vu plusieurs qui avaient un grand air d'éducation. A vrai dire, j'aime surtout les religieuses pour élever les jeunes personnes. La maîtresse de français, toute jeune, toute modeste et mignonne, avait un accent terrible. On m'a montré de beaux ouvrages manuels ; les Espagnoles travaillent en perfection.

Cadix, 2 mai. — Toujours des torrents de pluie. J'ai eu froid, je tousse, je ressens tous mes maux. Qu'est-ce que cela veut dire ? Et s'il y a un sens, puissé-je le comprendre...

J'ai quitté Cordoue à une heure du matin au lieu de sept, ceci amena une foule de complications; je ne te ferai partager qu'un de mes ennuis. Vers six heures, le convoi s'arrêta avec un air de tranquillité et de repos qui semblait dire :

Me voilà chez moi.

Mademoiselle Octavie s'écrie :

— Nous sommes à Séville !

— Mais non, nous n'y passons même pas.

— Voilà la Giralda !

En effet, c'était bien la Giralda qui dessinait ses formes charmantes sur le ciel. Il fallait descendre à Palma pour Cadix, mais je dormais comme Lafayette ; j'en ai eu plus de regret que lui. Le chef de gare, avec une politesse toute espagnole, c'est comme cela que je dirai désormais, fit avancer une voiture, contresigna nos billets et arrangea tout si bien que nous arrivâmes à l'autre station quelques minutes avant le départ.

Sais-tu ton histoire des Maures, la trahison du comte Julien, la puissance du Khalifat de Cordoue, la prospérité du royaume mauresque de Séville, le grand rôle de Tolède, l'Espagne conquise, Pélage luttant seul dans les Asturies ? Je suis sûre qu'il y a des personnes qui regrettent les Maures, je l'ai même lu quelque part. Ce sont les Esaü, qui aiment par-dessus tout la graisse de la terre. Toutes ces campagnes, toutes ces villes, toutes ces provinces, doivent aux Musulmans leurs canaux, leur agriculture et leur richesse. Elles ont beaucoup perdu comme population depuis la conquête chrétienne ; faute de bras, des terrains considérables sont devenus incultes. Je ne me faisais pas l'idée de la science des Maures, de leur système merveilleux d'irrigation, qui porte l'eau au sommet des montagnes, de leurs écoles de médecine et de physique, de leur architecture. Un roi de Castille fit élever son fils par leurs savants, ce qui moult fâche et scandalise l'historien chrétien.

Pourquoi les Musulmans, en repassant la mer, sont-ils devenus des hordes presque sauvages ? C'est un problème.

Cordoue, qui n'a plus que quarante-cinq mille habitants, en avait deux cent mille, quelques-uns disent même quatre cents, sous les Khalifes. Elle n'a guère varié d'aspect extérieur; les rues sont de longs corridors dont les murs blancs n'ont souvent ni portes ni fenêtres. Des familles mauresques conservent encore à Tétouan, la clef de l'habitation que leurs ancêtres possédaient à Cordoue. On dit que s'ils y revenaient, ils n'auraient qu'à ouvrir la porte, que rien n'est changé. Les femmes, en souvenir des lois du bel Almanzor, sans doute, sortent peu, on n'en voit guère dans les rues.

Le jour de mon arrivée, on faisait hélas ! pour la pluie, une procession qui n'a été que trop exaucée. Il y avait beaucoup de monde aux fenêtres, je voyais des éventails et des mantilles partout, mais ce n'était plus Séville. Si au moins j'avais eu une lettre de toi ! Dieu sait quand je serai à Gibraltar, où tu dois m'avoir écrit.

Cadix l'après-midi.—Je viens, entre deux torrents de pluie, d'aller jusqu'à la mer. Cadix est une ville charmante, toute riante, bien pavée, ce n'est pas un mince éloge en Espagne, toute armée et fleurie de balcons.

Je reprends mon récit.

Nous avons pu, sans être mouillés, aller de Cordoue aux ermitas, tantôt en voiture, tantôt à âne, tantôt à pied quand la peur d'être précipités dans un ravin de deux à trois cents mètres, nous venait. La vue s'enfonce dans la sierra Morena ou s'abaisse sur les riantes et fertiles campagnes de Cordoue; une château des Maures, qu'on voit à l'horizon, paraît le fantôme de leur puissance évanouie. Tout cet ensemble est grand. Nous avons sonné la cloche de l'ermitage. Le son retentit et se répéta dans la montagne. Un grand et sombre religieux, enveloppé de la tête aux pieds d'un manteau brun à capuchon, a ouvert. Il a pris sans parler ma permission, qu'il a portée au Prieur. C'est un événement que des femmes dans cet antre sacré. Le Prieur a permis mon entrée. Nous avons été partout. Il y a vingt ermitages séparés, cachés dans les plis de la montagne; ils ont chacun une cloche et un tour; la cloche sonne la prière au milieu de la nuit. Que je voudrais entendre cette voix sainte dans le solennel silence des sierras! Le tour sert à passer pour les repas, des végétaux et des arêtes, car on ne mange pas de viande ici. Les ermites ne peuvent ni sortir, ni se parler, ni se voir qu'à l'église. J'ai supplié qu'on m'ouvrît la porte d'un ermite, c'était par trop demander. Le religieux de six pieds, athlète pâle et maigre, qui doit faire grand peur au diable, m'a dit avec un sourire : " Oh ! pour ceci, non, non, l'évêque n'y peut rien ; mais je vais vous conduire au Prieur." Le Prieur m'a laissé entrer chez lui. Sa maison est composée d'une petite chambre avec un banc et une table. Une horrible lithographie, représentant la mort du pécheur, orne la muraille blanchie à la chaux. Une seconde chambre de quelques pieds, donne dans la première, c'est la chambre à coucher ; une pierre pour oreiller, une peau de mouton étendue sur une planche, voilà le lit ; cela facilite le lever, qui est à deux heures du matin. O sainte montagne !

J'ai vu et touché les disciplines, la cruche d'eau qui contient l'unique boisson ; j'ai prié dans l'église. Une pensée vaine, très-creuse, une vraie tentation m'obsédait. Au milieu de tous ces saints, invisibles il est vrai, ayant la vue la plus admirable, conduite par mon grand ermite, je ne pouvais penser à autre chose qu'à l'ermite de Walter Scott, et le souvenir des pâtés, des faisans et des chevreuils qui marinaient dans la cellule de Copmanhurst, me donna un appétit profane ; j'aurais voulu de grand cœur que mon guide tirât de sa manche quelques bouteilles de Xérès avec une grosse perdrix ; je ne le quittais pas des yeux, mais rien ne vint qu'un rosaire. Ces religieux ont occupé presque tous de grandes positions dans le monde. J'oublie la cuisine ; un jeune moine, d'une figure d'ange, râclait quelque chose de noir dans une casserole. Il sourit en nous voyant, il avait l'air de dire : " Ces femmes ! il faut qu'elles aillent partout et troublent tout ! " Amen.

Adieu pour quelques heures, Carlottina. Je vais au bord de la mer penser à la cathédrale de Cordoue, pour t'en écrire ensuite, si j'ai le temps, car je dois voir ma cousine Mikaëla. Mon cousin Pepe, qui m'a retenu mon logement ici, est venu hier; il ne sait pas un seul mot de français, ni son fils, le gentil Pepito; heureusement le chanoine Don Claudio est arrivé pendant leur visite, et m'a tirée de Babel.

LETTRE XVII.

A * * *

Cadix, 2 mai 1863.

Marie Joseph,

L'ESPAGNE est le plus beau pays du monde. Les Espagnols me paraissent des Belges tant ils ont d'urbanité et le fond solide et excellent, mais ma lyre est encore trop baignée des pleurs du départ de Séville pour qu'elle puisse chanter.

Que n'êtes-vous venue, une guitare à la main, à Séville, où j'ai passé un des heureux mois de ma vie, au milieu de ma famille, et ayant retrouvé là une amie d'enfance, élève sage et charmante du Sacré-Cœur de Paris, *Trinidad*.

Vous me demandez : " Cela vaut-il Rome ? " C'est autre chose, tout à fait autre chose, mais c'est aussi un paradis, où, il est vrai, je ne conduirai pas mes amis inflammables et poètes.

Les rues sont étroites, blanches, mauresques. Le soir, bien des fois, j'ai vu causer au balcon grillé.

L'éventail joue un grand rôle ; les yeux noirs, profonds, qui semblent de velours et de feu, un rôle plus grand encore. Généralement, surtout dans les campagnes, on est fidèle et sage, m'a dit Fernan Caballero.

Savez-vous ce que c'est qu'un *patio ?* C'est une cour intérieure, plantée d'orangers, et où il y a souvent des palmiers, une fontaine, et des buissons de roses. Le patio est entouré d'une colonnade qui forme galerie. On s'y tient l'été, et on y reçoit les visites ; toutes les maisons de Séville en ont un. Il est précédé d'une grille en fer où l'ouvrier déploie d'habitude un grand talent. Que n'aurais-je donné pour avoir un de ces patios à moi, mais avec la certitude que Charlotte y serait toujours et que vous y viendriez? Ah, si je pouvais dire les parfums de l'air ! Les bois d'orangers de San Telmo sont en fleurs, ils enivrent, ils assoupissent. Il semble parfois que la vie s'éteint, mais c'est aimable.

Telle que vous me voyez, Marie Joseph, j'arrive de Cordoue. J'ai passé la nuit en chemin de fer. La cathédrale m'a confondue ; c'est banal de dire que les Mille et une Nuits vous reviennent à l'esprit, mais c'est la vérité : trente-six nefs dans un sens, dix-neuf dans un autre, neuf-cent-soixante colonnes ! On s'attend à rencontrer un Abencérage dans l'ombre de cette forêt. Pour la cathédrale de Cordoue seule, il serait très-raisonnable de faire le voyage d'Espagne. Ma Joseph, déployez vos ailes de papillon, volez vers moi, quoique je ne sois pas une fleur ; venez à Gibraltar et à Tanger, où je cours de ce pas.

LETTRE XVIII.

A Mademoiselle Charlotte de Grammont.

Cadix, lundi, 4 mai 1863.

CADIX, charmant nid d'alcyon balancé sur les flots bleus, est rattaché au continent par des pampres et des lauriers roses. De son sein s'élèvent des chants d'oiseaux et le murmure des guitares. Mais le temps des contes de fées est passé à Cadix ; le Pérou n'y envoie plus ses mines d'or, les caves ne renferment plus des tonneaux de diamants, les portefaix remuent des colis et non plus de l'argent et des pierres précieuses. Personne ne monte, comme jadis, aux belvédères pour voir arriver les vaisseaux chargés des richesses de l'Inde. La joie et la beauté sont restées, les femmes méritent leur réputation européenne.

Hier j'ai été à la messe dans la cathédrale; elle a duré depuis dix heures jusqu'à midi. J'étais plus fatiguée assise sur la dalle, qu'à genoux; plus fatiguée à genoux que debout, mais on ne se lève pas même pour l'Évangile. Le signe de croix espagnol est compliqué; on le finit en se baisant l'ongle du pouce. Après l'office, Don Claudio, l'un des chanoines, m'a fait voir le trésor. L'ostensoir est miraculeux de beauté ; les grappes de raisins qui l'entourent sont en perles fines ; on compte mille pierres précieuses dont quelques-unes sont des saphirs, des émeraudes et des rubis magnifiques. La cathédrale, de style grec, est frappante ; le jour descend par différentes coupoles dont on admire le brisement des lignes. Après l'avoir arpentée, être descendue dans la crypte dont la voûte plate est célèbre, avoir admiré les stalles du chœur, en bois de cèdre et qui viennent du couvent des Chartreux de Séville, nous sommes sortis pour aller voir le dernier tableau de Murillo, celui-là même qui lui coûta la vie, car il tomba de l'échafaudage en le peignant et languit depuis jusqu'à sa mort. Ce tableau inachevé est d'une grande valeur, il représente les épousailles de sainte Catherine. Il est dans l'ancien couvent des Capucins, devenu la casa des dementes, c'est-à-dire des fous ! Don Claudio m'a dit qu'on ne pouvait se figurer tout ce qui a péri de trésors de sciences, de littérature et d'art dans le sac des couvents, et ce qui n'a pas péri est dispersé dans l'univers.

Nous avons été voir ensuite la casa de misericordia, un des plus célèbres et des plus beaux établissements de charité qui existent. Il est tenu par des religieuses espagnoles de Saint Vincent de Paul. L'immense patio à colonnes de marbre blanc et les vastes salles sont dignes d'un palais. On y recueille des orphelins, des enfants abandonnés, des fous, etc. En tout à peu près neuf cents personnes. Décidément il y a des sœurs de Saint Vincent de Paul en Espagne, j'ai vu dans le salon le portrait du père Étienne. Pourquoi les religieuses ont-elles rejeté la cornette blanche, au moins aussi connue au chemin de l'honneur que le panache d'Henri IV, pour un voile noir ordinaire ? La Supérieure, toute petite, toute contrefaite, n'ayant que la vie de l'âme, est une femme de tête qui mène admirablement cet important hospice. Elle est d'une grande sainteté, dit-on. Entre les sœurs et l'excellent chanoine, je me sentais heureuse.

Mon cousin Pepe est venu me voir. S'il n'a pas de langue, il a six pieds ; il a aussi un bras qu'il m'a donné pour aller faire ma visite à la monaca Mikaëla, qui est ici pour fonder une sorte de Bon-Pasteur. Elle est logée chez une amie. On y a pris du thé, on y a parlé français, de jeunes femmes sont venues, la politesse a été gracieuse, et chacun avait les plus beaux yeux du monde.

Je suis logée parfaitement à l'hôtel d'Amérique et nourrie comme Balthazar. Qu'aurais-je fait de la petite cuisine qu'on voulait me faire prendre à Paris, à moins qu'elle ne m'eût servi de caisse pour mes draps apportés en voyage, car la propreté ne laisse rien à désirer.

Les rues sont très-jolies, quelques-unes se terminent sur le vide, on dirait qu'elles montent au ciel ; ce rideau d'azur pour perspective est d'un effet inattendu et très-beau ; on voit la mer de la promenade. Il y a de tristes souvenirs dans cette baie, et de glorieux, le Trocadéro n'est pas loin.

Si je te contais la cathédrale de Cordoue? Elle semble d'abord une forteresse arabe entourée de murailles surmontées d'une haute tour. J'ai passé sous la belle porte des Palmas, revêtue de plaques de bronze qui autrefois étaient dorées, et je me suis trouvée dans une immense cour de marbre, plantée d'orangers en allée par les Maures eux-mêmes, dit-on. Ces arbres séculaires, aux têtes énormes, embaumaient, enivraient; je me suis senti chanceler. Je regardais, sans bien les voir, les fontaines et les colonnades qui entourent la célèbre mosquée. Dix-neuf nefs étaient ouvertes jadis de ce côté, et répondaient aux allées d'orangers, de sorte qu'on passait sans obstacle de ce bois odorant, dans une forêt de porphyre et de jaspe. Aujourd'hui les dix-neuf nefs sont closes par un mur, et on n'a laissé qu'une seule porte, la porte du pardon, qui a un cintre mauresque des plus classiques. Quand j'eus franchi l'entrée, je me suis arrêtée sans le savoir, comme je l'ai vu faire au chevreuil incertain du lieu où il est, puis comme lui, je me suis élancée de tous côtés dans la forêt de marbre. Mon regard s'enfonçait sous des allées à perte de vue, il me semblait que jamais je ne pourrais les parcourir toutes ni en trouver le bout. J'étais éperdue et heureuse, et je te regrettais de toutes mes forces, amie Charlotte. Les colonnes d'un seul morceau et d'un pied et demi de diamètre, ont dix ou douze pieds jusqu'au chapiteau d'un corinthien arabe plein d'élégance ; elles sont de brèche verte et violette, de jaspe, de porphyre ; elles soutiennent deux arcs en pierre superposés qui parfois s'entrecroisent. Le jour vient par des demi-coupoles modernes assez laides, qui remplacent depuis soixante ans les caissons et les soffites, travail merveilleux taillé par les Arabes dans du bois de mélèse. Ce bois qui comptait onze siècles, s'est trouvé excellent pour faire des guitares. On l'a vendu! Tous les pays ont de ces crimes-là sur la conscience.

Je suis restée longtemps dans le vestibule du mihrab scrupuleusement conservé. La coupole, Media Naranja, est constellée d'étoiles; le plafond est en bois sculpté et doré. Les trèfles, les colonnettes, les mosaïques de verres, les versets du Koran en lettres de cristal doré qui serpentent dans les fines dentelles de pierre, les fenêtres découpées, garnies de grillages, font de ce lieu une merveille. On entre ensuite dans le mihrab, ou saint des saints des musulmans espagnols, lieu vers lequel ils se tournaient pour faire leur prière. C'est un réduit orné avec excès, dont l'entrée est formée par un arc arabe supporté par deux colonnettes légères de jaspe. La voûte représente une conque, elle est d'un seul morceau de marbre blanc. Le Koran, écrit en entier de la main d'Otman, était déposé là. Les pèlerins admis dans ce lieu terrible et sacré, en faisaient à genoux sept fois le tour. On voit encore les dalles usées circulairement. Dix mille lampes éclairaient la célèbre mosquée; il y en avait une en or, d'un travail inouï.

On a fait, au milieu de ce quinconce mauresque, une église chrétienne en forme de croix latine qui en tout autre endroit serait admirée extrêmement. Les stalles du chœur sont remarquables ; la sacristie resplendit de richesses, de châsses d'argent massif, d'ostensoirs, etc., etc. J'ai cherché en vain à Cordoue une statue du grand Gonzalve, et un souvenir de Sénèque qui y naquit. Bonsoir, petite fée chérie ; je mets la mosquée, ses colonnes, ses parfums, Sénèque et Gonzalve, et même Cadix où je suis, à tes pieds andalous. Je viens de passer à l'endroit où le petit-fils de Racine a péri. J'en ai parlé au chanoine Claudio, et j'avoue qu'il m'y a paru aussi indifférent qu'à la mort d'Henri IV. —

Cadix, 6 mai. — Que d'aventures ! Chacun me disait que je ne pouvais manquer d'aller à Xérès. On me recommande à je ne sais qui, nous partons. Il faisait chaud. Je vois les *bodegas* du célèbre M. Domecq et de Fernan Gonzalès ; elles ont un air des docks de Londres. Je bois du Xérès sec et du Xérès doux. Au fond, j'aurais autant aimé être dans mon fauteuil, et il m'importe peu d'apprendre que c'est l'Angleterre qui boit le plus de Xérès, et que la seule ville de Paris boit plus de vin que l'Angleterre entière. J'ai trop de temps, je m'ennuie. Enfin la cloche du chemin de fer sonne et je pars. J'admire ce paysage déjà parcouru. Je vois des aloès, des haies de nopals, dont les grandes mains épineuses sont tout en fleurs ; mains de Judas qui déchirent et ensanglantent. Je regarde les landes si belles avec leurs plantes inutiles, j'admire, je m'endors, puis je me réveille... à Séville, à trente lieues de Cadix, et il n'y avait plus de convoi... Nous courons nous retenir un appartement à la fonda des Espagnes, et de là nous allons au théâtre, où sont tous les soirs mes cousines. Pour cette fois unique, elles n'y étaient pas. Je vole chez Don Pedro T. Sa femme seule, qui ne sait pas le français, se trouvait à la casa. Je rentre chez moi, l'oreille basse, mais Don Pedro arrive avec un grain d'épouvante que je lui ôte, et il va chercher Trinidad. Quoique le coup de théâtre sur lequel je comptais en entrant dans la loge, fût manqué, nous n'en avons pas moins crié les hauts cris. Chacun admire la longueur et la profondeur de mon sommeil.

Ce matin j'ai revu la cathédrale, et me voici de retour à Cadix. Ce qu'il y a bon, c'est que Xiste, qui était à la station de Xérès avec nous, est revenu à Cadix, n'en croyant pas ses yeux à la descente du chemin de fer, quand il vit qu'il ne voyait rien. Le consul et le chanoine commençaient à s'effrayer ; l'un d'eux est venu à tous les convois.

— Adieu, querida Carlotta, j'ai trois minutes. Je m'embarque demain pour Gibraltar où je trouverai des lettres. Bonheur ! bonheur !

LETTRE XIX.

A Mademoiselle Charlotte de Grammont.

Gibraltar, 9 mai 1863.

AVENTURES sur aventures! Je t'ai dit que j'avais bu du vin de Xérès à Xérès, que voulant revenir à Cadix, je m'étais trouvée à Séville sans manger, tandis que mon dîner m'attendait chez moi, de sorte que les uns me croyaient perdue, et les autres égorgée, et que jusqu'à minuit, M. Benedetti, l'aimable et bon consul auquel mes cousines m'avaient recommandée, m'attendit à l'hôtel; il se trouva le lendemain à la station à l'arrivée du chemin de fer.

Cette jolie pointe à Séville, m'a fait manquer le bateau, et donné le temps de voir madame Benedetti qui est une charmante andalouse. Le soir, j'appris qu'il partait un bateau le lendemain à sept heures du matin. Je cours chez le banquier, je fourre Xiste et madame Waudru aux malles, je me lève à quatre heures et demie du matin; à la tête d'un régiment de portefaix ruisselants sous mes colis, j'arrive sur le port où il y avait un épouvantable brouhaha. On me dit que mon bateau, le San-Bernardo, ne partira qu'à cinq heures du soir, et qu'il aime mieux faire un chargement de farine que de tenir sa parole !

Que devenir ? je fais embarquer mes malles, je reviens à l'hôtel, et j'envoie chez monsieur Benedetti qui accourt et s'indigne avec moi. Cela me fait du bien. Je commande un bon dîner pour trois heures. A trois heures moins un quart, au moment où Xiste le héros et madame Waudru finissaient un excellent repas et où j'allais commencer le mien, monsieur Benedetti entre en disant :

— Madame, partez, partez, le San-Bernardo est déjà en pleine mer !

Tu me vois d'ici ; adieu potage, mets charmants, petites fraises et grosses oranges. Je cours comme une folle en donnant le bras à monsieur Benedetti. Nous arrivons au port ; je me jette dans une petite barque, une coquille de noix, et nous bondissons vers le San Bernardo, qu'on n'apercevait même plus. Les vagues bouleversent et renversent ma coquille. Mademoiselle Octavie se mourait de peur. Après quarante-cinq minutes de ce supplice, nous abordons. Je trouve au bateau meunier un air bien innocent et immobile, au milieu de toute sa blanche farine. Ma barque part, je m'établis sur le pont. Rien ne bouge. Au bout d'une heure, je fais demander quand on lève l'ancre ? Le capitaine répond avec dignité :

— Demain, à quatre heures du matin.

Si j'avais su nager, je me serais sauvée... J'ai croisé les mains sur mon estomac creux, j'ai fermé les yeux. Les visions sont venues ; j'étais couchée dans un lit excellent, je me levais toute proprette, pour faire un dîner exquis, je buvais à ta santé. Dans mon transport, j'ai roulé en bas de la malle qui me servait de lit sur le pont, car dans le San-Bernardo il n'y a ni cabines, ni premières, ni secondes, ni quoi que ce soit à manger. Vers minuit l'océan s'est mis à chanter d'une voix si harmonieuse, que j'ai tout oublié pour l'écouter, et cette nuit étoilée, passée au milieu des vagues, a été plus belle que je ne peux dire. J'étais là, sans crainte, comme le cœur qui aime Dieu, et qui ne redoute point les flots, même ceux de la vie...

Par fatalité, mon petit buffet était vide, je me trouvais à jeûn depuis six heures du matin ; je n'ai mangé que le lendemain à cinq heures du soir. Je suis comme un point sur un i.

Notre traversée a été très-douce ; combien je t'ai regrettée ! Quelques vagues, puis le calme d'un lac. Nous sommes arrivés à trois heures et demie en vue de Gibraltar, rocher taillé à pic, effrayant, gigantesque. Je suis logée à Club-Hôtel, dans une espèce de salle de spectacle, à colonnes corinthiennes, qui donne sur la place. La place est laide, les arbres sont rabougris. Je vois passer des Maures, portant avec noblesse leurs vêtements blancs aux longs plis, d'autres ont des robes éclatantes, quelques-uns ont les jambes nues.

J'ai été recommandée au consul de France, M. Gabriel. N'est-ce pas inique de me faire porter sur les ailes d'une autre nation ? Il est venu me chercher ce matin en voiture avec sa fille, et nous sommes allés par delà le mont des Singes. Je n'en ai pas vu un, personne n'en a jamais vu.

Sweet heart, comme notre conversation va être interrompue, car le départ des bateaux, qui n'est pas fixe, troublera singulièrement nos futurs rendez-vous. As-tu mes lettres du 20 et du 28 ? T'endors-tu en les lisant ? Cette infortune m'arrive à moi-même et rabaisserait l'amour-propre le plus enraciné.

Te sers-tu de l'huile de pétrole ? Elle est fort en usage en Espagne, et éclaire bien.

LETTRE XX.

A Madame la Marquise de V***

Gibraltar, 10 mai 1863.
4 heures du soir.

EN ce moment, un Maure passe sous mes fenêtres ; il a une robe bleu de ciel, une ceinture rouge, un manteau et un fez noirs, c'est un juif.

Gibraltar est rebâti à l'anglaise ; les cottages sont laids et incommodes sous ce ciel brûlant. Pour voitures, des paniers d'osier. Les Anglaises ont six pieds de haut, les Anglais sept et demi. Ils mettent de grands fichus de mousseline blanche sur leurs coiffures, quoiqu'il ne fasse pas encore chaud ; ils font de grands pas et avec quels pieds! Ah! ce n'est plus l'Andalousie, ce n'est plus la mantille. Plus de grâce, plus de charme, plus de poésie, plus de doux repos, mais un terrible remue-ménage, et une activité fatigante et vide.

Ta lettre m'attendait. Je ne suis arrivée ici que vendredi, l'estomac creux mais l'esprit plein des aspects de la mer, et de ce rocher qui semble accroché aux nuages ; rocher grand, beau, terrible, qui a le front armé et foudroyant et les pieds baignés par les vagues bleues. On reste confondu, on croit n'avoir jamais rien lu sur Gibraltar.

Que M. le Marquis, capitaine d'artillerie, serait curieux de contempler tout ce luxe de canons, de demi-lunes, de batteries, d'efforts inimaginables pour garder le bien d'autrui !

Ce matin, j'ai été longtemps assise dans le creux d'un rocher, sur la montagne des Singes ; j'avais quarante lieues d'horizon devant moi, quarante lieues ! Les vagues chantaient tout doucement ; elles se doraient au soleil comme les écailles de merveilleux poissons, elles remuaient nonchalamment leurs petites têtes. Herminie aurait eu une grande joie à les voir, et moi, j'endormais mes souvenirs et ma tristesse à la divine harmonie de cette musique.

Je reviens à mon estomac creux. En quelque endroit que tu le rencontres, méfie-toi du San-Bernardo. Il a passé sa vie à me tromper, et pour un sac de farine, il a vendu son serment. J'étais à Cadix, nid charmant, d'où j'aspirais néanmoins à m'envoler. Le consul m'annonce enfin le San-Bernardo pour sept heures du matin. Se lever à quatre heures, prendre en grande hâte el divino chocolate, faire une marche triomphale à la tête de portefaix qui roulent les caisses du haut en bas de l'escalier, arriver au port l'œil hagard, tu vois tout cela. Au port, j'entends parler de sacs de farine. Il fallait les charger, disait-on, et malgré la parole donnée, on ne partait plus le soir. J'abrége. Au moment où mes gens fermaient la bouche, lestés d'un bon repas, et où j'ouvrais la mienne pour en faire autant, M. Benedetti accourt :

— Le San-Bernardo a mis à la voile, il est en pleine mer, il part!

— Nous nous jetons dans une coquille de noix qui fait des sauts les plus déplaisants du monde pour mademoiselle Octavie. Nous le rattrapons. A vrai dire, je trouve au fuyard l'air d'un pacifique meunier, il ne bougeait pas plus qu'un terme, il était tout à sa farine. La traversée de Cadix à Gibraltar est de huit heures. Au bout de deux heures d'attente, je demande :

— Quand part-on ?

Le blanc et vilain meunier sans rougir :

— A quatre heures du matin.

Il était cinq heures de l'après-dînée, et la mer était bien mauvaise pour courir encore en chaloupe et rentrer à Cadix! Puis mes bagages.

Je me résigne, je croise héroïquement les mains sur ce qui était destiné à vivre de famine jusqu'au lendemain à cinq heures du soir... J'eus des rêves agréables et pleins d'esprit. Décidément la diète développe l'intelligence. Mon corps devint si aérien que je roulai sans aucun mal, sur le pont, du haut de la caisse qui me servait de lit.

La nuit étoilée était admirable, avec lune et zéphir. Pas une oscillation, un lac tranquille, mais infini !

J'espère m'embarquer demain pour Tanger. Je ne guéris point de la blessure d'avoir quitté Séville; cette douleur me suit.

Vaya usted con Dios, amiga !

LETTRE XXI.

A Mademoiselle Charlotte de Grammont.

Tanger, mardi, 12 mai 1863.

LE Sydney s'est montré hier dans la rade. Le consul, M. Gabriel, mon bon ange sur le roc de Gibraltar, m'est venu avertir. Deux heures après, dans une de ces barques si désagréables à mademoiselle Octavie, nous gagnions le bateau anglais en sautillant de vague en vague, non sans danger. Ce bateau, qui allait à Oran, avait des poules, des serins, des chiens, des chats, et quelques passagers. Mon cœur de bête s'est réjoui d'un petit chien gros comme une souris, et d'un petit chat, qui sont venus avec confiance sur mes genoux. Cela m'a donné l'idée de faire creuser quatre grandes poches dans mon manteau, au fond desquelles je mettrai une petite ménagerie.

Nous avions un vent excellent, la traversée s'est faite en trois heures, mais la mer frémissait ; elle a fini, tout en me laissant parfaitement respectable à l'extérieur, par me causer du malaise. On ne perd pas les côtes de vue. Le paysage est superbe ; les flots étaient vert foncé, les montagnes se cachaient la tête sous des voiles blancs, comme les femmes mauresques de Tanger.

Nous avons passé de la Méditerranée dans l'Océan Atlantique. J'ai pensé à Trafalgar, à Nelson, à bien des choses graves et tristes, et j'ai aimé ces vagues qui avaient baisé peut-être les rives de la patrie et la terre de mon foyer éteint !

On m'avait dit que le débarquement à Tanger est une épreuve, qu'on le faisait loin du port. En approchant, j'étais fort ennuyée, et quand je vis les barques arriver au bateau, et les grands turbans, les nègres les dents blanches et aiguisées, les jambes nues, quand j'entendis les cris de bêtes fauves qu'ils poussaient, il me parut que la descente d'Énée aux enfers devait être douce en comparaison de la mienne. J'hésitais ; les cris et les gestes d'appel augmentaient toujours. Je pris mon courage à deux mains, et je m'élançai dans la première barque venue. Là, tout mon flegme me revint. Chacun faisait de grands gestes, et les figures basanées paraissaient terribles. C'étaient des juifs qui se disputaient pour me porter de la barque au rivage, les Maures ne s'abaisseraient point à ce métier. Du reste, on m'avait vainement alarmée, le débarquement s'opéra avec facilité ; les juifs nous prirent sur le dos et nous déposèrent sur la rive sans hurler davantage.

Nous fûmes suivis par deux cents personnes, foule bigarrée et pittoresque. On arrive à la douane par une rue impossible. Ah ! voilà des douaniers tout nouveaux ; deux sont vêtus de manteaux blancs et ont l'air de sages de l'antiquité ; un plus jeune a une tunique écarlate ; il est très-noir de cheveux, très-grand, très-beau, d'une noblesse parfaite ; il me salue, fait refermer mon sac et rentre dans sa dignité rêveuse.

Tanger est bâti sur une montagne ; de loin, ses murs blancs, ses créneaux, sa casbah, font un effet enchanteur. Nous passons par une rue étroite, comme un étroit corridor sans fenêtre et qui monte en échelle. Nous arrivons au marché à cinq heures du soir. Les boutiques étaient fermées, mais la foule pressée encore, me fit crier d'étonnement. Je reviendrai à cette description, je veux pouvoir te dire des noms et distinguer les tribus. Je sais déjà que les fez noirs sont des juifs et qu'il leur est interdit de porter la couleur rouge.

Je me fais conduire chez mon consul, mon vrai consul, cette fois, un Belge, ami des del Aguila, monsieur Dalhuin. Il m'a procuré un logement ; je gémis bien que tu n'en jouisses pas avec moi. Cela s'appelle l'Hôtel-Français ; il est tenu par des Italiens, les meilleurs gens du monde et les plus désintéressés. Je suis dans une sorte d'alcazar mignon et tout charmant. Pour monter chez moi, je traverse une cour intérieure animée d'un beau jet d'eau et décorée à l'oriental ; mon escalier est en faïences éclatantes, mes portes sont en marqueteries mauresques, peintes en rouge et bleu, et à clous de cuivre. J'ai deux petites fenêtres grillées dans ma chambre ; un arceau forme mon alcôve, il est tout semblable à celui de la chambre du sultan à Séville. La cour intérieure est ravissante ; autour d'elle sont mes appartements.

Je pourrais si bien, hélas ! te loger. Ma cour, d'où je t'écris et où je dîne, est pavée en faïence. Elle a des encadrements et des dessins ; les grandes portes ont des petites portes avec des arcs, des verrous, des serrures dans le style. Tout est propre, la nourriture est excellente, mais c'est bien un autre monde, il y a l'univers entre toi et moi... Une partie de l'ambassade d'Espagne, qui partait ce matin pour le Maroc, est venue me voir ; elle a été enchantée de mon établissement. Un de ces messieurs, qui est ici depuis un assez bon nombre d'années, m'a beaucoup parlé des usages, lois et coutumes. C'est le pouvoir absolu, poussé jusqu'à sa dernière limite. L'empereur peut tout, l'empereur fait tout, c'est-à-dire rien, et va cependant jusqu'à penser pour ses sujets, qui sont tombés dans une décadence complète, cachant sous des airs grands et nobles une déplorable enfance intellectuelle. Les relations sont bizarres avec eux. Quand on leur parle comme à des hommes éclairés, et qu'on leur donne des arguments, il sourient, se moquent sans nul doute intérieurement, et répondent par des apologues puérils.

Sauf les vœux, ce sont des cloîtres que ces villes arabes. Les hommes, graves, silencieux, enveloppés dans leurs manteaux et leurs capuchons, disent une sorte de chapelet, ont le costume de nos moines et l'allure méditative.

Il y a très-peu de femmes dans les rues. Les juives, les esclaves (pense que je vois et que je touche du doigt des esclaves!) et les négresses seules, vont le visage découvert. Un fantôme blanc et informe, qui passe, est une femme mauresque.

M. Dalhuin m'a conduite ce matin chez le Pacha, grand personnage qui a huit femmes. Il rend la justice dans son palais de la Casbah, sous une porte mauresque à arcades ; ses gardes sont couchés tout autour, lui-même est accroupi sur une natte. Il est nègre, grand, bien fait, et généralement estimé.

Les femmes seules, comme tu sais, peuvent pénétrer dans le harem. Je suis entrée par des couloirs historiés et tournants, dans un très-beau patio entouré de colonnes de marbre. Ces sultanes, pour passer leurs poétiques loisirs, avaient tendu une corde sur laquelle elles faisaient sécher du poisson. Elles étaient accroupies sur la marche d'une très-belle salle, et m'ont paru toutes des plus laides, toutes des plus mal vêtues, toutes ayant des petits négrillons ; elles m'ont regardée d'un air vague; une seule avait un peu d'intelligence dans les yeux. Le chapeau de mademoiselle Octavie les surprit, elles le lui firent ôter. Elles m'examinèrent de près, tâtèrent mes cheveux ; une me demanda ma broche ; enfin, des enfants légèrement hébétés.

Il n'y a guère de commerce à Tanger et on y cultive à peine. Tout est arrêté, glacé ; une volonté unique, absolue, sans règle, a fait une étrange création, elle a créé un peuple de vieux enfants.

L'Arabe se relève devant la mort, il a pour elle un profond mépris, et il la brave fièrement.

Je t'écris presqu'au galop de ma mule. Mon consul vient d'arranger un voyage à Tétouan pour demain. Les préparatifs sont faits. Si tu n'entends plus parler de moi, puissent tes beaux yeux pleurer un peu longtemps...

Je reprends l'idée d'aller à l'inaccessible Ronda. M. Dalhuin m'y engage, M. Gabriel me le déconseille. J'écouterai la Belgique sans nul doute.

A toi.

LETTRE XXII.

A Mademoiselle Charlotte de Grammont.

Tétouan, Fête de l'Ascension, 1863.

JE suis émue, et pour la bataille, même pour la pauvre petite bataille entre mes pensées et la forme à leur donner, il faut du sang-froid. Mes yeux se sont remplis de larmes ce matin dans la misérable chapelle délaissée des Franciscains. Un seul prêtre disant une messe basse, quelques femmes du peuple, quelques hommes, des lis sur un autel de papier peint, voilà comme nous avons célébré l'Ascension ; et autour de nous, toute une nation dans la mort !

J'ai pensé aux belles fêtes de France et d'Italie ; au bonheur de se trouver dans un pays où la foi est une, où Dieu est connu et aimé... et je suis restée comme les Apôtres après qu'ils eurent perdu de vue leur ami divin, le cœur plein de tristesse. Ah ! oui, elle est triste, cette fête où Notre-Seigneur nous abandonne sur la terre... Toutes les peines de ma vie se dressent devant moi, tous les abandons causés par le temps où la mort redéchirent mon cœur. Je t'écris de la chambre même où logea Raymond, en 1859.

. . . .
. . . .
. . . .

Le R. P. Marian-Antonio, l'unique prêtre de Tétouan, m'a interrompue. Il sait deux au trois mots de français ; il a fait chercher son dictionnaire. Je lui demande :

— R. Père, quel âge avez-vous ?

— Quatre-vingts ans.

Voyant mon air étonné, il dit :

— Non, vingt-quatre ans... ah ! gé né sais !

Je lui ai dit qu'à mes yeux, il avait de trente-six à quarante ans ; il n'a jamais voulu y consentir. Le *"clime"* lui fait mal, il va quitter Tétouan. Il craint que je m'ennuie et veut me prêter le Nouveau Testament

Avant-hier, après avoir fermé ma lettre, nous sommes allés nous promener dans Tanger. La rue du marché est à pic ; lorsqu'on est en bas, le spectacle est des plus curieux. Je croyais voir monter et descendre une longue procession de Trappistes, composée de princes tombés de leur trône ou chassés de leur patrie. Tous les Arabes sont graves et noblement drapés dans leurs longs manteaux blancs.

Les boutiques sont originales. Assez élevées, elles n'ont que quelques pieds carrés, et on les ferme par une sorte de fenêtre. Le marchand, les jambes pliées sous lui, est assis à l'un des côtés. La rue est étroite ; une foule pressée serpente lentement, sans un cri, sans un éclat de rire. Au milieu des Arabes impassibles, viennent et vont des juifs, des nègres, des négresses, des esclaves, jambes nues et vêtus de différents costumes.

Je me suis arrêtée à la porte de la ville, pour voir les Maures rentrer des travaux des champs. Bien qu'on dise que ce soit ridicule, ils m'ont fait penser aux patriarches, et la scène est devenue complètement biblique lorsque, faisant quelques pas, je me suis trouvée au milieu des chameaux et de leurs conducteurs qui arrivaient de Fez, la capitale sacrée et impénétrable. Ah ! je te regrette comme si l'on m'avait arraché la moelle des os.

Souvent Nathaniel-le-juif, m'accompagne; il est riche et mis d'une façon pittoresque. Il parle français. Ses belles-sœurs ont passé, revenant de leur jardin ; elles portaient leur costume journalier, une robe verte avec un devant de soie rouge brodé d'or ; leurs têtes étaient ornées d'une sorte de turban, afin de cacher leurs cheveux, ce qui annonce des femmes mariées. L'une est d'une très-grande beauté, toutes respiraient le calme et la modestie.

Il va y avoir un mariage israélite, les fêtes dureront quinze jours. Nathaniel-le-juif qui espère me vendre, déplorait mon départ avant ces fêtes si curieuses. Au moins, il aurait voulu me montrer une circoncision qui se fait aujourd'hui.

Mais partons pour Tétouan.

Mercredi, quatre heures du matin.—Mon appartement mauresque de Tanger est rempli d'un bruit tout européen. C'est Xiste qui apporte mon café, c'est madame Waudru qui parle et gesticule, c'est le consul qui me fait prier de descendre. Je prends mon café oriental; il n'est pas fort, il n'agace ni ne trouble le sommeil, et pourtant son arôme embaume, et le goût en est exquis.

Le vice-consul de Belgique et d'Angleterre qui parle sept langues, monte sur un beau cheval arabe. Nous avons des mules et un conducteur nègre qui fera tout le voyage à pied; le domestique nègre du vice-consul prend place sur le cheval qui porte les bagages. Nous nous mettons en marche au milieu d'une plaine immense, entourée de montagnes découpées de manière à laisser voir à de lointains horizons, d'autres montagnes, si noyées dans des nuages bleus qu'elles-mêmes semblent d'azur. Le soleil se lève, une rosée de diamants pend aux hautes herbes, c'est le silence et la majesté des profondes solitudes et la beauté d'un jardin enchanté. Les montagnes sont couvertes de lauriers-roses, de hautes bruyères, de parterres de fleurs vives et étincelantes, belles-de-jour, glaïeuls, roses, nopals, aloès, palmiers nains; de nombreuses cigognes se promènent, mille oiseaux chantent, je reconnais la voix du rossignol.

Il n'y a pas de route. Les sentiers serpentent au milieu du désert habité, car de loin en loin on voit des troupeaux de bœufs et de moutons mérinos, des femmes enveloppées dans des plis blancs et qui se voilent la figure dès que nous approchons, des laboureurs qui cultivent la terre avec une charrue de bois et une paire de bœufs, de l'air dont Cincinnatus dut recevoir le consulat. Sur la pointe d'un rocher, un Arabe, gardien de troupeaux, est assis. Ses vêtements blancs l'entourent comme un nuage, il a la majesté d'un demi-dieu champêtre ; de jeunes brebis bondissent autour de lui. Des taureaux nés l'an dernier, courent dans ces champs émaillés de fleurs et qui de loin ont l'air de gras pâturages, des bouquets de lauriers-roses se penchent sur un cours d'eau où il y a des tortues. Le soleil resplendit. Ah ! quelle fête donne la nature ! Après six heures de marche, nous avons fait halte à une fontaine qui est élevée de deux milles pieds au-dessus de la mer. Si tu avais été avec moi, nous y aurions couché sous de beaux arbres. Quel réveil ! quelle prière du matin ! quel *Te Deum* à faire répéter de montagnes en montagnes par les échos !

La chaleur devint grande, et pourtant il fallut repartir. Ma mule, qui trottait et qui faisait des gambades en flairant la terre, fut donnée à madame Waudru ; je pris la sienne, une toute petite bête grosse comme un ânon et qui marchait comme Zéphir, en ayant l'air de marquer la mesure avec ses longues oreilles. Bientôt une dissension terrible éclata entre madame Waudru et sa mule. Celle-ci ne voulait plus faire un pas que la tête contre terre, et j'eus beau dire que c'était par respect, qu'elle n'osait porter son précieux fardeau tête haute, Waudru tirait, pleurait, enrageait, et enfin la mule prosternée fut passée à Xiste, je n'en entendis plus parler.

Le pays devenait plus sauvage. Nous marchions entre d'immenses quartiers de rochers, bouleversés par les torrents ; nous suivions le cours desséché d'une eau qui avait passé pleine de fureur et de rage, faisant voler les pierres, entraînant les arbres. Si loin du monde, et au milieu de bien des scènes qui en sont l'image, avec quelle pitié je songeais à ses bouleversements ! Nous avons passé par des chemins d'isards, à peine praticables pour le pied savant et sûr des mules. Dans un des endroits les plus escarpés, nous vîmes venir à nous une longue file de chameaux avec leurs conducteurs, des Arabes et des nègres vêtus de tuniques. Quel tableau ! Ce trajet, quoique bien fatigant, est si admirable que je ne peux me consoler de ne pas t'avoir avec moi.

Après cinq heures encore de route, Tétouan nous apparut à l'horizon, flanquée de murs dentelés, et toute blanche, comme un lis au flanc de la montagne. Le chemin devint boueux, défoncé, effroyable. A côté de champs cultivés et portant de riches moissons, on voit des terres nues, mais jamais arides, enfin, on entre dans Tétouan. Par des rues sans pavé, entre deux murailles blanches, on arrive sur la grande place, que je ne peux mieux comparer qu'à la basse-cour du fermier Cyrille. Le marché se tient là ; il y a des poules, des mules, des chevaux, du bon fumier.

La foule est grande, mais elle nous regarde à peine. Il n'y a pas de peuple ici et tous ont l'air de grands seigneurs blasés et indifférents. On nous conduisit à l'unique hôtel de Tétouan, chez Salomon Hahon, où j'ai un appartement mauresque, dans le genre de celui de Tanger ; la nourriture est bonne.

Qui croirait, my beloved, que les visites se multiplient dans le Maroc, et m'importunent en m'empêchant de t'écrire ? J'en ai déjà reçu, en voilà une encore !

Quatre heures et demie du soir, vendredi.
Ah ! pour le coup, je suis contente que tu ne sois pas ici. Le beau Maure aurait blessé ton cœur, et que serait-il devenu lui-même ? Je reviens de ma visite au Pacha. Ses gardes, coiffés d'un fez, vêtus d'un large manteau blanc jeté sur une tunique écarlate, nous ont conduits par un corridor à arcades jusqu'à la porte que les hommes ne peuvent franchir ; elle s'est ouverte pour mademoiselle Octavie et moi ; de belles esclaves noires m'ont soutenue sous les bras, et lentement, avec une majesté que j'aurais bien voulu que tu visses, elles m'ont fait entrer dans une cour intérieure à colonnes, où des oiseaux en cage chantaient en unisson avec le murmure d'un jet d'eau, qui retombait dans une vasque de marbre blanc. Les appartements des femmes ouvrent sur cette cour. Dans une salle du fond, le Pacha, son frère et leur mère, assis sur des coussins et des tapis d'une grande richesse, faisaient un tableau noble et frappant. Le Pacha est jeune encore ; il a les cheveux blonds ; son aisance est celle de l'homme du monde accompli. Il a été ambassadeur à Paris, puis a passé quatorze ans en prison

à Maroc, puis enfin il est revenu au pouvoir. Je l'aurais fort remarqué, si l'éclatante et étrange beauté de son frère ne m'eût frappée davantage. Jamais je ne pourrai te peindre la perfection de ce front plein de tristesse, ces yeux noirs et humides, noyés dans je ne sais quel amour mélancolique, dans quel regret de roi déchu, ni ces poses si aisées et si nobles. Tous les deux avaient des turbans blancs, des tuniques et des ceintures rouges ; ils étaient nu-pieds. Le Pacha est connu pour la petitesse de son pied et de sa main, et son frère pour son incomparable beauté. Ils nous firent donner des chaises et m'offrirent du thé vert, que le Pacha fit lui-même dans une belle théière d'argent. Une esclave apporta de fines porcelaines et deux sortes de petits gâteaux exquis.

Il n'est pas bien vu à Tétouan d'avoir plusieurs femmes. Le Pacha et son frère n'en ont qu'une chacun ; elles sont agréables et distinguées. Les esclaves noires richement vêtues, les femmes et les belles sœurs dans des costumes élégants, faisaient un groupe que j'aurais voulu peindre. Nous nous sommes quittés au bout de vingt minutes, regrettant de part et d'autre de ne pouvoir nous parler que par signes. Le Pacha m'a reconduite jusqu'à la porte d'entrée ; il m'a pris la main et saluée avec la grâce d'un chevalier.

Hier je suis allée chez Osaïli, le Maure le plus riche de Tétouan, et qui possède la plus belle maison. Il était malade et étendu sur des coussins à terre, aux pieds d'un lit, dans ses appartements particuliers. C'est une très-grande élégance, à Tétouan, d'avoir un lit européen, dans lequel, par exemple, on ne couche jamais.

Toutes les maisons sont à peu près pareilles, et tous les Arabes de race pure se ressemblent. Mais depuis cent ans, beaucoup d'entre eux épousent des négresses, et ce beau type tend à s'effacer. La femme et les sœurs d'Osaïli étaient à dîner ; elles me prièrent de manger avec elles, mais comme elles étaient huit autour d'un plat où elles plongeaient leurs quatre-vingts doigts, je ne pus m'y décider, et je me contentai d'une orange. Ici, comme chez le Pacha, les femmes sont jolies et distinguées, et ne ressemblent en rien à celles du Pacha de Tanger. Elles ont les ongles et le dedans des mains teints par le henné, et le bord des yeux noirci par le keul.

Je suis logée dans le quartier des juifs, qui sont au nombre de huit mille à peu près. Ils offrent le plus grand contraste par l'inquiétude de leur physionomie et leurs allures furtives, avec la noblesse indifférente des Arabes. Ceux-ci les méprisent et souvent les persécutent. Ce matin nous passions dans la rue, où le Pacha, étendu sur une estrade, rendait la justice. Un garde a dit au juif qui m'accompagnait : " Chien, tu n'es pas digne de contempler notre maître. " Et il l'a obligé à faire un détour.

Les Musulmans du Maroc observent leurs jeûnes avec scrupule, ne mangent pendant le ramadan qu'après le coucher du soleil, et se privent même de fumer ; ils prient une partie du jour, gardent le silence, se réunissent peu et se tiennent prêts à mourir sur l'ordre du père. C'est le nom qu'ils donnent à leur empereur.

Le père Marian m'a dit qu'aucun d'eux ne se convertit. Énigme douloureuse !

Salomon m'a conduite dans une maison d'Israël, mauresque et toute jolie. La femme est ravissante et modeste. Mon étonnement a été grand de reconnaître dans le mari un juif baragouinant le français, qui m'avait souvent importunée malgré mes rebuffades. De là, nous avons été nous promener dans les ruines faites par les Espagnols. Ils ont détruit, sans qu'on puisse expliquer pourquoi, les deux tiers de la ville. Ils disaient, il est vrai, que c'était pour l'assainir. Bien des pauvres, et des enfants surtout, sont morts de froid et de faim, et une grande quantité de familles ont été ruinées.

Si les rues, au lieu d'être des cloaques, étaient bien tenues, elles seraient vraiment remarquables ; elle ont des arcades, beaucoup sont couvertes, et leurs longues perspectives m'ont fait penser à la mosquée de Cordoue. Des femmes, dont le costume est plus gracieux qu'à Tanger, la figure couverte par une bande serrée, sauf les yeux, y glissent comme des apparitions. Des Maures (ah ! tiens ton cœur), des Maures si grands, si fiers, avec des airs si passionnés et si chevaleresques, que rien n'est plus beau au monde, passent et vous saluent avec mélancolie. Deux m'ont offert des fleurs.

Il faut abjurer pour entrer dans leurs mosquées ; auparavant il n'était pas même permis à un chrétien de passer devant la porte sacrée sans ôter ses souliers. Le consul ne voulait pas que nous nous y arrêtassions, craignant d'exciter le fanatisme. J'ai entrevu une très-belle cour, des colonnes, des femmes prosternées et quelques hommes en prières.

En revenant de cette course, j'ai assisté au sabbat des juifs. Ils étaient assis dans leur synagogue, chantant du nez des psaumes hébreux. Ils observent leur religion comme aux temps primitifs. Ce serait bien intéressant à étudier de près. Ainsi, aujourd'hui vendredi, après une heure, ils ne touchent plus au feu ni à l'argent ; des lampes sont allumées de tous côtés, et Salomon m'a demandé de le payer à midi trois quarts. J'ai fait une visite avec le R. P. Marian chez une juive. Elle avait son beau costume de fête, la veste de velours rouge et la jupe de cachemire brochée d'or. Nous avons pris de la limonade et des gâteaux. Je lui demandai si son mari était absent. " Le voici, me dit-elle. " Je restai pétrifiée ; ma limonade, mon gâteau, les enfants, la jolie maison mauresque, tout tourna autour de moi. Ce juif, ce mari, cet hôte, dans le salon duquel je mangeais d'excellentes friandises, ce matin même il m'avait menée par les rues de Tétouan, et mon domestique lui avait donné quelques sous. J'eus grande honte, mais lui paraissait à son aise et content !

Son beau-frère, courtier à Marseille, était là ; il faisait l'esprit-fort, se moquant de la lettre, et je crois, de l'esprit de leur religion. Je lui dis que si la religion juive ne le satisfaisait plus, qu'il se fît catholique. Non, il aime mieux être libre-penseur.

Nous avons repris notre course et nos visites ; nous sommes entrés chez un israélite dont la femme et les enfants, logés avec un rare confort, étaient ravissants ; le mère et la petite fille m'ont montré leurs beaux costumes, semblables à ceux que je venais de voir, mais plus riches. La fille avait un bandeau en diadème, brodé de perles du plus charmant effet.

Nous allâmes encore de divers côtés, le bon père Marian me conduisant comme un pasteur infatigable, je lui dis enfin que j'allais dîner. Il me répondit :

— Ah! zoui, ze comprends tres benn, vos volez un marteau.

— Un marteau !!!

— Il fallut faire venir l'interprète. Ce qu'un marteau venait faire là, on n'a jamais pu le savoir !

L'interprète m'a dit, il est vrai, que c'était un mouton, mais j'ai moins compris que jamais, et j'avoue que je me suis enfuie, plantant là le pasteur, l'interprète, le marteau et le mouton.

Je pars à cinq heures du matin pour Tanger. Quand aurai-je des nouvelles d'Europe ?

O triste silence, semblable à la triste mort . . . .

Quel mauvais côté il y a à toutes choses!

LETTRE XXIII.

A Mademoiselle Charlotte de Grammont.

Tanger, dimanche, 17 mai 1863.

NOUS avons quitté Tétouan hier à cinq heures du matin, et nous sommes arrivés ici à sept heures du soir. Je m'en tire et je ne suis point morte de fatigue, mais aussi, pendant ces dix ou douze lieues, quel spectacle vous entoure ! Je n'ai rien vu de plus splendide ; je n'ai jamais été à une fête où je t'aie plus regrettée. Le soleil s'était un peu voilé, de grandes écharpes de nuages ondulaient aux crêtes de l'Atlas. J'avançais avec ravissement dans ce parc fait et dessiné à traits immenses de la main seule du Créateur ! Pendant des lieues, il y a des parterres de mauves rouges et blanches, des palmiers nains, des bois de lauriers-roses, des aloès et des cactus. Les ruisseaux, ombragés de hautes bruyères, embellis de fleurs, de plantes rampantes, contiennent beaucoup de tortues ; j'en ai pris une, je l'ai confiée à Xiste. Arrivée à la halte, je m'écrie, avec des sentiments déjà tout maternels :

— La tortue ?

Xiste, qui a l'esprit judicieux de Sancho-Pança, me répond :

— Madame, je l'ai jetée.

— Et pourquoi ? s'il vous plaît.

Il reprend avec plus de justesse que de beau langage:

— Eh bin, Madame n'aurait fait de rien avec ça.

Le vice-consul de Tétouan m'avait donné son soldat arabe pour escorte. Avec son fusil damasquiné, sa selle turque, son beau cheval arabe, son turban, son haïck blanc qui flottait, son air de paladin, il faisait un effet tel, que je m'arrêtais parfois pour en jouir. Dans un de ces moments où j'admirais le tableau dont il était la principale figure, hélas ! il s'est mouché avec ses doigts.

Nous nous sommes reposés une heure à la fontaine, et une demi-heure sous des lauriers-roses. De longues files de chameaux ont passé allant à Fez. Il y en avait deux petits, si pelés, si bossus, si gauches dans leur gaieté enfantine, que je m'en suis fort divertie.

Un schérif de la montagne nous a rejoints à la halte. Il était âgé, sa figure avait un calme et une majesté singulières; son burnous bleu, éclatant comme le beau ciel, flottait autour de lui. Il montait un magnifique cheval arabe; six esclaves le suivaient. Il fit sa prière et ses ablutions et m'envoya offrir de l'eau. Nous nous remîmes en route ensemble; tout l'avantage fut à l'Orient. Quelles piteuses figures nous faisions au milieu de cette caravane pittoresque ! Les esclaves nègres se jouaient mille tours. Tu sais que L. V. dit que Dieu a mis six mille ans à faire un nègre. Qu'il explique cette mystérieuse doctrine, car réellement cet ouvrage épaté, crépu, noir, imparfait, ne semble pas demander tant d'années.

Tétouan est célèbre pour ses orangers, les plus grands, dit-on, qui existent. Ici j'ai vu l'arbre sang-de-dragon plus étrange que beau.

Ce matin M. Dalhuin, le consul belge, est venu me prendre. Nous sommes allés au marché, pittoresque et étrange coup d'œil. D'un côté, le grand-rabbin achetait les bœufs dont les juifs ne peuvent manger que s'ils sont tués sous ses yeux; on les tue là même, et on les écorche pendus à des bâtons croisés. Plus près de la porte, sous des tentes, des Arabes dans leurs frocs étalaient des poteries, des légumes, etc., etc. Je ne me lasse pas de la physionomie monastique de ce pays; je ne cesse d'être oppressée à la pensée de tout un peuple dans l'erreur.

Nous avons pris du café exquis dans une sorte de halle. Les Orientaux le font bouillir et le servent avec le marc. Ah! que n'es-tu ici! Je vais au bord de la mer.

Querida, vaya usted con Dios.

Lundi. — Je songe à l'exposition des chiens de Paris. J'ai été au moment d'y aller, mais j'ai eu peur d'être reçue comme un chien moi-même, si je repassais les monts avant d'avoir vu Grenade. Fais-moi au moins la description de ces fidèles amis, depuis les oreilles jusqu'à la queue. Ici il y a de nombreux roquets et de beaux lévriers.

Euh ! je tourne à la mort.

Le consul m'a dit qu'il avait écrit à un de ses amis à Gibraltar, pour que le *Lion Belge*, un bateau qui file comme le vent, vint me chercher et m'emmenât aujourd'hui. Hier nous avons laissé partir avec dédain tous les bateaux ; il n'y en a plus un seul, et le *Lion-Belge* ne paraît pas. J'ai vu et revu ce que je voulais voir. Des ailes, des ailes ! que je m'envole ! J'étais venue pour trois jours, en voilà huit ! !

Je me suis assise hier dans le cimetière musulman qui domine la ville, la place du marché et les grands chemins qui conduisent dans l'intérieur du Maroc. On voit arriver les ânes, les troupeaux, les chameaux, les voyageurs. Ce cimetière est négligé. Une pierre marque la tête, une autre marque les pieds. Les musulmans méprisent la mort; il chantent un air gai et vraiment joli quand ils portent un mort en terre. Les juifs sont bien différents, ils crient et hurlent, les femmes se tirent les joues et se les égratignent. Je rêvais là à bien des êtres aimés et à bien des choses qui ne renaîtront plus... Un grand nègre m'adressa la parole en français et m'offrit de manger avec lui. Il avait des petits poissons dans une loque et un pain sous son bras nu. Cela me fit une peine horrible, mais j'en éprouvais une plus grande encore de refuser, parce que les Orientaux considèrent le refus comme une injure. Je mangeai avec le bon nègre ce qu'il tira de sa petite loque et de dessous son bras nu ; son français, il l'avait tiré d'Oran. A quelques pas de là, nous nous sommes trouvés au milieu d'une colonie de sauvages, composée d'une quarantaine d'Arabes, femmes et enfants, venus de je ne sais quel désert pour chercher de l'ouvrage. Ils ont fait leurs huttes sous les aloës. Ils rôtissent des poissons à un feu de branches, ils sont enveloppés dans de grands manteaux de toile grise. Quelle misère et quel incroyable tableau ! Un d'eux était couché et tremblait de fièvre. J'ai demandé s'il voulait qu'on le soignât ; sa femme a répondu : " Non, Allah a décidé de son sort ! "

Je suis redescendue dans la ville et j'ai acheté du tabac à priser, certainement chez un prince déguisé, qui occupait une boutique de quatre pieds carrés, où il y avait bien, en tout, pour vingt francs de marchandises. Il m'a demandé ce que j'aimais mieux de Tanger ou de Tétouan. J'ai répondu : Tétouan. Ses beaux yeux ont pris une expression de gazelle blessée.

Nous étions près de la mosquée ; beaucoup d'entre eux y entraient, ôtant leurs babouches à la porte, et faisant leurs ablutions sous le portique. Quoique ma " *chienne* " de personne leur fût parfaitement désagréable en cet endroit sacré, j'y restai assez longtemps sans qu'ils me dissent rien. Ils prient en se prosternant, en baisant la terre et en se relevant plusieurs fois. Leurs prières sont belles ; ils les font à des heures fixes cinq fois par jour ; s'ils sont à cheval, s'ils sont loin d'une fontaine ou d'un cours d'eau, ils descendent dans la campagne, font l'ablution obligée avec du sable en se prosternant comme dans la mosquée. J'en ai vu. C'est un grand spectacle, mais qui remplit le cœur de tristesse. Quels retours on fait sur soi-même, quel amer retour on fait sur l'Europe irréligieuse!

Un autre prince déguisé, plus beau encore que le marchand de tabac, est passé, parfumant l'air, et il est allé reprendre sa place dans son palais de quatre pieds carrés. Mademoiselle Octavie désirait lui acheter quelque chose, mais il est écrivain public ; il lui a montré un sachet de musc pendu à son cou.

Le *Lion Belge* en fait de belles! Il mène M. de Rotschild tout droit de Gibraltar à Malaga, et ne viendra à Tanger que mercredi pour repartir jeudi. Je suis sans argent, sans esprit, sans ris ni plaisirs! Adieu, je vais à la pêche à la tortue.

1 *heure*. — Le consul m'a priée de l'attendre, il veut me conduire à la pêche. Pour passer mon temps, je viens de monter à la Casbah par une rue si escarpée que je n'y pouvais tenir ; les Arabes, malgré leurs pieds nus dans leurs babouches jaunes, y marchent et y courent avec aisance.

Au Maroc et en Espagne, tout est peint en blanc. De loin, Tanger a l'air de flotter sur l'océan bleu, comme un colossal nénuphar. Ses murs sont dentelés et découpés, ses minarets s'élancent avec grâce ; de près, la poésie reste sans doute, mais la propreté s'envolé. On jette tout, on fait tout dans les rues, excepté de relever des murs écroulés et de nettoyer. J'ai vu en passant mon muletier, nègre de Tétouan, qui jouait d'une guitare à deux cordes; elle avait le chant d'une grosse cigale; des Arabes battaient la mesure avec les mains, et étaient accroupis sur des nattes dans un café, chambre de quelques pieds carrés. J'ai rencontré aussi les esclaves du schérif; après m'avoir offert des roses avec une douce humilité, ils m'ont dit qu'ils avaient mis quinze jours pour venir de Fez à Tanger.

Le frère du Sultan, un assez beau mulâtre, était assis à la porte de la Casbah, causant des plus familièrement avec les soldats, en ôtant ses pieds nus de ses babouches jaunes, et les remettant. Il m'a fait offrir d'entrer, je n'ai pas accepté, et nous nous sommes assis vis-à-vis de lui. Il rendait la justice, chacun lui exposait ses griefs. J'ai vu l'endroit où l'on donne la bastonnade; il n'y a point de peine de mort dans les lois, mais le juge peut faire bâtonner jusqu'à extinction. Quelquefois, Tanger est rempli des cris du supplicié. L'argent joue ici un grand rôle, et la justice s'achète.

Hier, M*** m'a conté l'histoire du Pacha de Tétouan; c'est un vrai conte oriental. Le Pacha, de la célèbre famille des Achaz, n'est sorti de prison qu'à la mort du dernier empereur du Maroc, après y avoir passé une partie de sa jeunesse avec un frère qui y est mort, sa mère, et d'autres parents. Ils sont Pachas de Tétouan de père en fils; leur puissance et leur richesse surtout faisaient envie à l'empereur, qui appela auprès de lui

Achaz et s'en saisit, tandis que cinq soldats, déguisés en marchands, arrivaient à Tétouan, et se présentaient devant le frère aux yeux noirs. Après mille subterfuges romanesques, ils parvinrent à le prendre. On vendit les dépouilles de cette puissante famille; l'empereur en tira des millions. Le bruit courait que de grands trésors étaient cachés dans le palais de Tétouan. L'architecte consulté répondit d'une manière évasive; on lui laissa une nuit pour se décider à la révélation; il se jeta, une pierre au cou, dans la rivière, afin de ne point trahir son bienfaiteur.

C'est à leur mère que les Achaz doivent leur délivrance. Cette femme, d'une énergie terrible, puisqu'elle passe pour s'être défaite de son mari par jalousie, fit jouer tous les ressorts du fond de sa prison, répandit de l'argent, se ruina, et enfin obtint la liberté de ses fils. C'est elle que j'ai vue; elle est d'une figure sévère et d'une imposante froideur.

Ah! je respire, voici des ailes; il part demain un petit voilier gros comme une mouche. Si les vents ne sont pas contraires, je lui confierai mon sort. A moins de devenir pachate, que faire ici? Mais c'est effrayant néanmoins d'aller dans cette barque.

Ma pêche à la tortue s'est faite dans une plaine admirable, sur la route de Fez; il était un peu tard, les tortues se tenaient au fond de l'eau, et nous n'en n'avons pris qu'une, qui désormais va être ma dame d'honneur, sous le nom de Fatma, que lui a donné M. Dalhuin.

— Fatma te salue; je demande pour elle un peu de tendresse.

On vit pour rien ici; l'air suffit avec une grosse fève cuite à l'eau et un petit poisson. Quand on est vorace et qu'on veut de la viande, elle vous coûte quatre sous la livre. Pour moi, mes gens, mes repas qui sont faits par un bon cuisinier, mon appartement composé de quatre pièces ravissantes, mon interprète et mon coureur arabe, qui donne des coups de poings et des coups de pieds devant moi aux gens les plus tranquilles, pour me faire honneur, je paie dix francs par jour.

Ah! je vais me pendre; le vent est détestable, je ne puis partir sur le bateau à voiles.

LETTRE XXIV.

A Mademoiselle Charlotte de Grammont.

Gibraltar, 20 mai 1863.

J'ARRIVE. Le *Lion Belge* a rugi et reparu au moment où on s'y attendait le moins, et il m'a ramenée ici en trois heures et demie, par une mer qui ne m'a fait aucun mal. Quel dommage que tu ne puisses profiter des rares douceurs de cette fantasque! Enfin, j'ai toujours la larme à l'œil de ton absence.

J'ai fait la traversée dans l'honorable société d'un troupeau de vaches.

Hier, à Tanger, ma journée a été employée d'une manière intéressante. J'ai assisté à une noce juive: c'était le plus grand jour, car les cérémonies en durent quinze. En entrant dans la salle, je me suis demandée en vain où était la fiancée; quant au fiancé, je savais qu'il doit rester chez lui. La salle, peinte en blanc et assez grande, offrait un curieux spectacle. Tout autour, sur les bancs ou sur des chaises, étaient assises une trentaine de femmes juives, dans leur costume de fête. La jupe, différente de la nôtre, est faite d'une pièce de drap, ou de cachemire, ou de velours, qu'elles croisent par devant, mettant au-dessus un coin richement brodé d'or; la veste, qui forme le tablier, et le gilet, n'est que broderies d'or, le fonds en disparaît, on voit à peine que c'est du brocart ou du velours; le cou est un peu découvert. Plusieurs juives portaient quatre colliers composés de perles fines, d'émeraudes, de perles et de chaînes d'or. Ce qui est bizarre, mais seyant, ce sont des épingles qu'elles s'attachent aux tempes, et qui ont de petites chaînes; toutes ont des croissants d'or fleuris de pierres précieuses. De loin, ces croissants font l'effet d'immenses boucles d'oreilles. Quand elles sont mariées, leurs cheveux se cachent sous un voile de pourpre broché d'or, qui retombe par derrière. Leurs bandeaux, pour simuler les cheveux, sont en soie noire très-fine, couverts en partie d'un fichu de soie jeté sur le voile et qui finit en pointe au milieu du front; une grande agrafe en pierreries l'attache en guise de ferronière. Une juive était d'une merveilleuse beauté et soutenait bien la grande réputation des filles d'Israël de Tanger. Son costume resplendissait; elle avait des bracelets et des bagues à tous les doigts; ses beaux yeux sombres, naturellement veloutés, le paraissaient plus encore par le cercle noir peint autour. J'oublie la large ceinture à la taille, en tissu oriental rouge et très-beau.

Je découvris enfin la fiancée, dans le fond de la chambre, derrière un rideau, assise sur un lit de parade;

elle avait le même costume que les autres juives. Les femmes se mirent à la parer; on lui pendit au cou un cœur en émeraude et toutes sortes de bijoux; entre chaque objet, les juives poussaient de petits cris aigus, fort extraordinaires, une espèce de sifflement tremblé. L'une joua du tambour de basque en chantant un air dolent. La future, qui doit toujours tenir les yeux fermés, fut descendue du lit, amenée et assise dans la salle. Deux ou trois juives, chacune à leur tour, dansèrent devant elle, sans remuer les pieds, en faisant avec un mouchoir des mouvements de hanches, d'épaules et de bras. C'est assez laid. Ensuite, la fiancée fut reconduite sur son estrade, et on servit le diner, auquel elle ne prit aucune part. Je fus invitée. Le potage vint en dernier. On commença par les pickles, puis vinrent les hachis et le bœuf. Les gâteaux, les fleurs d'orangers, les sucreries sont excellents. On se lave les mains plusieurs fois, car on prend tout avec les doigts, et on mange dans le même plat! Je mourais de chaud. Au bout de quatre ou cinq heures, j'allai me reposer chez moi pour me disposer à la fête du soir. A sept heures, je repris place parmi les nombreux amis. Vers huit heures, la fiancée fut descendue de l'estrade. Je ne lui vis jamais ouvrir les yeux. Le tambour de basque accompagnait un chant plaintif comme le bruit de la vague, les femmes poussaient leurs cris aigus. Elles peignirent les yeux, les sourcils, les dents et la bouche de la mariée en noir, les joues en blanc et en rouge, ainsi que le dedans des mains et les ongles; elles lui mirent une sorte de tiare en velours bleu, rehaussée de trois bandes de pierreries, puis un voile blanc. Son père et le père du futur la conduisirent à la maison de l'époux au milieu des cris de joie, d'une illumination, d'une foule énorme, sur laquelle mon coureur arabe distribua avec tant d'énergie des coup de pieds et des coup des poings, que certainement Israël me prit pour la reine de Saba.

La fiancée semblait être une belle vierge de Byzance, qui aurait les yeux fermés. Au seuil de sa nouvelle demeure, on cassa un verre. Toutes les cérémonies sont allégoriques ; celle-ci veut dire que le passé est fini, que désormais, pour ne penser qu'à l'époux, la femme doit rompre avec le monde entier. On l'introduisit dans la chambre nuptiale, dont le marié ne dut franchir le seuil que le lendemain ; sa mère passa la nuit en prières auprès d'elle, en souvenir de la veillée des noces de Tobie.

Mardi matin, je regardais au bord de l'océan s'il ne poindrait pas quelque voile à l'horizon ; la peur que j'avais que les vents fussent toujours contraires et qu'il ne vint plus de bateaux, me faisait penser allègrement à quitter Tanger et ses princes déguisés. Plusieurs d'entre eux, simples douaniers, me firent prier de m'asseoir sur une natte de leur auvent. Je me suis assise, et tant par l'éclat des costumes que par l'air général, j'ai cru que j'étais à la cour du grand Soliman et je me suis tenue de mon mieux pour faire honneur à la Belgique. L'un des Maures m'a écrit quelque chose en arabe et m'a donné sa plume de roseau. Nous nous sommes salués avec majesté, noblesse, la main sur le cœur, et quittés avec regret, je l'espère.

Quel étrange pays! Que la roue de la fortune y tourne vite! Mon muletier, mulâtre en guenilles et qui a couru à pied de Tanger à Tétouan, de Tétouan à Tanger, battant les bêtes et leur criant : *arre, arre!* est le fils de l'ancien capitaine du port. Un jour, son père fut jeté en prison, où il mourut, et ses biens furent confisqués. Généralement, tout homme riche finit par là. Tel a été le sort du dernier Pacha de Tanger.

O Charlotte! ô perspective, ô nouvelle!

Le consul de Belgique et d'Angleterre arrange mon voyage à Ronda. Il paraît que c'est admirable, merveilleux, impossible; on couche je ne sais où, on rencontre je ne sais qui, on marche sur les précipices et dans les torrents, on n'a ni feu ni lieu! Et je dis : tout cela c'est la vie; ce n'est même rien en comparaison de la vie! En avant! je pars demain matin.

Le soir. — Après bien des pourparlers et des combinaisons, il s'est trouvé qu'il fallait six jours à cheval pour aller de Gibraltar à Ronda et de Ronda à Malaga, des guides, beaucoup de fatigues, beaucoup d'argent, et qu'on avait presque la certitude de tomber de haut en bas des précipices dans les bras des brigands. J'y renonce. Soixante lieues par le pays des aigles, c'eût été pourtant si beau! Ah! prudence! prudence! tu es la vertu des bêtes de somme et non des oiseaux de proie, dit lord Byron. Je ne suis pas un oiseau de proie, je vais partir pour Malaga. J'espère être le 26 à Grenade et y trouver tes lettres. On ne peut se figurer le bonheur que donne un pied de mouche qui a fait six cents lieues pour vous; une mouche aimée qui vous écrit, un petit pied qui vous donne tendrement la main à travers la distance; vous vont droit au cœur, et en certains jours, font venir les larmes!

Voilà vingt-deux pages. Que tous les mots te disent: elle t'aime, amie! Ils diront vrai.

P. S. Je vais à *Ronda !!!*

Tu ne pourras jamais te figurer dans quelle incertaine balance a été pesé le voyage de Ronda, déconseillé par M. Gabriel, encouragé par M. Dalhuin, soutenu mollement par le consul d'Angleterre et de Belgique, M. Cowells; enfin, je l'ai décidé ce matin, ne pouvant me résigner à me faire ce chagrin-là! Nous allons donc faire cinquante ou soixante lieues à cheval, dix par jour. J'aurai deux guides, et je demanderai l'aumône comme la cigale, quand la bise sera venue, car c'est d'un prix fou.

Je voudrais du calme et du temps pour te parler de l'admirable rocher de Gibraltar, et je ne vois pas même clair. Ce matin j'ai visité le...

LETTRE XXV.

A Mademoiselle Charlotte de Grammont.

Ronda, fête de la Pentecôte, 1863.

C'EST ici, Charlotte, que je reprends l'entretien brusquement interrompu jeudi soir par M. Cowels. Je te parlerai une autre fois de Gibraltar; je n'ai plus d'yeux que pour Ronda, plus de mémoire que pour me souvenir de Rome.

Il y a un an, j'étais à la cour " du roi mon père", dans toutes les splendeurs de la canonisation. La cour céleste seule sera plus auguste! Aujourd'hui j'appelle l'Esprit-Saint du milieu des plus belles montagnes du monde, entourée de scènes si magnifiques et si grandes que je succombe à l'émotion. Hélas! jamais ma plume ne pourra te les faire partager, jamais je ne pourrai donner une idée de ce que j'ai vu, de ce qui m'entoure.

Être venue à *Ronda*, dans cette ville des Maures, poétique et inaccessible, mais cela suffit à la gloire d'une vie entière! Quand on dira de nouveau: "Voilà un objet d'art, une fleur inutile", tu répondras : Elle a été à Ronda!

Puisque tu ne recevras cette lettre que si je suis saine et sauve et arrivée à Malaga, où je la mettrai à la poste, je te dirai que mon bon ange Gabriel, qui est un homme âgé, distingué et bon comme quelqu'un qui a souffert (il a perdu une femme adorée, ses yeux se remplissent de larmes quand il en parle), me déconseillait vivement Ronda, d'abord parce que la fatigue dépasse les forces humaines, mais pas la volonté d'une femme, ai-je dit, et ensuite, à cause des rateros, voleurs d'occasion, pâtres poétiques mais terribles, qui descendent des rochers et fondent sur les voyageurs quand ils trouvent la circonstance favorable. J'étais ébranlée; mourir de fatigue ou assassinée, cela me faisait réfléchir. M. Cowels craignait d'en prendre la responsabilité. D'un autre côté, comme il est jeune, que ses veines sont remplies du sang aventureux de l'Angleterre, il écoutait doucement mes doléances, et a fini par faire, avec un grand entrain, tous les préparatifs de mon départ.

J'ai quitté Gibraltar vendredi, à dix heures un quart du matin, dans une joie d'enfant qui fait la plus dangereuse des écoles buissonnières. Je n'ai ni paquet, ni argent, ni armes, mais deux parapluies. Je ne crains rien. Le vice-consul m'accompagne à cheval pendant quelques lieues.

Comme tout me semble sourire! Le soleil est doux et voilé; la Méditerranée, au bord de laquelle nous chevauchons pendant des heures entières, endort en chantant tout bas ses belles vagues bleues. Le monstrueux rocher de Calpe s'élance sur la plage, limite gigantesque d'un continent, muraille effroyable de hauteur, qui toujours surprend et écrase !

Nous montons par des sentiers assez rudes, mais si j'avais su ce qui m'attendait plus loin, je n'y aurais pas pris garde. Quelquefois ils surplombent la mer : un faux pas vous y précipiterait. Les montagnes, très-basses encore, ont des buissons de fleurs, l'air a des parfums. Je redescends dans la plaine ; plus d'habitation ; çà et là des pasteurs avec leurs beaux troupeaux de bœufs et de mérinos ; un silence profond. Il ne fait pas chaud, le soleil se voile, ce qui donne à la nature un air sévère, et les pensées, tout naturellement, prennent une teinte grave. Ces immenses plaines sablonneuses, rendues si pittoresques et si étincelantes par leurs horizons, les lauriers-roses, les aloès, les roses des Alpes, sont coupées de torrents qu'il faut traverser à gué une vingtaine de fois. Je me suis trouvée entourée de cinq ou six qui couraient en toutes directions dans un endroit assez resserré. Les petites vagues de la rivière clapotaient avec des airs follement rapides qui ne laissaient pas d'être effrayants ; il fallut y entrer : le courant était tel que mon cheval, qui en avait jusqu'au ventre, fut entraîné en zig-zag, et alla à la dérive. Le bruit et le mouvement de ces eaux furieuses me tournaient la tête et je n'y voyais plus ; il me prit envie de me jeter au milieu des eaux. Au vingtième passage, j'avais fini par m'y habituer.

Après six ou sept heures de marche dans la plaine, nous avons commencé à gravir les montagnes de Gaucin ; j'apercevais cette ville comme une sorte de nuage accentué ; je n'osais calculer le temps qu'il nous faudrait pour l'atteindre ; c'est la première limite du poétique royaume de Grenade. Qui n'y a rêvé ! qui n'en a lu les merveilleuses légendes, qui n'y a bâti quelque château ! Depuis que j'ai été en Afrique, je n'ai aucun effort à faire pour repeupler toutes ces contrées de Maures plus beaux que les étoiles, courtois et vaillants. Je comprends mieux le pays, et je reconnais les usages qui viennent d'eux. Leurs ouvrages et les ruines reprennent la vie. Enfin, c'est le lieu des rêves, et combien j'en fais ! Un m'a charmée et attristée ; j'ai cru qu'un bruit de pas derrière moi étaient toi, Albert, Mathilde, Raymond... Ah ! pourquoi me suis-je retournée !

L'air devient embaumé, nous passons dans une forêt d'orangers, arrosée des plus belles eaux ; je voudrais y dresser ma tente, mais il n'y a pas un moment à perdre, le soleil se couche, et un chemin ardu est devant nous ! Un chemin ! Vraiment non, mais une fente dans une muraille. Couchée sur le cou de mon cheval andaloux, je me disais : Nous allons rouler dans l'abîme ! Et lui, s'accrochant, glissant comme un serpent, il avançait, et d'un pied sûr montait cette échelle, me faisant découvrir tantôt des gouffres sans fond, tantôt des vues admirables, tantôt des bosquets de grenadiers et d'orangers, suspendus aux rochers. Ces beaux arbres, cette belle végétation, dignes des jardins d'Armide, sont arrosés de canaux faits par les Maures, et qui prouvent qu'ils avaient poussé l'art de l'irrigation à son dernier point. Ces canaux montent jusqu'à Gaucin, et la fraîcheur de leurs eaux fait un parterre enchanté de cette muraille cyclopéenne ; parterres et bosquets d'orangers, de roses, de nopals, de grenadiers liés entre eux par des festons de pampre. De ce piédestal digne d'un dieu, j'apercevais la plaine, et, dans le creux d'un rocher, une maison isolée sous l'ombrage d'un palmier, digne foyer du bonheur ou d'un éternel regret.

La nuit nous surprit sur ce chemin périlleux ; il n'y a pas de crépuscule dans les climats chauds : on passe du jour aux ténèbres. La pluie et l'orage vinrent ; je ne voyais plus devant moi que de grandes ombres et des éclairs ; j'avais lâché la bride à mon cheval. Après dix heures de marche sans arrêt, nous sommes arrivés à Gaucin. Mes guides me conduisirent dans une venta si hospitalière que mes chevaux et mes mules entrèrent dans la grande salle, et que tous ceux qui arrivent en font autant. Une femme d'un certain âge, avec de petites dents aiguisées comme celles d'une ogresse, se leva de l'âtre et vint me prendre la main. Ces muletiers, ces mules, ces chevaux, cette femme farouche, composaient un ensemble qui me donna de la tristesse. On me conduisit dans ma chambre, horrible casemate à quatre lits, avec des trous dans le plancher et un plafond à lucarnes ; un crime serait là de saison. Les lits étaient propres et avaient de la guipure aux oreillers et aux draps, mais je n'y pus dormir par l'assaut terrible que les insectes me livrèrent, au fait, les seuls malfaiteurs de la venta. Je ne pris que du chocolat le matin et le soir, et l'hôtesse me demanda un prix si fabuleux, que je me récriai. Quelles dents blanches elle me montra, quels coups elle frappa sur la table, comme elle me secoua le bras! Je lui fis signe que si elle me touchait encore, je la fouetterais de ma cravache; elle resta immobile. Mademoiselle Octavie en rit à avoir des convulsions; elle disait que l'ogresse de Gaucin s'était écriée : " Jésus, Marie! j'ai trouvé plus méchant que moi!" Gomez, le guide en chef, mon interprète, dit d'elle : " What impudent woman!" Car il ne sait que l'espagnol et l'anglais. O Gaucin! gardé par tes dragons et tes chemins inaccessibles, assis sur ton précipice, tu es bien propre à la vertu, me semble-t-il, sans pouvoir en répondre, car dans tes petites rues toutes jolies, j'ai vu bien des balcons, et bien des yeux de flamme.

Je suis repartie le lendemain de grand matin; le soleil ne dorait que les montagnes éloignées, il y avait des vapeurs bleues et flottantes aux cimes rapprochées de nous, et des ombres gigantesques; nous montions encore, nous montions toujours, nous avions l'air d'escalader le ciel. Jamais je n'oublierai ces vues, jamais je ne pourrai les décrire, hélas! Je planais sur les sommets des montagnes, qui me paraissaient les vagues d'un océan incommensurable, montant et s'abaissant de manière à ce que l'horizon soit infini. Des nuages blancs et légers se roulèrent comme des ceintures autour de quelques pics; d'autres pics s'élançaient jusqu'aux cieux, inondés de soleil. Sur l'un d'eux, montagne admirable, j'aurais voulu placer une statue de l'Immaculée-Conception. Je l'ai voulu et désiré avec l'âme du Père Gratry, car j'ai pensé à lui et au tableau touchant et magnifique qu'il nous fit de la sainte Vierge à une de ses conférences de 1862.

C'est la foire de Ronda. Il y avait assez de monde sur la route. Au plus haut d'une montagne, je vis de petits points noirs qui s'agitaient.

— Des corbeaux? demandai-je à Gomez.

— Non, Señora, ce sont des mules.

Je fus ravie à la pensée que c'était là mon chemin, et que dans une heure je serais aussi un petit point noir. Je chevauchais allègrement par des sentiers impossibles, des échelles faites de pierres croulantes, et suspendues au-dessus de précipices aussi effroyables que beaux, car ils portent dans leurs flancs des villages, des orangers et une culture soignée. Les aubépines et les églantiers sont en fleurs. Tout est vert, frais, épanoui, embaumé. J'ai reconnu dans les haies et dans les champs une foule de plantes de nos serres et de nos jardins; des pois de senteurs, des bruyères, des mauves, des clématites bleues, rouges, blanches; des pyramides fleuries dont j'ignore le nom, montées par la main du bon Dieu, comme nous montons les bouquets d'église de fleurs roses et lilas du plus charmant effet; des genêts, des arbustes à aigrette et à longues grappes de fleurs d'or, appelés tamaris, des grenadiers. Ah! quel spectacle! quel voyage! quel chant de reconnaissance et d'amour à envoyer vers le Créateur! Quoique je souffrisse du froid et du chaud, que je fusse plus morte de fatigue que vivante, Charlotte, je t'ai regrettée tout le temps avec l'effroyable égoïsme de l'amour.

Il n'y a que la ligne perpendiculaire pour arriver à Ronda. Quand des muletiers nous avaient précédés, nous les voyions serpenter au-dessus de nos têtes et menacer au moindre faux pas de nous couronner d'eux et de leurs mules. Mais quelle est la mule qui fit jamais un faux pas!

Dans une fente, entre deux hautes murailles de rochers, escaliers du ciel, ma selle tourna et je tombai. Si mon cheval avait rué ou même remué, j'étais écrasée. Mademoiselle Octavie, perdant la tête, se mit à pousser des hurlements du haut de son destrier gris, et disait:

— Madame, où est votre jambe, madame, où est votre jambe?

Absolument comme si j'avais une jambe mécanique, pouvant se décrocher et se perdre en route. Mon cheval s'arrêta, et les guides eurent le temps d'arriver.

J'ai vu le long de mon chemin toutes sortes de petits oiseaux qui chantaient à tue-tête, et un lézard ventru, vrai silène, qui marchait en chancelant enivré de rosée. Nous sommes passés au-dessus des tourelles d'un vieux château en ruines, situé dans le refend d'un roc. On prétend que les habitants insultent les voyageurs qui osent monter, j'allais dire voler, sur les crêtes de leur sierra, et qu'ils les mettent en joue. Je n'ai rien vu de pareil. Les muletiers, les pâtres à la mine farouche, le jeune gardien des troupeaux moins sauvages que lui, me criaient du plus loin : "Dieu avec toi !"

Après huit heures d'une marche ininterrompue, faite plutôt pour les chamois et les daims que pour les hommes, j'ai aperçu Ronda à l'horizon. J'étais ivre de fatigue, mais quel but digne de la route, quel nid d'aigle fièrement campé sur les deux rocs, bastions gigantesques de cette forteresse, et séparés l'un de l'autre par une déchirure de plusieurs centaines de pieds ! Au fond coule un torrent ; il rugit, il sort de ses ténèbres furieux, se roule de roc en roc, d'étage en étage, dans un dernier précipice, fumant et bondissant. Cela s'appelle *el Taxo*. Un pont, bâti à cet endroit, réunit la ville depuis une centaine d'années. Il a deux arches placées l'une au-dessus de l'autre. Je suis descendue jusqu'au bas ce matin. Le vue des précipices attire et repousse, donne le vertige et l'ivresse. Celui-ci est tapissé de lierres, de fleurs mouvantes, et ses parois sont d'une brèche rose veinée.

En approchant de Ronda, je faisais bien des suppositions. Sont-ce des sauvages qui habitent là-haut, ou des revenants de cette terrible armée d'El Zegri, battue par le comte de Cadix, ou des demi-dieux qui enjambent de cimes en cimes ? La première chose que j'aie vue en entrant, était une affiche de spectacle, la seconde, l'annonce d'un combat de taureaux. La foire finit, il y a des boutiques de planches et un air de fête tout semblable à celui de Saint-Germain pour la même occasion, et, las ! il y a aussi des crinolines et des paletots. Des saltimbanques sont venus sous mes fenêtres, ils ont grimpé trois l'un sur l'autre, ils ont marché sur le dos, sur la tête, sur le ventre, ils ont joué avec des coutelas. On les a très-peu payés, le tout comme dans les pays les plus civilisés. Mes guides m'ont conduite dans une venta, telle qu'à Gaucin ; les chevaux, les mules, les muletiers étaient dans la grande salle d'en bas, et pour moi il y avait au bout d'une échelle, un galetas. J'ai appelé Gomez :

— Je ne veux pas rester ici.

Gomez ne put en croire ses oreilles ; il était, lui, très-content.

— Señora, il n'y a pas d'autre fonda.

— Eh bien ! alors, conduisez-moi chez el Maestrante Don Antonio Stienza, pour qui j'ai une lettre de recommandation de Fernan Caballero.

Gomez obéit. On m'introduisit dans une belle maison d'une propreté flamande, ornée du patio, que j'aime. Don Antonio me reçut avec grande politesse, mais ni lui ni personne ne savaient un mot de français. Je m'expliquai en anglais à Gomez, et Gomez traduisit en espagnol. Quel baragouin ! La femme et les filles rentrèrent de la promenade. Celles-ci sont charmantes, toutes jeunes, jolies, mises avec goût, coiffées comme pour une fête ; et cela à Ronda, le nid de vautours ! Don Antonio Stienza et sa femme me disent que je ne trouverai rien et me prient de loger chez eux. Les enfants unissent leurs voix à ce doux concert d'hospitalité. Je refuse plusieurs fois. Don Antonio me donne un domestique et une adresse. Je traverse des rues charmantes, fleuries de balcons et de ces fenêtres grillées et avançantes, qu'on appelle miradores. Elles sont au rez-de-chaussée, garnies en dedans de jeunes filles, des fleurs dans leurs beaux cheveux, et en dehors de jeunes gens. Nous arrivons à une maison de bonne apparence; un vieillard, un vieux garçon et un prêtre me reçoivent. L'appartement se compose d'un cabinet obscur à deux lits et d'une grande chambre carrelée, blanchie à la chaux, très-propre, ayant de jolies chaises de paille. L'histoire de tous les conciles généraux est pendue aux murs, une belle Vierge est posée sur une table; je suis enchantée. Le soir, toute la famille du Maestrante vient me faire visite, avec un parent qui parle français, et une petite cousine jolie comme l'amour. Les femmes de Ronda ont une réputation de beauté méritée, et celles-ci sont la distinction même. Je soupe; le vin du crû, à trois sous le litre, est excellent.

Ce matin, Don Raphaël Minguez, mon abbé, m'a conduite à l'Alaméda, toute parfumée de roses, et d'où l'on jouit de la vue la plus admirable sur une plaine bien cultivée et sur les montagnes. El señor Raphaël a cinquante ans, un gros nez jaune, un œil demi-clos, la bouche en zig-zag, le teint jaune; il est très-bien. Nous avons été au bas del Taxo à pied; je suis si fatiguée d'en être remontée que je crains de ne pouvoir partir demain, et chaque jour de retard me coûte, outre la dépense courante, trente francs, que je dois à mon guide comme dédommagement. Vu la légèreté des fonds que j'ai sur moi, cela est désagréable. On dit que le chemin de Ronda à Malaga est pire que ceux que j'ai parcourus, mais c'est impossible et je suis fort tranquille.

J'ai été à la grand'messe, toujours sous le patronage de l'abbé jaune. On y a chanté et trompetté d'une façon barbare. Comme j'ai pensé aux saintes magnificences de Rome, comme j'ai aimé son souvenir! Mesdames Stienza m'ont fait donner des chaises, faveur que j'ai appréciée, le sermon ayant duré une heure et demie. Il y a longtemps que je regrette de ne pas être homme, les hommes ont du bon. Les femmes de Ronda, qui ne voient jamais d'étrangers, éclatent de rire à notre vue; le chapeau de mademoiselle Octavie surtout leur paraît cocasse; elle s'appellent, se poussent et nous montrent l'une à l'autre. Les hommes se conduisent bien mieux: plusieurs, n'en pouvant plus à l'aspect de nos ridicules personnes, se sont sauvés dans des coins, sous des portes, et là ont eu des convulsions de gaieté en se tenant les côtes. Le soir j'ai été faire mes adieux à la famille Stienza. Une des filles, avec la meilleure grâce, a donné une leçon de coiffure à madame Waudru. Quelle simplicité, quel ton charmant, quels yeux! Je n'ai rien vu de plus adorable que ces belles enfants. La mère, qui a été remarquable, est calme et distinguée.

Good night, friend! il faut se coucher pour partir demain à six heures du matin.

Je t'aime, je te bénis du haut de ma coupole de Ronda! Dis encore que je ne suis pas bonne de t'écrire ces longues lettres malgré ma fatigue.

LETTRE XXVI.

A Mademoiselle Charlotte de Grammont.

Malaga, 27 mai 1863.

QUAND on pense que je me rapproche, et que ce point plus rapproché est Malaga!
Pas de nouvelles du pays, pas un seul pied de mouche, hélas! hélas!

Je n'ai fait encore que quelques pas dans cette ville de cent dix mille âmes. A première vue je pense, bien malgré moi, que je suis à Marseille. On a assassiné un homme ce matin. Xiste l'a vu, et il est " sans jambes " depuis, dit-il. Hier, l'assassin portait mes bagages. Il s'est pris de dispute avec un marinier et lui a ouvert le ventre d'un coup de *navaja*. L'autre en est mort.

Je voudrais ne plus parler que de Ronda, de ses fées et de ses ondines charmantes, des fleurs de leurs cheveux, des guitares, de la gaieté de ce peuple aérien. Quel paradis pour les artistes! C'est grand dommage que ce voyage de cinquante ou soixante lieues coûte à peu près comme pour aller à Jérusalem, et soit fermé à toute personne à la bourse légère qui ne se résignerait pas, telle que la cigale, à danser, après avoir chanté Ronda du haut de la sierra.

Il y a là beaucoup de vestiges de la domination des Maures. C'était leur repaire, leur imprenable, leur inaccessible forteresse, et l'histoire nous dit les lamentables défaites des Espagnols qui voulurent l'assaillir. Elle nous apprend aussi, il est vrai, la chute d'Hameck-el-Zegri. La cathédrale est bâtie dans le palais de ce vaincu. Le marché, qui a des arcades charmantes, me paraît être un ancien alcazar. On voit à l'horizon une ruine fantastique et sombre, digne château d'un Othello. Ces lieux respirent vraiment la passion et la terreur. La gaieté, qui n'est pas habituelle aux Espagnols, me surprend surtout à Ronda, mais tout est contraste dans ce nuage. Les montagnes sont escarpées, les précipices pleins d'effroi, les aspects sévères, accablants, sublimes, mais partout l'air est embaumé ; il y a des roses partout, de la musique partout, des sourires partout. S'il y a partout du bonheur, je l'ignore, et ne l'espère pas. La ville est bâtie sur un roc menaçant; il porte une large et inguérissable blessure, et il roule avec fracas dans son sein un torrent rapide; seule, l'âme humaine renferme un abîme plus profond! L'abîme de Ronda exhale des parfums; des tapisseries de verdure et de fleurs cachent son épouvante.

Je me suis trouvée en état, lundi matin, de repartir. J'ai fait demander la note au señor Minguez. Le sévère vieillard est arrivé lui-même, et sans parler, s'est mis à compter sur ses doigts si longtemps, que j'ai cru qu'il disait son rosaire. Il comptait le nombre de douros qu'il voulait m'extorquer. J'étais pressée, mes guides me faisaient demander de monter à cheval. Je lui mis quelques pièces d'or dans la main. Il branla la tête. J'en rajoutai. Il branla la tête plus fort. Mademoiselle Octavie dit de toutes ses forces : " Quanto ? quanto ? quanto ? " Minguez recommença à supputer sur ses redoutables doigts, puis s'en alla en fureur. Son fils, le laïque, vint me dire que je ne sortirais pas que je n'eusse payé. J'ordonne aux chevaux d'avancer. Ah ! quel orage et quelle pluie d'or ! Car Minguez jeta après moi les pièces que je lui avais données.

Il tombait des torrents, mon cheval glissait ; mais au bout d'une demi-heure de marche, j'avais oublié et l'avare de Ronda, et la pluie et mon jeûne, je n'avais rien mangé. Un bois de chênes verts nous a légèrement abrités. Des pasteurs qui avaient bien l'air de loups couverts de peaux de brebis, et véritablement ils en étaient habillés, y tondaient des moutons mérinos ; ils portaient des fusils. Je demandai à Gomez pourquoi il n'était pas armé lui-même. La police le défend aux voyageurs. Si elle pouvait en faire autant aux voleurs ! Peu à peu, on perd toute trace de chemin, on marche comme sur un fleuve de pierres mouvantes, n'ayant d'autre garantie que l'instinct et la sûreté des chevaux andaloux.

Chose impardonnable, les rares chemins faits par les habitants sont les plus dangereux ; c'est un tel désossement de pavés que les mules et les chevaux tracent à côté un petit sentier. J'ai mis pied à terre sur une de ces voies croulantes et périlleuses, à la prière de mademoiselle Octavie. J'ai cru m'y rompre le cou, je suais sang et eau; j'étais une heure à sauter de pierre en pierre ou à me retirer d'entre deux pavés, et mon admiration pour les chevaux qui s'y tiennent et y marchent, n'eut plus de bornes. Il faut que je te parle de mon cheval andaloux et que je lui paie ma dette de reconnaissance, sans lui épargner la vérité. Il avait *un joli physique* comme nous disons là-bas, un petit pied sûr, le poil blanc, de la force et du courage, mais un fond de grossièreté qui le rendait insensible à mes coups de cravache, et un entêtement de mule. Toujours il marchait sur la crête des précipices, et il était bête! Non-seulement il hennissait en piaffant d'une manière déplacée, vu le lieu, dès qu'il apercevait d'autres chevaux, mais son cœur l'égarait au point qu'il prenait pour ses pareils des chèvres, et même pis que des chèvres, de jolis petits cochons noirs, et il se mettait à courir pour les rejoindre dans les chemins les plus escarpés, sans trébucher, mais sans s'inquiéter non plus de ce que je pouvais penser et ressentir. Enfin, nous ne nous sommes jamais aimés, cette bête et moi. Je le comparais à certains amis des grandes circonstances, qui vous sauvent la vie, mais qui vous font mourir en détail.

Après avoir, pendant des heures, grimpé sur des échelles et descendu d'un pas ferme des murailles de pierre, nous sommes entrés au port (el puerto Fernandez). Ne te presse pas de respirer; ce port est au contraire un défilé mal famé, escarpé, vertigineux, pavé naturellement d'immenses dalles glissantes. C'était bien le cas de se rappeler le psaume : " Pendant que je marchais, j'ai regardé en haut, Seigneur, " car si on se laissait aller à contempler les précipices, la tête tournerait et le sang se glacerait. J'ai donc regardé le soleil qui se levait et les montagnes couronnées d'immenses remparts naturels en pierres grises et blanches. La désolation de ce lieu est celle qu'a peinte le prophète. Deux pivoines se montraient, comme deux taches de sang, entre les roches sinistres. Nous avons trouvé des gendarmes qui nous firent escorte. Nous allions à Casa Raboneda, pour y passer la nuit. Un sentier à peine marqué serpente au-dessus de trois ou quatre cents mètres; si on était précipité, le tombeau serait magnifique. Les montagnes semblent être en pierres précieuses, et elles ont des revêtements de marbre blanc. Ce tombeau serait bien autre chose, me disais-je en me cramponnant à mon cheval, que celui de Cécilia Metella.

Casa Raboneda est une conque enchantée; l'eau court et murmure de tous côtés par des prodiges d'irrigation, et les figuiers, les roses, les grenadiers, les orangers se penchent sur les ondes. J'ai vu un berceau où pendaient d'énormes limons, plus abondants et plus pressés que les feuilles. Je ne parle plus ni des aloès, ni des cactus, ni de mille plantes à grand effet, qui naissent et croissent partout.

Cette petite ville dans le désert, levant sa tête charmante du milieu de ses fleurs, de ses eaux et de sa sierra, est habitée par des lutins malicieux. Tout le monde s'est mis aux fenêtres à notre passage ; les vieilles femmes couraient comme les jeunes pour nous voir ; les hommes même ne résistaient pas à la curiosité. La rue où nous descendîmes se remplit en un moment. Si c'eut été de l'admiration, nous l'aurions supportée, mais les jeunes gens faisaient des grimaces d'un air de grand mépris. La venta me parut un bouge horrible, je ne pus me décider à y entrer. Je pris mon buffet et j'allai manger mes provisions sur un préau, malgré toute la ville qui vint me regarder. Je cherchai ensuite le curé, pour lui demander l'hospitalité, à l'étonnement de Gomez, pour qui cette venta maudite est un palais. Je ne pus le trouver. Je voyais des maisons propres, confortables, qui me donnèrent le supplice de Tantale. Je suis entrée dans une de ces maisons, où les notables de l'endroit devisaient entre eux. Les maîtres du logis, un paralysé et un bossu, m'ont fait les gestes de bienvenue, qui sont singuliers en Espagne. On en fait en France de pareils pour dire : Va-t-en au ... Le bossu m'a conduite dans son jardin, où il y avait un jet d'eau, des vignes, des grenadiers, des oranges et un berceau où pendaient de beaux citrons. Il cueillit pour moi un bouquet de roses. La vue de sa terrasse est admirable. Heureux bossu !

Je suis entrée à l'église. Une vieille femme m'a fait asseoir sur un banc à ses côtés. Il y eut une cérémonie.

Des jeunes filles couronnées de fleurs, avec des voiles de gaze bleue et des robes blanches rebondies par la crinoline, ont offert des bouquets à la sainte Vierge. Neuf heures du soir sonnèrent. Le peuple ne pouvait se décider à s'en aller. On faisait cercle autour de moi. Les femmes tâtaient l'étoffe de mon manteau, et les gamins se mouraient d'envie de me faire des cruautés; quelques-uns me tapèrent sur la tête et le dos. La vieille appela au secours. Un enfant de chœur, qui avait l'air du Cid Campeador, accourut encore tout paré; il se campa devant moi, se replia sur lui-même et fit une sortie furieuse contre les curieux. Ceux-ci stupéfaits, reculèrent. L'enfant de chœur fit un nouveau bond de tigre, et, animé par le combat, saisit une grande fille par l'oreille et l'entraîna jusqu'au milieu de l'église. Le cercle s'élargissait toujours, mon Cid tapait à droite, il tapait à gauche; c'était un taureau, un lion!!! Les petits enfants pleuraient; le desservant, étonné de ce bruit, arriva; il comprit et se mit de la bataille. Je vis un grand impertinent auquel il fit faire un saut d'au moins six pieds. Après la victoire, on ferma l'église. Je demandai à y passer la nuit, ce qu'on ne put m'accorder et je repris le chemin de la venta. La foule calmée, m'attendait à la porte. Des enfants m'offrirent un faisan et des fleurs et demandèrent l'aumône. Nous aurions fini par nous entendre.

La grande salle de la venta était encombrée de majos couchés. Je passai au-dessus d'eux pour gagner mon galetas. Je ne me déshabillai point et je bataillai contre un escadron de punaises toute la nuit : c'en était rouge. Je me remis en selle sans avoir le courage de manger. L'aurore me surprit au milieu des chèvrefeuilles et des palmiers nains, sur les bords d'un torrent rapide qu'un jeune garçon, voyageur de douze à quatorze ans, passait à pieds nus, le sondant de son bâton; il venait de Ronda. Un muletier compatissant le prit sur sa mule; c'était un charmant enfant. J'arrivai à deux heures à Malaga, par une étouffante chaleur. Tu me croiras sans peine si je te dis qu'après ces cinquante ou soixante lieues à cheval, et les trente lieues d'Afrique, je ne suis, ma foi, pas fort belle.

Adresse ta première lettre à Grenade, la seconde à Tolède.

LETTRE XXVII.

A ***

Grenade, samedi soir, 30 mai 1863.

MA chère Marie Joseph, le deuil et le silence couvrent-ils votre bocage? Pas un mot de vous. Vous ne m'avez jamais gâtée, et j'en aurais gémi sans me plaindre comme d'habitude, si Charlotte ne me faisait crier les hauts cris. La dernière lettre qu'elle m'a écrite est du 3 mai. Mauvaises, mauvaises amies!... On m'a dit que vous m'aviez écrit. Où donc? Les alguazils ont fouillé et fouillé encore les bureaux de poste. Pas de lettres nulle part, pas un petit mot. Ah! que j'ai tort d'être si fidèle à cette infidèle amitié. Charlotte qui, au contraire de vous, a toujours ma pauvre petite image dans son bon cœur, et sa grande plume dans sa petite main, m'inquiète; est-elle malade? Je vous en prie, vous avez un fond de bonté malgré tout, courez, voyez et écrivez. Pressez Charlotte d'en faire autant. Ah! que j'ai de chagrin où je croyais avoir tant de joie.

Je ne suis arrivée ici qu'hier soir. Le Darro, aux

flots d'or, coule imperceptiblement à mes pieds; le Xenil, qui roule l'argent, est plus loin. La Vega, tant chantée dans les poésies mauresques, est belle et parfumée. La neige étincelle sur la sierra Nevada. Ceci est certainement le paradis de la terre. Je ne puis encore que le sentir, il m'est impossible de penser. Je crois rêver, je n'ai aucune note qui puisse rendre le chant qui s'élève en moi.

Comme je vous regrette, ma chère Joseph! Vous vous seriez guérie, et quel bonheur de vous voir, de vous voir encore, de vous entendre, vous, si sage.

On ne parle ici que de M. R..., qui a failli être arrêté près de Grenade, sur la route de Tolède, par la bande de Jose-Maria. Mes gens sont tout tremblants. Nous avons rencontré ce matin quatre brigands, mais entre les gendarmes et tout près de la prison.

Vaya usted con Dios.

LETTRE XXVIII.

A ***

Grenade, Fête de la Trinité, 1863.

J'AI reçu tout à l'heure vos deux lettres. Tanger et Tétouan m'ont retenue, arrêtée, enchantée et je ne fais que d'arriver ici. Le beau Pacha de Tétouan m'a offert du thé vert qu'il a fait lui-même avec de l'eau qui bouillait dans une pyramide d'argent. Son frère, plus beau encore, avec son regard mystérieux, m'a offert des gâteaux. Les femmes parées, charmantes, au teint blanc et vermeil, les esclaves vêtues magnifiquement, m'ont saluée et servie. La mère, la terrible mère des Achaz! m'a fait des signes de bienvenue. J'étais assise au milieu de ces princes de l'Orient, dans une cour où chantaient des oiseaux en cage, où l'eau, en retombant dans une vasque de marbre, chantait plus mélodieusement que les oiseaux.

Les juifs suivent là avec exactitude les prescriptions de Moïse; ils baisaient la trace de mes pas, espérant me vendre pour de grosses sommes; je leur ai acheté pour six francs cinquante centimes, et moyennant cette largesse, ils m'ont offert à dîner le jour d'un mariage israélite très-curieux, fête où des costumes admirables, brochés d'or, brodés de perles et de pierreries, rehaussaient de frappantes beautés.

Je ne veux pas me faire violence plus longtemps, je veux parler de ce qui m'intéresse, c'est-à-dire de vous. Vos lettres sont charmantes et bonnes, je les reçois comme une manne inattendue, je n'y comptais plus. Ah! que vous me faites plaisir d'admirer le style de Charlotte, style qui frappe, qui marche comme un homme et qui fait mon bonheur.

Vous auriez pris du plaisir à me voir, à votre intention, dans les caves de Malaga, avec le consul et son associé, tous les trois goûtant le vin dans la même cuiller d'argent. Au bout de quelques épreuves, j'ai demandé grâce, reconnaissant mon ignorance, et ma faible tête quoique belge, et m'en remettant à mon consul.

Vous parlez de Don Quichotte, nom d'une prononciation impossible pour les Français. Mon cousin del Aguila m'en a dit beaucoup de mal; Mercédès l'a accablé; et vous, qu'en pensez-vous? Mon pauvre père, cet esprit agréable et si fin, y prenait grand plaisir.

Je viens d'écrire vingt-deux pages à Charlotte sur Ronda! J'ai fait cinquante ou soixante lieues à cheval sur le flanc des montagnes, au bas, au haut, dans les précipices. Pour voir ce nid de vautours, j'ai traversé des torrents dont les petites vagues clapotantes et babillardes, écumaient de colère.

Mon doux pays des Espagnes manque d'un grand charme, croyez-le; c'est que vous n'y êtes pas, ni Charlotte. Si nous pouvions toutes les trois nous asseoir à mon balcon et regarder la célèbre Véga, verte, épanouie, étincelante, le Darro qui roule à mes pieds ses pépites d'or, les montagnes d'azur aux fronts neigeux irrisés sous les rayons du crépuscule, ah! si vous étiez là tous, dans cet air embaumé, ce serait du bonheur!

———

LETTRE XXIX.

A Mademoiselle Charlotte de Grammont.

Grenade, 30 mai 1863.

JE suis toute en pleurs, comme la belle Aurore; tes lettres sont irrémédiablement perdues. Toutes les listes ont été lues, tous les paquets fouillés ; rien ! et rien ne peut sécher mes larmes. Que je suis triste, et que ce pain des lettres perdues me paraît amer !

Alhambra, de la Cour des Lions, 1 heure 1/2.

Je me suis assise sur une dalle de marbre blanc, en face de la célèbre fontaine. J'en étais là de mes écritures, quand le gouverneur, auquel je suis recommandée par les amis de Marie Joseph, est venu me faire sa visite. Toutes les portes, qui m'étaient déjà ouvertes par l'architecte, sont désormais enfoncées. Je peux aller, venir, rester ici. Cette grâce est charmante.

Alhambra, 2 heures 1|2. — J'essaie en vain de penser, je ne peux que sentir. Le soleil se joue dans les colonnes et dans les broderies à jour du marbre des galeries, l'air m'enivre des parfums de l'oranger. Je vois les rois maures rendant là-bas, sous cette arcade poétique la justice à leurs sujets ; je vois leurs brillants costumes et leurs chevaux caparaçonnés magnifiquement ; je vois les sultanes, et les apprêts d'un tournois. J'entends leurs poètes chanter Allah, et le brave Soliman, et la belle mais trop sensible Fatma ! Je vois Ferdinand et Isabelle, et la fleur de la chevalerie répandue dans la Véga, et en vérité, je vois madame Waudru qui raccommode des bas... assise auprès de la fontaine des Abencérages, et je vais manger une orange.

Vendredi 5 juin. — Je suis persuadée, et que cela me fasse bien venir de ***, que l'Inquisition même ici était couronnée de quelques roses, tant les Espagnols aiment les fleurs et la joie dans la religion. Quels contrastes dans leur caractère, contrastes que je n'ai vus qu'en Belgique. Ils sont graves, méditatifs, silencieux ; leur âme s'enveloppe d'une capa, comme leur corps ; des fleurs, du plaisir, du repos, de la cendre cachent l'abime où bouillonnent leurs passions ardentes.

Depuis trois mois, on travaille aux apprêts de la Fête-Dieu. La place de Bibarrambla a des galeries factices, vertes, blanches, bleues, rouges, des lanternes de couleur, des bosquets avec des jets d'eau artificiels, et toute une galerie de tableaux religieux, crois-tu ? Non vraiment, car ce sont des caricatures, qui représentent ici un homme auquel on arrache une dent, là des femmes prosternées devant une crinoline, ou un enfant avec des oreilles d'âne, etc. Toutes ne sont même pas aussi convenables. Le dessus des rues est tendu de toile grise ; des tapis de brocart rouge garnissent les fenêtres. Les montagnards ont quitté leurs montagnes, toute la province, à pied, à dos de mules, à âne, à cheval, en voiture, arrive depuis quelques jours ; on couche dans les rues ; l'Alaméda a des promeneurs toute la nuit. Mes fenêtres donnent sur cette charmante promenade ; je vois les retardataires se presser, des mules apporter encore de beaux montagnards avec leurs compagnes en croupe, des ânes en général très-grands, bâtés de selles en double X, amener des femmes graves, presque recueillies, un enfant dans les bras ; je songe à la fuite en Égypte.

Hier, j'ai été voir, à un balcon de la rue Zacatin, la procession de la Fête-Dieu. L'aspect animé charmait l'œil, et les femmes sont ici un bien grand ornement. Nous en avons vu une idéalement belle. Mademoiselle Octavie m'a dit :

— Ah! madame, si vous étiez comme cela !

— Je ne suis donc pas comme cela ?

Elle a rougi, la bonne fille.

La procession est peu de chose en elle-même. Grenade a été saccagée et dépouillée. J'ai remarqué la custodia d'or et d'argent, et les soldats du cortége, farouches comme il convient à des guerriers, le chapeau attaché au milieu du dos. Les autorités suivent le Saint-Sacrement un cierge à la main. Le vénérable archevêque, qui a quatre-vingts ans, est resté dans la cathédrale. Après la procession, la foule se répand partout. Les femmes du peuple ont des fleurs dans leurs cheveux, du feu dans leurs prunelles noires, des châles de crêpe de toutes couleurs, blancs, oranges, roses. Les hommes portant leur capa, les gilets garnis d'immenses sedillas d'argent, une ceinture rouge autour de la taille, en petites vestes, les guêtres de cuir entr'ouvertes, le chapeau à hauts bords retroussés, marchent lentement. On voit des crinolines et de longues robes qui cachent ces petits pieds andaloux si justement célèbres ; les mains sont étroites et mignonnes, on dirait les petites pattes roses de la tourterelle. L'après-midi il y eut un combat de taureaux, un feu d'artifice et une illumination. Je n'y suis pas allée. On vend des gâteaux dans les rues. Xiste m'en a acheté ; l'un est fait avec des graines de chènevis. On entend un gai bourdonnement de guitares, dominé par les cris des Aguadores : " Agua ! agua ! "

Après mon dîner, je suis descendue à l'Alaméda, baignée par le Darro qui roule l'or dans ses flots ; elle est plantée d'arbres, et se termine par le salon, composé d'allées qui s'élèvent à une grande hauteur. La sierra Nevada, couverte de neige, borne l'espace. La belle Véga, cette émeraude aimée des poètes arabes, cette verdoyante prairie, lieu de tant de combats, avec ses beaux villages, ses orangers, ses lauriers-roses et les fleurs flamboyantes de ses grenadiers, qui semblent les étincelles envolées des armures des fiers Castillans et des cimeterres des fils du Prophète, se deploie aux pieds de la sierra, et vient jusqu'à l'Alaméda. Il y avait un grand nombre d'équipages et des livrées éclatantes. Les chevaux, à l'encolure gracieuse, forts comme l'acier, caracolant, méritent les chants du barde. Ma voix ne peut dépasser les longues oreilles des mules. J'en ai vu de si grandes, de si soyeuses, d'un dégingandement si vif, que je suis à chercher le moyen de m'en faire un attelage pour Paris. On les pare et on les pomponne.

Hier à la promenade la foule était pressée ; les femmes en mantille, portaient des robes bleu-de-ciel, vertes, lilas, blanches, enfin les tons les plus tendres. Beaucoup étaient décolletées ; j'en ai vu une les bras nus. Le peuple seul a gardé son joli costume ; les messieurs s'endimanchent à la façon de nos fermiers. Il y a de terribles gilets jaunes à carrés noirs, des inexprimables gris-rosés, des pardessus café au lait, des cravates d'un tendre désolant, retenues par une bague. Les hommes du peuple, leur capa jetée sur l'épaule, s'éventaient avec des éventails roses. L'air est transparent, embaumé. Je renais. Qu'il est facile de se laisser vivre ici ! qu'il y a de douceur à ce grand soleil! Les serviteurs, d'ordinaire, abandonnent l'été leurs maîtres, ils se retirent sous une touffe de fleurs où ils vivent d'air.

Je ne t'ai pas parlé de Malaga. C'est Marseille, malgré son Gibralfaro où je suis montée. La vue sur la mer, sur la ville, sur les montagnes, est remarquable ; mais l'étonnant ici serait une vue qui ne dirait rien.

J'ai pris le courrier pour Grenade. Le courrier, fier de son titre, se paie plus cher et va plus mal que les diligences. Tout dormait, les mules, le mayoral, le zagal, et moi-même, quoique nous gravissions des côtes admirables qui, pendant longtemps, ont des échappées sur la mer. Le courrier portait du guano à Grenade ; j'ai cru une partie de la route que je voyageais avec une bête morte.

Faut-il absolument parler de la cathédrale de Malaga dont tout le monde fait grand cas ? Ce monde-là n'est pas moi. Quant aux petites vignes qui donnent le vin célèbre, elles sont heureuses, comme chacun l'est ici ; elles font tout ce qu'elles veulent, elles croissent en liberté avec des serpentements tout jolis. Le consul, M. Petersen, dit que le vin en est meilleur.

Le soir. — J'ai passé une partie de la journée à l'Alhambra. L'orage m'a surprise dans la Cour des Lions. J'étais assise au seuil de la salle des Abencérages, presque sur la dalle teinte de leur sang. Ombre errante moi-même, dans ces ruines et ce palais de la mort, couverte des livrées du deuil, j'ai ressenti une navrante douleur.

Le jour de la Trinité, j'ai visité l'hospice des fous ; un ancien prieur m'a fait un sermon. Je n'oublierai de ma vie une certaine cellule ; on tira des verrous, on ouvrit de lourdes portes, je vis comme un fantôme derrière des barreaux de fer; ce fantôme se cacha, puis revint, disparut encore, et resta enfin attaché à la grille. Je pensai au Tasse : c'était le même front, la même pâleur ; dans les yeux le même égarement triste et doux; mais de plus, il y avait la jeunesse, et quel don poignant ici ! Ce beau jeune homme a vingt-cinq ans ; il voulait se faire prêtre, on l'a marié de force, et il y a six mois qu'il est fou furieux.

Nous avons été à la Cartuja ; l'église et le couvent sont pleins d'ombre et de solitude ; on en a chassé les chartreux. Le style est le churriguerra écrasé, chargé, qui a l'air d'un parvenu cossu. Les portes et les armoires de la sacristie, faites par un chartreux avec de l'écaille, de l'ébène et de l'argent, sont d'une grande beauté. Un damné à langue rouge, peint dans le cloître, m'est resté présent. C'était un docteur orgueilleux. On chantait son enterrement, on le vénérait ; il se leva et cria : " Je suis damné ! "

Nous nous sommes assis à la plaza del Triunfo, où une belle colonne porte Marie Immaculée. L'Espagne a eu l'honneur de rendre cet hommage à la sainte Vierge depuis deux siècles. Le monument est très-vénéré. Près de là est la porte au nom charmant d'Elvire.

Samedi. — Pas de lettres encore. Où sont-elles donc ces petites folles ? Se noieraient-elles à Malaga dans une fiole de vin ? Je suis découragée, la plume me tombe des mains. Je jouis d'une bien mauvaise humeur, comme nous disons là-bas.

Dimanche. — La poste est muette. Que penser ? Serais-tu déjà à Tolède ? Ma bonne lame, tu me transperces le cœur. Pourquoi cet écart à Tolède au lieu de venir ici tranquillement ? Pense que je n'ai rien reçu depuis le dix-sept, et qu'avant le dix-sept tout était perdu fors les miettes trouvées à Gibraltar. Mon encre est si pâle qu'elle te fera, j'espère, l'effet de mes larmes.

Je suppose que selon certaines traditions, tu te figures les Espagnoles toutes petites, noires et jaunes. Il y en a de très-grandes, la plupart ont un teint qui ne déparerait pas les plus fraîches Anglaises. Ce qui te surprendra plus encore, c'est leur talent de couture, elles travaillent en perfection.

On porte plus ici qu'à Séville la véritable mantille de soie garnie de hautes dentelles, mais elle tend à disparaître pour une autre sorte de mantille uniquement en dentelles et qui a de la grâce.

Ce qui n'en n'a pas, c'est ton silence.

LETTRE XXX.

A Mademoiselle Charlotte de Grammont.

Grenade, matin, juin 1863.

JE voudrais que tu visses l'arc sculpté, travaillé, ciselé, aérien sous lequel je t'écris, les portes, les petites fenêtres, les colonnes, les fontaines qui m'entourent.

Je me suis levée à quatre heures et demie, un terrible escadron habillé de rouge m'empêchait de dormir. Je suis montée à l'Alhambra par des rues étroites, et telles que les ont laissées les Maures; l'une porte un grand nom dans l'histoire des infidèles, elle s'appelle la calle de Gomelès. On entre dans les jardins de l'Alhambra par la puerta de las Grenadas, c'est une sorte d'arc triomphal reconstruit par Charles-Quint. En le traversant, on quitte l'éclatante lumière pour l'ombre profonde d'immenses allées et de bosquets pleins de fraîcheur. Les oiseaux chantaient, de petits ruisseaux argentés, qui descendent de l'Alhambra, babillaient en courant; un chemin escarpé m'a menée à une cascade et à la fontaine trop vantée del pilar faite par Charles-Quint. Les têtes des fleuves sont des pleines lunes indignes d'être couronnées de la fameuse devise *plus ultra*. Je n'y passe jamais sans leur dire leur fait. En montant encore, je suis arrivée à la puerta Judicia; elle est très-belle, très-surprenante et toute vermeille, ses briques sont roses. Elle porte la Main, signe de puissance et de bonheur chez les Maures; de l'autre côté de la porte est sculptée la fameuse Clef qui est aussi un présage sacré. Au-delà est une tour crénelée, orange et rouge; enfin une autre porte vous laisse pénétrer dans l'immense plaza de los Algibes, où viennent les aguadores quand la cloche les appelle pour leur provision d'eau. Cette place a quatre ou cinq tours, entre autres la Véla; j'y suis montée. Si on sonne la cloche de la Véla, on se marie dans l'année. La place est entourée de parapets, et de là, comme du haut des tours, se développe le merveilleux spectacle de la ville et de la Véga. Le palais de Charles-Quint occupe tout un côté. Je m'y suis assise hier dans la compagnie d'un petit griffon blanc qui s'est obstiné à me suivre jusque chez moi, ayant l'air de se mourir de tendresse à première vue; mais il m'a abandonnée le soir à la promenade. Le palais de Charles-Quint m'irrite encore plus qu'il ne m'attriste; il est l'image de ces êtres qui font tout mal à propos; ils viennent mal à propos au monde; ils ont mal à propos de l'esprit, du savoir, de la beauté; ils n'achèvent rien, ils n'aboutissent à rien. Ce palais est superbe et ce qu'il y a de meilleur en Espagne comme style; son immense patio est orné de trente-deux colonnes de marbre; ses façades, ses bas-reliefs, ses frises vous donnent une vive admiration. Mais pour le bâtir, on a démoli une partie de l'Alhambra! Mais depuis 1633, il est inachevé, le toit n'a jamais été posé, il n'est pas même une ruine, il est le géant des avortons. Ah! je suis tout en colère!

L'entrée principale ayant été démolie pour ce monument, on entre dans l'Alhambra par un étroit corridor qui mène à la cour des Myrtes; c'est l'endroit même d'où je t'écris. Un grand réservoir bordé de myrtes et creusé dans le marbre, occupe le milieu; il est terminé à chaque bout par un jet d'eau qui retombe sous la plus délicieuse colonnade de marbre blanc surmontée d'arcades; d'un côté il y a une seconde colonnade et des murs en fabuleuse dentelle, chargés d'inscriptions. La mystérieuse écriture arabe se prête à l'architecture; elle est un ornement de plus. La tour de Comarès, à dentelures, termine majestueusement la cour des Myrtes. On dit que ses petits toits étaient jadis en tuiles dorées et en bois de cèdre, c'est une erreur, ils étaient en tuiles de diverses nuances vernissées. On les replace à présent. Je tiens ces détails de l'architecte, qui vient de passer. Du patio de los Arayanes ou des Myrtes, on va dans la Barca, ainsi nommée à cause de sa forme. La Barca est délicieuse, une merveille, un travail d'abeilles ou de fées. Les vives couleurs du plafond à alvéoles se distinguent encore. C'est l'antichambre de la salle des Ambassadeurs, qui est la plus grande de l'Alhambra; elle remplit l'intérieur de la tour de Comarès et dépasse de toute sa hauteur mon talent descriptif; elle est carrée et élevée de soixante-huit pieds; ses grandes fenêtres, profondes comme de petites chambres, ont une vue que le poète seul est digne de chanter. Ses murailles sont couvertes de sculptures d'une délicatesse ravissante, d'un goût parfait, d'une richesse qui fait songer à tout ce que les contes de fées nous décrivaient jadis, à l'heureux âge où l'imagination a des ailes d'or. Hélas! la mienne n'a plus d'aile du tout. Les Arabes, m'a dit l'architecte, n'employaient que quatre couleurs; le bleu, le rouge, le noir et l'or. Cette richesse, ces teintes vives, sont visibles encore presque partout. Enfin, mon amie, ce n'est point un palais ceci, c'est la ville d'un enchanteur. L'Alhambra, outre ses rois et ses sultanes, contenait quarante mille hommes de guerre. De la salle des Ambassadeurs, vous passez par une galerie à colonnes, au mirador de la Reine. C'est de là que la belle sultane Morayma contemplait, noyée dans ses larmes et avec les plus justes pressentiments, le départ de Boabdil pour la bataille de Lucena, où il fut fait prisonnier. Une grande dalle percée de trous servait de cassolette aux parfums qu'on y brûlait. Philippe V fit peindre le mirador à l'italienne. Les Français ont fait justice de cette faute en lacérant de coups de sabre les peintures, d'ailleurs très-bonnes, de cet endroit enchanteur.

Les murs du patio de Lindaraja ont une charmante tapisserie de cédrats, de roses, de jasmins, et au milieu, la fontaine, en forme de conque, est soutenue par un joli piédestal. De là, on passe aux baños reales. Il y a une salle pour les bains à vapeur, une autre pour les bains ordinaires, faits de façon à pouvoir y nager, et enfin la salle du repos, la plus ornée et qui en vérité est délicieuse avec ses faïences, ses colonnes et son marbre blanc. Je ne parlerai pas de la salle de las Ninfas, où l'on a placé trois statues, qui laissent à désirer sous tous rapports. La capella reale est bizarre, les devises chrétiennes s'entre-croisent avec les versets du Koran, et deux satires nus font leur horrible oraison de chaque côté de l'autel.

Il est midi et demi. Je n'ai mangé encore qu'une orange et un biscuit, je ne m'aperçois pas que j'en aie plus d'esprit. J'ai au contraire toujours envie de m'arrêter. C'est qu'il me reste à parler de la Cour des Lions, et j'aimerais autant être broyée dans la gueule de ces jolis monstres, qui ont des nez en nœud de cravate, tant cette description est difficile. Puisque je suis arrêtée, je veux te faire savoir que personne ne m'a rendu compte de l'exposition des chiens de Paris.

J'ai changé mon domicile, je suis à présent dans la Cour des Lions. Des prisonniers, et les soldats qui les gardent pendant leur travail, viennent d'en partir. Je suis seule, reine et maîtresse ici; rien ne m'empêcherait de me croire la grande sultane Chaîne-des-Cœurs, si mademoiselle Octavie à côté de moi, qui mange un morceau de fromage, ne me faisait retomber en pleine prose.

La Cour des Lions, qui a cent vingt pieds de long, est entourée d'une galerie. Les colonnes de marbre blanc sont placées dans un désordre combiné, de quatre en quatre et de trois en trois. On voit encore des traces de dorures sur leurs chapiteaux. Les arcs divers sont d'une élégance extrême. Il y a l'arc mauresque, l'arc romain, l'arc grec. Deux portiques s'avancent à chaque bout de la cour. Ici encore, il faut presser, épuiser les mots pour peindre la grâce, le travail à jour des arcs, les caprices pleins d'art des plafonds. Enfin, au milieu de la cour s'élève la fameuse fontaine des lions en marbre blanc; la vasque a douze pieds et demi de diamètre; douze monstres fort originaux la soutiennent et sont appelés lions par la grâce de Mahomet. La taza de los Leones a été célébrée dans toutes les poésies arabes; elle a été témoin de scènes diverses, mais surtout de drames terribles et sanglants. Elle est d'un grand effet. Dans le fond de la Cour des Lions et s'y rattachant par des arcades féeriques, on voit la salle du tribunal, avec des peintures mauresques très-curieuses. Sur les côtés, se faisant face, sont les salles des Abencérages et des deux sœurs. Celle-ci a une coupole dont les plus hardies stalactites ne peuvent donner l'idée. Des myriades de petits dômes, naissant les uns sur les autres, brisent leurs lignes et font un ensemble qui appartient plutôt au rêve qu'à la réalité. De vives couleurs brillent encore dans le creux des moulures. Les murailles ne sont que guipures délicates et compliquées; le bas est revêtu d'une mosaïque de faïence; enfin le milieu de la pièce, selon l'invariable usage des Maures, auxquels leur religion ordonne de constantes ablutions, et qui attachent à l'eau une idée mystérieuse, est un bassin avec un jet d'eau. La salle des Abencérages est presque semblable à celle des deux sœurs.

Voilà, ma Charlotte, une inhabile esquisse de cette merveille arabe où tout est richesse, art, mystère, beauté, travail et ruine. C'est le palais du passé et des ombres; on les entend passer dans les colonnades, on les sent près de soi. Les murailles, couvertes d'écritures étranges, sont leurs voix qui chantent et pleurent Allah et les héros. Et cette grande puissance est tombée! Il n'en reste rien qu'une dentelle merveilleuse.

Cette architecture charmante ne vous élève pas et vous comprenez que sous ces arabesques délicieuses et les enlacements géometriques et savants des dessins, qu'au milieu de ces fleurs de marbre, de ces marquetteries, de cet éblouissement des yeux, la violence et le carnage aient pu trouver place; mais l'héroïsme, mais la sagesse n'apparaissent pas, et cependant ils étaient héroïques et quelquefois sages. Les Grecs et les Romains n'avaient pas plus de raison que les Maures d'atteindre le sublime, pourquoi et comment ont-ils pu s'y élever et s'y maintenir?

J'ai fait en dehors, le tour de l'Alhambra. Là aussi la poésie coule à flots. Le ravin sombre, les murs ébréchés, les tours ruinées, celles qui sont debout, les plantes qui grimpent, le Darro, l'immense étendue de l'ancienne forteresse, les eaux qui alimentent les nombreux jets d'eau et qui murmurent de tous côtés, la couleur rose de la pierre, le ciel profond, tout fait un ensemble impossible à décrire. On répare l'Alhambra avec intelligence, mais lentement: pas d'argent.

La nuit.—Hier, je suis montée à sept heures du matin au Monte Sacro; le soleil était déjà perçant. Le Monte Sacro est sur l'Abaycin. Grenade qui, lors de sa chute, avait quatre cent mille âmes, étendait ses mosquées et ses palais jusque là; il ne reste que les murs d'enceinte. Nous sommes passés devant les célèbres cuevas; ce sont des trous de rochers, dans lesquels les Gitanos ont fait leur demeure. Il y a des cuevas qui coûtent un franc de loyer par an. Le couvent de Monte Sacro a été témoin du martyre de San Cecilio; on y chantait la messe. A l'offertoire, l'enfant de chœur se détacha de l'autel et fit le tour de l'église pour offrir un confesseur. Son appel fut entendu.

Tu admires mon sommeil de Xérès à Séville. Je ne dors plus aussi bien; des bataillons nocturnes me pincent et me tiennent éveillée. Pourtant, on a beaucoup exagéré leur force, leur discipline et leur acharnement; une petite punaise ou deux pendant la nuit, cinq ou six puces et trois poux, voilà toute l'armée!

Si nous étions allées à l'Alhambra ensemble, nous aurions répété tout le temps comme X: "Il y a de la géométrie partout, il y a de l'algèbre dans tout." Les merveilleux dessins, les fantastiques arabesques, ne sont que des dentelles géométriques; les lignes compliquées et charmantes des plafonds ne sont que calculs mathématiques.

10 juin. — Ah! voilà ta lettre. — Las! Je pleure de ce que tu dis que j'ai dû en recevoir au moins trois à Grenade, de ce que cette lettre du 5 juin est si courte, de ce que tu me parles d'une foule de choses que je ne sais pas, comme si je les savais.

L'autre jour, j'étais sous les ombrages splendides de l'Alhambra, dans la grande allée; deux ménestrels s'y battaient; je ne pus souffrir que ces enfants de l'harmonie, faits pour adoucir les bêtes les plus farouches, se livrassent à la discorde. Je leur fis signe; leurs mains se séparèrent, ils reprirent leurs harpes et vinrent se placer à mes côtés en jouant les airs les plus charmants. Je marchai en cadence au milieu d'eux. J'aurais bien voulu que tu me visses.

Jeudi 11. — La poste a été de nouveau remuée de fond en comble. Rien de toi, et je tremble que Tolède soit aussi le figuier stérile. J'y mettrai le feu.

Ce matin je suis allée au Généralifé, la maison de plaisance des sultans. Les grands arbres de l'Alhambra, au milieu desquels on passe d'abord, étaient d'une beauté et d'une fraîcheur d'ombrage admirables. Les petits cours d'eau chantaient en courant des hymnes au bon Dieu. Mon cœur chantait lui-même. Je trouvai la belle montagne du Généralifé toute inondée d'un doux soleil. Il ne reste de cet ancien palais que des arcades,

des dessins empâtés de chaux, quelques salles dont la vue est incomparable. Ce qu'on cherche au Généralifé ce sont les jardins et les eaux. Un canal de marbre blanc descend des hauteurs, passe sous les lauriers-roses, les ifs, les cyprès, les orangers, et lance ses eaux dans les bassins en mille jets vaporeux. Il y a des parterres de roses admirables, des rampes festonnées de fleurs, des arbres charmants. L'un était si joli dans sa fine peau rouge, qu'on eût dit une marquise Pompadour, poudrée et fardée; il avait des petites feuilles de satin verts, mais hélas! hélas! des fleurs fanées. Ah! je connais bien des fleurs fanées qui sont venues sur d'aussi jolis arbres! J'ignore son nom.

J'ai passé sous le grand cyprès de la sultane ; c'est à ses pieds, dit-on, qu'elle fut infidèle et qu'elle reçut la mort, du moins j'aime à le croire.

Tu t'étonnes, sans doute, que je sois encore ici. J'attends de l'argent de Séville. Je partirai demain ou très-certainement samedi pour Tolède.

Je me rapproche, dearest, et cela me fait sourire!

Je ne peux te cacher plus longtemps un dépoétisant secret. C'est que l'empereur du Maroc, l'empereur de ces yeux incomparables! est nègre et bègue; il aboie en parlant; on miaule en lui répondant, tant il est bizarre.

Je te fais un petit salamaleck. Écris-moi! Je suis comme le mauvais riche: père Lazare, je meurs de soif.

LETTRE XXXI.

A Madame Verspyck.

Grenade, 6 juin 1863.

MA Louise, ne pensez pas attendre ma lettre sous l'orme... Vous feriez un grand *peccato* de croire que, pour avoir été parmi les Maures, je sois devenue infidèle. C'est le temps qu'il faut charger de tous les méfaits. Avez-vous jamais trouvé que le temps fasse quelque chose de beau ou de bon, excepté pour les parchemins? Pour moi, il ne me fait que des outrages. Quand Mathilde m'a écrit:" Madame Verspyck attend ta lettre," j'ai cru vous écrire à l'instant même, et voilà pourtant bien des jours que j'ai lu cette douce parole.

Vous a-t-on dit que l'Espagne me semble une féerie, un paradis! que de toutes parts on voit les vestiges éclatants de cette puissance qui a été la première du monde, de cette reine des nations qui ne voyait point le soleil se coucher sur ses domaines; qu'on se sent marcher sur une terre sainte, arrosée du sang des héros chrétiens; qu'ici la foi domine encore, grâce à Dieu, et que c'est vraiment la nation catholique des Vincent Ferrier, des Félix de Cantalicio, des Thérèse, des Ignace de Loyola, des François Xavier! La grande nation du Cid, de Vargas, d'Isabelle-la-Catholique, de Ximénès, etc.

J'ai eu beaucoup de peine à quitter Séville, mais il fallait bien aller à Cordoue, à Cadix, fleur charmante rattachée au continent par une seule branche, et traverser l'océan et les mers pour voir Gibraltar, Tanger et Tétouan. Mon Dieu! Que tout cela est beau! Que le rocher de Gibraltar, battu par l'Atlantique et la Méditerranée, semble vraiment le piédestal d'un dieu!

Savez-vous enfin ce qu'est Ronda, ville de seize à vingt mille âmes? Vingt mille âmes, toutes jolies, toutes épanouies, toutes riantes à leurs vingt mille balcons, le tout caché dans les nuages et défendu par le dragon de Gaucin. C'est une grande gloire que d'avoir été à Ronda, Madame! J'y suis entrée la veille de la Pentecôte. On voyait dans la première pièce de chaque maison une grande planche avec une petite grille, un confessional, en un mot. J'ai pensé que, vu la fête, les confesseurs allaient peut-être de porte en porte, et je me suis arrêtée pour les voir entrer. Personne n'est venu, je me trompais.

Le nombre d'aveugles qu'on rencontre en Espagne est prodigieux. Ce qu'on ne voit guère, ce sont des arbres. Il paraîtrait naturel que de beaux ombrages fussent plus appréciés ici qu'ailleurs; il n'en est rien. Les paysans, les propriétaires, les autorités, coupent et arrachent tout ce qu'ils peuvent, et on se promène à Grenade au soleil brûlant, de préférence aux majestueuses allées du Salon et de l'Alhambra, où il n'y a jamais personne.

Je ne vous ai pas raconté un épisode de ma terrible route de Ronda. Nous descendions vers Malaga, et pour la première fois, le soleil était chaud. Je mis pied à terre et je m'assis sous une haie d'églantiers en fleurs et de jasmins qui bordait un bois d'orangers. Les gens et les chevaux allèrent à quarante pas plus loin. Mademoiselle Octavie sortit du buffet toute la jolie petite vaisselle qu'Albert m'a donnée et qui brille si fort. Nous nous mîmes à déjeûner. Une voix rauque éclata près de nous et me fit tressaillir. C'était un arriero hagard, déguenillé, que nous n'avions pas vu venir, et qui impérieusement, nous demandait à manger. Nos provisions étaient petites, mais mademoiselle Octavie s'empressa de lui donner de la viande et du pain. Alors il dit qu'il voulait boire; je m'y refusai, ne calculant pas qu'il y avait là d'autres arrieros à l'air pillard; la sage Octavie donna une orange, et cette espèce de brigand s'en alla en regardant la petite vaisselle brillante. La peur ne me vint qu'après.

Le savez-vous, ma Louise, vous avez fait avec moi le voyage d'Espagne? Je n'ai rien vu où vous n'ayez eu votre part. Cet après-midi même je suis entrée dans une humble chapelle de religieuses, chapelle obscure, tout petite, remplie de voix d'anges chantant l'office, un petit cénacle du bon Dieu, en un mot, l'endroit où tout d'un coup on sent qu'on espère, qu'on aime, qu'on mettra la main à la cognée. J'ai bien prié pour vous. J'ai vu déjà quelques églises de Grenade. Ici comme ailleurs, les richesses des couvents, leurs tableaux, leurs trésors scientifiques, leurs manuscrits, presque tout a disparu avec eux. Le parfum de leurs vertus est resté. La cathédrale et ses grands pilastres blancs m'ont laissé insensible ; je crois cependant qu'elle est belle. La capella Reale renferme quatre magnifiques tombeaux : Ferdinand et Isabelle, Jeanne-la-Folle et Philippe-le-Beau. Tous ces personnages ont grand air, et les apôtres, les saints, les guirlandes et les ornements de marbre blanc sont parfaits.

Je vais de *feria* en *feria* ; c'est à présent celle de Grenade. On y tire une *rifa* ou loterie pour les pauvres, qui attire beaucoup de monde ; les dames de la société vendent elles-mêmes les billets. Elles sont vêtues comme à la cour des rois et se croiraient déshonorées si elles relevaient leurs robes en marchant : elles les traînent en élégants balais. Cette coutume eût fait le bonheur de ma première jeunesse.

LETTRE XXXII.

A Mademoiselle Charlotte de Grammont.

Station de Santa-Cruz-de-Muleda, 14 juin 1863.

MA salle d'attente est le grand air. Je suis assise sur mes couvertures de voyage. Jamais on ne sembla mieux prendre la vie pour un campement, et avoir un plus profond mépris pour ce gîte d'un jour qui précède le repos. Je suis couverte de poussière, mes cheveux en sont poudrés; madame Waudru dit qu'ils sont devenus blancs, qu'on voit très-souvent des personnes blanchir en une nuit. Je puis bien t'assurer que je suis aussi très-noire, que ma toilette est en loques, et que le tout est horrible!

J'ai quitté Grenade, hélas! hier à midi... Je n'ai pu trouver de places vendredi dans la diligence, et celles que j'ai prises et obtenues enfin, étaient médiocres, mais d'abord elles ne m'ont pas paru telles; tout était en drap rouge, très-propre, très-confortable, avec un beau petit marchepied, qui promettait de faciles sorties. Mes paquets, mes livres s'étalaient avec un air de chez soi, et déjà nos dix mules avaient fait des galopades infernales, quand on arrêta la grande machine, et une femme et deux enfants, l'un de deux ou trois ans, montèrent et avec eux quels ennuis ! La mère les embrassait et les pinçait tour à tour ; j'avais envie de la pincer elle-même ; nous étions tous nerveux.

Je ne t'ai pas dit, et même je m'en suis gardée, que cette route n'est pas sûre et que tout Grenade est rempli de l'aventure arrivée à M. et à Mme de Rothschild. Ils viennent d'être arrêtés en la parcourant. L'intention des voleurs était de les emmener dans la montagne et de rançonner la famille. Le peuple de Grenade regrette tout haut que la chose ait manqué.

Eh bien ! nous aussi nous avons rencontré cinq brigands, mais les menottes aux mains, et entre les alguazils, il faut l'avouer. L'un m'a paru digne de figurer parmi les héros de Byron ; il avait la beauté et le dédain farouche qui conviennent au rôle. Les alguazils ont surpris les brigands sur notre route, il y a quelques heures. Juge donc avec quelle joie nous les avons vus en cette bonne compagnie. L'autre jour, à Grenade, j'en ai rencontré quatre qu'on venait d'arrêter ; en voilà neuf. J'espère que le désarroi est dans la bande, qui s'appelle bande de Jose-Maria, comme une autre très-célèbre il y a trente ans.

Toute la route était échelonnée par la force armée, et cette nuit, en m'éveillant, j'ai trouvé des gens d'armes sur nos marchepieds et à nos fenêtres. L'endroit était épouvantable ; c'est une montagne si escarpée que les mules y traînent avec peine la diligence ; pas une maison, pas un être humain. A part cela, je sens plus que jamais le regret de ne pas t'avoir avec moi. Les moissons sont belles et florissantes, les haies sont formées de grenadiers, les rochers sont en marbre blanc veiné d'azur. On traverse tous les sites : le ravin sauvage et terrible, la sublime tristesse des entassements de pierres, la montagne fleurie, la verdoyante prairie et le ruisseau qui murmure. Que cette contrée est bien nommée le paradis !

Les routes royales sont belles, mais la poussière fine et pénétrante. Voici la chaleur, il était grand temps de quitter Grenade.

Nous avons passé par plusieurs jolies villes, Jaën, Baylen trop célèbre, les gardes wallonnes y décidèrent de la victoire ; la Carolina, etc., etc. Ce trajet m'a fait vingt-deux heures de voiture. Ici j'attends le chemin de fer qui me conduira jusqu'à Tolède.

Est-ce que je t'ai dit ma perte cruelle ? Mon valet n'a pas voulu être celui de mes tortues, il les a laissées à Gibraltar. Dans les environs de Tanger, j'en avais pêché une seconde et je l'avais appelée Tétouan.

Je vais t'envoyer ces trois lignes. J'ai peur que tu aies peur, si la nouvelle de l'aventure des Rothschild parvient jusqu'à toi.

Tolède.

La ville de Tolède me fait l'effet d'être tombée du haut du ciel, de la corbeille de la bonne Vierge Marie, tant elle est éparse et cahotée sur ses sept collines, et tant elle a de monastères. Il est bon d'avoir ici le pied ailé qui a tant de légèreté et de grâce dans les chants du Barde fameux. L'antiquaire ne peut voir Tolède en une année, dit-on. Sois tranquille, mon année à moi, ne sera que de quelques jours. Tu as su la perte de tes lettres ? O, amica mia, par ma lettre de Grenade de vingt-six pages, par celle de Ronda de vingt-deux, par ta bonté et tes yeux noirs, je t'adjure de me faire un résumé des pauvres égarées ; j'ai besoin de rire, de pleurer, d'être heureuse ou désespérée, à ta volonté.

Le soir. — Je n'ai pu t'envoyer ces quelques mots. Le gouverneur général, el señor Ramon Sans, à qui ma famille de Séville m'a recommandée, est venu me prendre et il m'a conduite de merveilles en merveilles. Si je savais écrire.... Si je pouvais seulement faire jaillir une étincelle, ce que je vois est si beau !

Je te parlerai de Tolède à loisir. Ceci n'est que le cri joyeux du grillon, pour te dire que je vis saine et sauve et que j'approche de ton foyer. Il n'y a plus ni brigands ni précipices. A ce propos de grillon, une toute petite cage, étroitement barrée et qui est pendue vis-à-vis de mes fenêtres, m'a intriguée ; j'ai vu enfin le reclus, c'est un grillon. Beaucoup de personnes en Espagne, ont leur petite cage et leur malheureux prisonnier, qui porte bonheur, à ce que l'on croit.

Que Marie chante *Fleuve du Tage*. Je veux que cette charmante fille pense à moi, t'y fasse penser et me mette de gré ou de force dans les oreilles de l'entourage aimé.

Va, je te pardonne la terrible jalousie qui te dévore contre les Belges; que veux-tu, c'est une ortie dans le bouquet de tes perfections. *Good night, sweet heart*, je vais me coucher. J'habite un honnête galetas, sans les escadrons d'insectes ordinaires. Les draps sont blancs, fins, garnis de guipure; la rue est si étroite qu'on y voit à peine et qu'en étendant la main, je pourrais enlever le grillon, mon vis-à-vis. La nourriture est bonne.

LETTRE XXXIII.

A ***

Tolède, 16 juin 1863.

TOLÈDE est bâtie sur sept collines comme Rome, chère Romaine, et de tous les côtés ses aspects sont curieux et grands, ses rochers déchirés avec violence, ses sierras sauvages. Le Tage est superbe, mais d'une beauté farouche à laquelle je ne m'attendais pas. C'est un lion qui rugit dans une cage épouvantable, faite d'entassements de rocs et de montagnes. J'ai chanté toute ma jeunesse : *Tendre Marie* sur l'air : *Fleuve du Tage*, je croyais trouver un agneau.

La ville est une des plus curieuses d'Espagne ; tous le souvenirs y sont accumulés. Il y a un cirque et un mur romains, des ruines du temps de Wamba, des petits tas de pierres qui faisaient le palais de Galiana, des maisons juives, des guirlandes, des fleurs, des dentelles sculptées, des portes et des ferrailles charmantes, mauresques et du moyen-âge, des églises admirables, bâties par Isabelle-la-Catholique, l'Alcazar, soutenu par la puissante main de Charles-Quint, la place dévastée et sur laquelle on sema le sel, du palais de Juan de Padillo et de l'héroïque Maria Pacheco sa femme.

Les Français ici ont pillé et brûlé à ne leur pardonner jamais. Il y a un cloître, chef-d'œuvre d'art, où ils ont martelé les nez des statues et la corolle des fleurs de pierre à en pleurer. Pleurons.., mais de ce que nous sommes séparées, bonne pour moi et tendre de cœur. Les couvents sont immenses, mais vides. Ah ! je ne puis supporter leur solitude et je tremble que l'Espagne ne soit un jour cruellement châtiée d'avoir pris et mangé dans l'orgie révolutionnaire, ces fruits de la dévote pénitence de ses aïeux, ou de la charité des Ximénès, des Mendoza, des Lorenzana, etc.

Voici le palais de l'Inquisition. M. de Bourgoing, l'ancien ambassadeur de France en Espagne, ainsi que l'auteur de la Vie de Ximénès, ont fait justice des calomnieuses atrocités dont on a chargé le Saint-Office. Du reste il n'existe plus.

J'ai vu la cathédrale, son trésor et ses petits Enfants-Jésus en or massif, enchâssés de grosses émeraudes, son fameux ornement et la grande Vierge d'argent massif sous son dais d'argent massif, sur son autel d'argent massif. Je l'ai priée pour vous, Marie Joseph, car j'imagine que vous n'entendez rien à l'argent massif ou non. Devant la Vierge, il y a une plaque de cuivre, sur laquelle ces mots sont gravés : *Hic jacet pulvis, cinis et nihil*. La poussière, la cendre, rien ; voilà un mort qui parle bien de la vie.

Je ne vous ferai pas la moindre petite tartine sur les lumières et l'avenir de Tolède. On croit en général que cet avenir est le néant. Vous auriez eu de bonnes larmes dans les yeux si vous aviez vu des jeunes hommes à grandes moustaches, s'agenouiller devant les autels, faire le signe de la croix, et baiser naïvement les reliquaires, comme nous.

Il faudrait s'aider d'une corde pour monter et descendre les rues étroites et perpendiculaires de Tolède ; c'est le chemin de Ronda. A ce propos, commencez-vous à sentir l'honneur de connaître quelqu'un qui a été à Ronda ?

Que de lettres vous m'écrivez ! Marie Joseph, bonne pour tous ; continuez, surtout continuez !

LETTRE XXXIV.

A Mademoiselle Charlotte de Grammont.

Tolède, 17 juin 1863.

Bien-aimée,

JE ne t'ai pas parlé de ma dernière soirée à Grenade. Je suis montée à l'Alhambra, et sous ses magnifiques ombrages, personne; le chant de quelque oiseau attardé, le soleil mourant, les étoiles qui commençaient à scintiller! C'était encore le jour, c'était déjà la nuit et quelques-unes de ses ombres majestueuses. Montant encore, je suis arrivée à la place de los Algibes et je me suis assise sur le parapet. Grenade s'est étendue devant moi, blanche dans son linceul, comme la belle morte des Fiancés, sans un souffle, sans un mouvement. O ville des souvenirs! O ville du passé!...

Les fleuves, eux, sont restés les mêmes, quoique leurs bords aient tant changé; le Xenil roule toujours l'argent, le Darro, courant et chantant, couronné de ses grenades et de ses lauriers-roses, roule toujours l'or, comme aux siècles de vie et de splendeur. La belle

Véga s'épanouissait comme au temps de ses tournois et des chants de ses poètes ; les montagnes étaient d'azur, et cependant... La ruine se cachait en vain dans la poudre d'or, et l'air m'envoyait inutilement ses enivrants parfums ; la mort était là, autour de moi, presque en moi... Je me disais dans l'angoisse : O temps ! Que fais-tu des empires et des hommes ! Hélas ! qu'as-tu fait de ceux qui m'aimaient, qu'as-tu fait de moi-même !... Les cloches me répondirent, elles sonnèrent de toutes les églises à huit heures, et j'entendis, malgré mes larmes, leur langage : " Ils n'étaient que poussière, ils ne sont plus, mais bientôt tu les retrouveras. ... "

Tolède est le plus gigantesque des cabinets d'antiquaires, tous les vestiges du passé s'y entassent dans une séduisante confusion, et les Romains, les Goths, les Juifs, les Maures, le moyen-âge, y ont chacun leurs murs, leurs tours, leurs palais, leurs temples, leurs broderies de pierre et leurs ferrailles.

Quelle promenade j'ai faite ce matin, à six heures et demie, voyant dans une maison quelques colonnes arabes et des guipures de pierre si légères qu'il semble que le vent va les faire envoler ; dans une autre, un plafond en bois de cèdre, avec des inscriptions hébraïques et des enlacements savants et pittoresques. L'Espagnole qui me laissa entrer, sembla étonnée de mon admiration. " C'est la plus laide pièce de la maison, " dit-elle. Dans les rues étroites, qui montent et descendent, comme des échelles, chaque pas me montrait des fleurs, des ogives, des animaux fantastiques, des balcons en vieux fer tourmenté, des portes massives garnies de marteaux et de clous ciselés et charmants. Je suis entrée dans le couvent de San Juan de la Penitenzia; les plafonds de cèdre, du temps d'Isabelle, sont des chefs-d'œuvre de sculpture. Une novice de vingt ans, petite, avec des yeux et une figure de roman, nous a parlé avec grâce derrière une double grille. Il y avait encore un air du monde sur ce charmant visage. La mère supérieure est venue, pâle, amaigrie, très-douce, de la douceur du ciel. Ces deux religieuses m'ont émue.

J'étais recommandée au señor Ramon Sans, gouverneur général. Il est d'une grande distinction et de cette politesse pleine d'égards et de respect qui fait penser à la cour de Louis XIV. Il m'offrit de me conduire à trois heures à la cathédrale; j'acceptai et il nous adjoignit une jeune femme qui parle sept langues. Nous descendîmes perpendiculairement vers le bel édifice plein de majesté, dont on voit d'abord la tour célèbre. A l'intérieur s'étalent toutes les richesses du travail à jour. Les pierres sont changées en dentelles dorées, les portes et les chapelles sont incomparables. L'église, d'un gothique parfait, est partagée en cinq nefs, séparées par quatre-vingt-huit piliers, formés chacun de seize colonnes élancées. La pierre est blanche. Les arcs, dont on peut voir trois différents à la fois en se plaçant à un certain point de vue, sont admirables. J'ai passé longtemps à regarder la silleria de la capilla

Mayor. Il y a trois rangs de stalles fouillées avec une patience et un art incomparables. Je trouve seulement le sujet monotone, c'est la prise de Grenade. Dans chaque petit compartiment Ferdinand et Isabelle entrent dans la ville conquise. Je crains que ça ne les fatigue.

Il y a une chapelle mozarabe, où la messe se dit encore dans le rit chrétien gothique. J'y ai assisté. Après le Confiteor, le prêtre découvre le calice; l'Hostie se divise en neuf morceaux; les prières sont très-longues. Le tableau du maître-autel, donné par le cardinal Lorenzana, est en mosaïque d'une grande valeur. Les fresques curieuses et remarquables, représentent la prise d'Oran par le cardinal Ximénès.

Il faudrait un gros volume pour décrire la cathédrale. Une chapelle m'a frappée : elle a de belles tombes, et fut érigée pour le repos de l'âme de Fernan Gonzalès alguazil-mayor de Tolède, mis à mort pour avoir insulté deux dames.

Le gouverneur général me fit ouvrir le trésor. Ici, comme à Séville, on ne peut en croire ses yeux. Des chapelles entières sont garnies de reliquaires artistiques en or et en pierreries. J'en ai remarqué plusieurs donnés par saint Louis. Toutes les richesses de la terre ont été épuisées pour honorer Dieu. Il y a entre autres un Enfant-Jésus en or massif, dont la robe est ruisselante d'émeraudes. La custodia, de seize pieds de haut, en or et pierreries, est d'un admirable travail. J'ai vu de belles chapes de toile d'or frisée de damas d'argent et d'or, des châsses de vermeil, des ostensoirs garnis de diamants, des robes de la sainte Vierge qui ont des perles noires d'une rareté inouïe. J'ai vu aussi le manteau de la célèbre Vierge noire, brodé de deux cent cinquante-six onces de graines de perles, de quatre-vingt-cinq mille perles et d'un nombre immense d'améthystes, de rubis et de diamants; et enfin, puisqu'il faut s'arrêter, je ne parlerai plus que du fameux ornement. Il est entièrement recouvert de graines de perles et de topazes d'une grosseur inimaginable; il a en outre une grenade faite de rubis, des saphirs, des émeraudes, des croix de diamants dont l'une vaut soixante mille francs. C'est ce que j'ai vu de plus magnifique dans ma vie.

Une seule chose est bizarre, on l'appelle le transparent; au haut des colonnes et derrière le chœur, on a accumulé un nombre prodigieux de statues de marbre blanc, d'ornements, de fresques.

J'ai entendu la messe dans la belle métropole. A l'élévation, on se frappe la poitrine à grands coups, comme saint Jérôme. L'air en retentit.

De la cathédrale, nous sommes montés à l'Alcazar, rebâti par Charles-Quint sur la plus haute des sept collines. Ce qui en reste est d'une imposante majesté. Les colonnes, les doubles galeries, le *patio*, l'escalier surtout, sont dignes du grand empereur. Mais, hélas! les Français y ont mis le feu. Nous avons visité une gracieuse mosquée qui a dix ou douze colonnes, et je ne sais quelle personne à imagination vaste et créatrice a dit, pendant que nous y étions, qu'elle se croyait dans la mosquée de Cordoue.

Mardi, je me suis levée à cinq heures, et je suis sortie avec un guide. Il marchait devant moi un éventail bleu-de-ciel à la main. Cet homme avait beaucoup d'intelligence, quoique parfois il semblât jouer au corbillon, comme Agnès, et qu'il répondit à peu près : " Une tarte à la crême ", quand je lui demandais un nom ou un renseignement. Je t'aurais voulu avec moi à San Juan de los Reyes, érigé par Ferdinand et Isabelle. Les chaines des captifs chrétiens délivrés à Malaga et à Alméria, sont pendues autour des murailles extérieures, de grosses chaines qui font saigner le cœur. L'église est d'un style charmant; tout autour circule une tribune découpée à jour; tous les détails sont fins et suaves. Les Français y ont mis le feu. Comprends-tu pourquoi ils ne sont pas aimés? C'est trop récent, et toutes ces ruines qui ne sont pas réparées, semblent hurler et maudire. O tristes guerres!

Je suis entrée dans le cloître. Un côté a été dévasté par les soldats; les saints n'ont plus de tête, plus de mains; les branches, si légèrement sculptées, ont perdu leurs fleurs; les arcs sont rompus. Les trois autres côtés, d'une élégance admirable, ont échappé à la dévastation.

A deux heures, le gouverneur général est venu me prendre en voiture. En voiture! c'est plus glorieux qu'agréable dans ces rues à pic. Nous avons été de cahot en cahot à la célèbre fabrique d'armes; j'y ai vu des épées qui se tortillent comme des serpents, des poignards qui tuent sans le dire, des armes damasquinées, ciselées, ravissantes. Le colonel inspecteur nous a fait les honneurs avec une politesse parfaite, et en partant il nous a offert des bouquets.

Le soir, dans une barque, j'ai passé le Tage, qui entoure presque complètement les montagnes sur lesquelles la ville est bâtie, et je suis montée à une chapelle. De là, Tolède est admirable de fierté et de poésie, la tête un peu penchée au-dessus de son précipice comme pour en écouter le gémissement.

Que n'ai-je pas vu encore? Une pauvre petite fabrique de soie, la place de Zocodover, la maison de Samuel Lévi, les bains de la Cava, les magnifiques fondations des archevêques, silencieuses, désertes, dévastées. Tolède était renommée pour la piété de ses habitants et la charité de ses monastères. On a tout changé, tout chassé, pris les biens du clergé pour redonner l'activité et l'abondance à tout un peuple, disait-on. Personne n'en a profité et Tolède se meurt! Le vide laissé dans l'instruction par l'absence des religieux se fait sentir d'une manière lamentable, m'a dit Fernan Caballero; les enfants sont négligés, les pauvres manquent d'amis, et la plupart manquent de guide.

Je t'écris sans en avoir le temps. Je pars pour Aranjuez, j'y passerai la nuit et je serai demain par le chemin de fer à Valence.

J'attends tes lettres comme la manne. As-tu prié Marie Joseph, de m'écrire à Valence? Dis-lui qu'elle a sa grande part dans toutes mes lettres, il est juste qu'elle me dise ses grâces de temps en temps.

Je suis toute à toi.

LETTRE XXXV.

A Mademoiselle Charlotte de Grammont.

Valence, 21 juin 1863.

JE suppose qu'ayant reçu une lettre de Grenade de vingt-six pages, et deux lettres de Tolède, tu pleures en faisant des grimaces terribles d'avoir parlé de mon silence. Pour moi, je suis sûre de n'avoir jamais de remords en disant que tu me nourris fort mal : quelques lignes à Tolède, quelques autres ici, que veut dire cette avarice sordide ?

Tu as peur de la poste, mais moi aussi j'en ai peur. Dès que je suis arrivée à Valence, j'ai envoyé Xiste au bureau. Rien, a répondu l'employé d'une voix de stentor. J'ai jeté des cris plus perçants que lui, on les a entendus et en deux fois le même jour, six lettres ont été retirées du ventre de la baleine. Ton épître en était, un pauvre petit os bien-aimé; comme je l'ai mangé, puis rongé! il me semblait que je te retrouvais après la faim et l'exil. A Barcelone, où il faut m'écrire, j'emploierai le consul à la terrible pêche.

J'ai quitté Tolède par le chemin de fer, et je me suis réjouie de courir à toute vitesse dans les plaines nues, arides, sans grandeur, de la Castille.

A six heures du soir, j'étais à Aranjuez. Je voulais partir le lendemain matin, le temps devenait précieux. Le maître de l'hôtel me donna, pour m'accompagner, un jeune amant de la nature dans toute la force du terme, car il était à peine vêtu. Il s'extasiait devant chaque feuille, chaque fleur, chaque branche; quand il arriva au bassin des poissons rouges, ils tomba dans un long ravissement. La grande réputation d'Aranjuez surprendrait si on ne songeait que ses ombrages et ses allées à perte de vue, sont une oasis dans les steppes de la Nouvelle-Castille. Le Tage y roule en cascades bruyantes ses ondes dorées. Les statues, les fontaines, ont un air sombre comme Philippe II. qui commença le palais. Deux énormes grenadiers formant chacun un bosquet illuminé de flammes rouges, m'ont charmée.

La vue redevient magnifique dans le royaume de Valence; les champs sont cultivés, les vignes croissent en liberté, les hautes montagnes sourient sous leurs buissons de fleurs; l'eau, dirigée encore par les canaux des Arabes, court et murmure. Valence elle-même, assise au milieu de ses jardins et de ses fleurs, qui parfument toute l'Espagne, surtout ses œillets incomparables, est une ville superbe. Mais j'ai l'oreille cassée et la voix fausse, mon portefeuille est perdu; remettons les chants et les menus propos.

" O ciel! qu'on est orphelin quand on n'a pas d'argent! "

Je viens d'ouvrir mon nécessaire pour prendre une lettre de recommandation. Plus de portefeuille! Le regard un peu incertain, je fouille dans les plus petits recoins. Rien! Il est perdu, et avec lui ma lettre de crédit et mille reliques. Il en était une lui-même, car il me venait de Raymond. Que faire sans argent? Le moment a été chaud. Mais voilà que je renais, sans aucune raison, il est vrai, au contraire, car le télégraphe a déclaré que le portefeuille n'est à aucun chemin de fer. Œil de mon œil, petit bijou, mon ami! écris au comptoir national. Tu te rappelles bien, nous y avons couru ensemble. Vite, vite, un morceau de pain pour l'amour de Dieu. Du pain, du pain, je ne demande ni jeux ni combats!

Dès huit heures du matin, nous sommes allés voir des églises, entre autre celle des dominicains, où vécut saint Vincent Ferrier, qui est en grande vénération. J'ai admiré des tableaux charmants du Raphaël espagnol, des manuscrits, des ouvrages uniques imprimés à la première heure de la découverte de l'imprimerie et dont on a en vain offert vingt-cinq mille francs. En rentrant, j'ai trouvé une pyramide faite de fleurs et couronnée par un magnolia. C'était un don du señor Alcade. Vois! quelle grâce il y a en Espagne, et que la bienvenue y est charmante.

Je veux que ce billet parte; je t'écrirai en conscience de Barcelone. Je m'embarque mercredi; c'est une longue traversée pour un cœur aussi faible que le mien. — A toi, my love!

P. S. Comment!" L'Espagne toute pelée, " qui ose dire cela? Est-ce que le paradis est pelé, par hasard?

LETTRE XXXVI.

A Mademoiselle Charlotte de Grammont.

Station de Monistrol, au bas du Mont-Serrat.
Fête de saint Pierre, 29 juin 1863.

J'AI célébré deux fois la Saint-Pierre à Rome, l'année dernière et l'année d'auparavant. Aujourd'hui je l'ai fêtée au monastère du Mont-Serrat. Et l'année prochaine ?... *Chi lo sa?*

Le Mont-Serrat est appelé avec raison la perle des montagnes de Catalogne, et malgré toutes les sierras que j'ai déjà franchies, je suis émerveillée. Celle-ci est bizarre, elle est formée de cônes en granit qui font l'effet du plus immense musée égyptien et assyrien qui fût jamais. Ces pierres ont une sorte de sculpture qui te rappellerait certaines salles égyptiennes du Louvre, avec le grandiose que Dieu met quand il pose la main lui-même et qu'il est seul ouvrier.

Nous sommes partis hier de Barcelone par le chemin de fer qui conduit au pied de la montagne vénérée. Là, trois mules et une diligence vous traînent péniblement, en ayant l'air à chaque détour de tomber dans le précipice, jusqu'au monastère, ruine majestueuse qui, hier soir au clair de lune, semblait un fantôme plaintif et sombre; le front voilé de nuages, il nous montrait sa blessure béante, faite de mains d'hommes, car ils ont pillé le trésor qui était la merveille de l'Espagne depuis huit siècles, et ils ont fait sauter l'ancienne église et une partie du couvent; ils ont dépouillé la sainte Vierge aux pieds de laquelle saint Ignace se convertit; ils ont brûlé jusqu'aux ermitages. Voilà la guerre et ses fruits.

J'ai logé dans le couvent destiné aux pèlerins. Le consul avait eu la bonté de me retenir une place. Beaucoup de personnes passèrent la nuit sous les arcades et les cloîtres effondrés, ou même dans les cours.

La sainte Vierge en bois noir, faite par saint Luc, est en grande vénération. Je crois que le couvent renferme un petit séminaire. Les élèves ont chanté le salut et la grand'messe avec tant *d'animosité* comme nous disons dans le Nord, qu'un des musiciens a mis deux violons hors de combat.

Ce matin, nous nous sommes levés à cinq heures et demie, pour monter à un ermitage. Les sentiers sont délicieux, ils ont des myrtes et des lauriers plus roses que les doigts de l'aurore, et mille fleurs.

L'ermitage, sauf quelques pans de murs, est détruit; de là on domine toute la Catalogne et ses montagnes, l'Aragon, la mer; parfois la vue s'étend jusqu'aux îles Baléares. Il y avait du vent, je gelais, je suis remontée sur ma mule, et après avoir grelotté là-haut, nous mourons de chaud ici-bas. Ce chemin des ermitages est périlleux.

Quelle fête à Rome ce soir, quel feu d'artifice !

Je replie armes et bagages; le train va partir! Amie, je vais vers toi à pas de géant.

LETTRE XXXVII.

A ✳ ✳ ✳

Barcelone, 27 juin 1863.

JE suis arrivée hier. J'ai trouvé votre lettre douce et bienveillante, comme vous-même, patiente comme le chapelain de B..., car elle m'attendait depuis le 29 avril, deux mois; c'est égal, je vous écris comme si ce bouton de rose était fraichement éclos.

Amie, savez-vous où j'ai été depuis quelque temps ? En paradis ; puis, ouvrant mes ailes de roitelet de toute leur grandeur, j'ai volé jusqu'au pays des aigles, l'Afrique.

Qui vous dira les usages particuliers et charmants de la belle Espagne, sa chevalerie respectueuse, sa foi, son culte pour Marie, la trace profonde des grands siècles d'Isabelle-la-Catholique, de Christophe Colomb, de Charles-Quint! Vaine poussière de siècles, penserez-vous, mais poussière d'or, qui enveloppe ce beau pays d'une incomparable auréole. Et les Maures héroïques... Ah ! que d'études à faire et quelles mines à explorer.

Ma gloire, ma couronne, que je ne céderais pas pour celle de Grèce, est Ronda. Connaissez-vous Ronda? Pleurez-vous de tendresse au seul nom de Ronda? Votre cœur bat-il quand on dit Ronda? Ah! Ronda for ever! J'ai acheté cette vision par cinquante ou soixante lieues à cheval, sur la crête de murailles de marbre et dans des crevasses perpendiculaires. Mais quelles vues, mais quelles eaux suspendues courant dans des bois d'orangers et de grenadiers!

Grenade m'a gardée quinze jours! Ah! l'Alhambra! Voyez-vous, amie, je pourrai vous endormir pendant le reste des siècles, tant j'ai de longs récits à vous faire.

Il fait chaud, très-chaud. Je serai bien aise de passer, avec vous, mon temps de Luchon, à barboter dans l'eau glacée, *cara mia*.

Barcelone est gai, vif, animé. On y a de bien beaux yeux; sauf cela, tout y est moderne.

LETTRE XXXVIII.

A Mademoiselle Charlotte de Grammont.

Barcelone, 30 juin 1863.

EXCEPTÉ tes grenadines, j'ai toutes tes lettres. On vient de m'en renvoyer une troisième de Valence, et je ris, et je t'applaudis, et je suis ravie, cher cœur et esprit d'ange.

Barcelone a près de deux cent mille âmes, qui étouffent dans les étroites murailles de la ville, mais on les renverse de toutes parts, pour faire les maisons les plus modernes, les plus incommodes, les plus prosaïques. Nous sommes ici en pleine industrie; il y a des fabriques, de *l'arrrgent !* de gros ventres dorés, pas de mantilles, des chapeaux de Paris, une très-belle salle de spectacle, des ouvriers, presque des blouses, des voitures, des chevaux anglais. Point de mules. C'est à peine l'Espagne.

Je pars demain pour Bagnères-de-Luchon. Les eaux aidant, j'y ferai peau neuve, peau d'âne peut-être. Je vais à Luchon comme en pénitence, et je n'y espère de ris que par tes lettres.

Je n'ai pas besoin de te rappeler l'histoire de Barcelone et de ses défenses héroïques.

T'ai- je parlé de Valence, de ses promenades, de ses jardins, des personnes charmantes et distinguées que j'y ai rencontrées ; des *tartanas,* sortes de cercueils ambulants posés sur de grandes roues ? Je n'ai pu m'empêcher de dire un beau jour à Valence : " Je vais écrire en Belgique que les femmes de Valence sont habillées de noir et se promènent dans leurs cercueils. " On a été indigné. " Les tartanas ressemblent beaucoup aux gondoles de Venise, " m'a-t-on répondu. J'en conviens. Mais qui a jamais vanté un cygne hors de l'eau ?

Don Balthazar nous a montré toutes les curiosités artistiques de Valence. Don Balthazar a six pieds et six fois huit ans, et une grande main sur laquelle il me priait d'appuyer la mienne chaque fois qu'il fallait ou monter ou descendre. Valence est pleine de souvenirs antiques récrépits d'un air moderne. C'est la ville du Cid. Il en a chassé les Musulmans. J'ai vu la porte par laquelle il est entré vainqueur, et hélas ! par laquelle, pour décider la victoire, on l'a promené mort sur son fameux cheval harnaché.

On voit le château de Chimène. Elle ne put y mourir en paix. Les Arabes reprirent la ville. Cette belle province souffre encore de leur expulsion définitive, elle leur doit tout. L'école de Valence est célèbre ; Joannes seul m'a éprise, c'est Raphaël dans sa première manière. Un Christ du divin Moralès m'a fait pleurer. Il porte sa croix avec tant d'amour, de souffrance et de divinité, que j'ai senti à sa vue mille sentiments bons et contrits.

Je ne te parle pas de la cathédrale. Elle était gothique, mais on l'a grattée et échancrée, pour lui donner un air grec. J'y ai vu sur une dalle, couchée entre des cierges, une belle jeune fille morte, le visage découvert, et qu'on allait enterrer ! Bien des douleurs passées me sont montées au cœur...

1er *juillet*. — Je suis à tes genoux pour ta lettre de crédit. Elle vient d'arriver. Que dis-tu, *povera*, de mes importunités ? Pourras-tu supporter toujours que je fasse de toi l'air que je respire et l'essence de ma vie ?

Devine où j'ai pris un bain ?

La petite salle en faïence vernissée était ravissante, elle avait une baignoire de marbre blanc, des rideaux de mousseline, un air de fête; c'était l'hôpital de Valence, tenu par les Sœurs de saint Vincent de Paul. Cet hôpital est très-beau, somptueux même, comme tous les édifices de charité de cette catholique Espagne. J'y ai vu les enfants trouvés. J'ai compté dans une salle magnifique, environ deux cents petits berceaux bleus, avec des rideaux de mousseline blanche. Ces jeunes voix donnaient un concert qui m'eût fait pleurer si je l'eusse osé.

Quand on pense qu'il y a des femmes qui abandonnent leurs enfants !....

Tu as donc vu Adèle ? Adèle a donc vu le chanoine ? Le chanoine a donc vu Berthe ? Berthe a donc vu Mathilde ? Mathilde a donc vu Albert ? Parlez, ô mes muets ! Nous ne sommes pas à la Trappe, que je sache. Des lettres, des lettres ! Je vous en conjure, des lettres ! Je meurs de faim !

LETTRE XXXIX.

A Madame Verspyck.

Bagnères-de-Luchon, 10 juillet 1863.

ME voilà sur terre de France, tombée du pays des fées dans une baignoire. La chute ne m'a pas paru aussi douce que vous le pourriez croire.

Louise, mon voyage a vraiment été un hymne, comme vous le dites si bien. Le poignant est d'avoir la voix fausse et de ne pouvoir le chanter. Toutes les splendeurs dont Dieu a revêtu le monde, ont passé devant mes yeux, mais je ne sais rien dire de ce septième ciel où j'ai été transportée. Je ne sais rien dire pour faire aimer Dieu davantage, pour le glorifier; le plus petit insecte le chante, et moi, je suis sans voix.....

Vous voulez que je vous parle de l'Escorial; je rassemble mes souvenirs déjà à demi-effacés. J'ai frissonné, il m'en souvient, dans ses terribles cloîtres de pierres grises; j'ai pensé à la pénitence, au jugement, à l'éternité. J'ai senti que c'étaient là les pensées habituelles du sombre Philippe, et qu'on ne pouvait que craindre dans ce lieu d'une si imposante sévérité. J'y ai eu peur, peur de la mort.....

L'Escorial fut bâti en forme de gril, en souvenir de l'église de Saint-Laurent, détruite par Philippe II à Saint-Quentin. Les cours sont vastes, mais si froides dans leurs murailles de granit gris, qu'on s'y sent oppressé, étreint, étouffé, glacé. L'église m'a fait un grand effet ; je l'ai trouvée belle et austère jusqu'à la sublimité. J'ai vu la stalle où, pendant quatorze ans, Philippe II vint s'asseoir.

Nous descendîmes dans le *podrigo :* c'est la sépulture des rois. Il est revêtu de jaspe et de porphyre. Le duc de Vendôme y fut enterré. J'y sentais l'ombre de Charles-Quint et de son fils : *l'ombre* des deux plus puissants monarques qui existèrent, peut-être, jamais. Ah! que sommes nous ? *Nihil.*

On me tint longtemps dans la sacristie, où il reste encore quelques bons tableaux. Les meilleurs ont été transférés à Madrid. La bibliothèque, qui renferme, dit-on, des trésors, est grandiose. Les livres sont rangés de manière à ce que la tranche soit tournée du côté du visiteur. Enfin, Louise, je n'ajouterai plus un mot sur l'Escorial. Je laisse à une plume plus habile le soin d'en parler.

Je suis toute à mes études sur Bagnères. Pour quelles maladies vient-on dans ce lieu enchanteur ? Je vois des boiteux, des bossus, des imbéciles. L'un se tient la tête, l'autre l'estomac, plusieurs ont la gale. Une seule chose est générale, et je crois que c'est vraiment là le mal dont nous voulons à toute force guérir. Cette plaie universelle, ma Louise, c'est la laideur. Si vous saviez comme nous sommes laids, malgré nos affiquets : quels teints verdâtres, quels pieds, quels nez, quelles oreilles! Chez le médecin, j'ai cru me trouver avec des hippopotames malades.

Aimable Louise, votre lettre m'est chère; je l'ai lue et relue, et ce que vous me dites de bon me va au cœur. Ici je songe et je lis, car il y a très-peu de personnes de connaissance. J'ai du temps. Je viens de pleurer en lisant la belle défense de lord Strafford au Parlement ; c'est de Châteaubriand. J'apprends à vénérer Germaine Cousin, dont le tombeau est près de Toulouse.

Écrivez-moi, mère des pauvres, et je vous baiserai les pieds, comme disent les Espagnols.

Beso los pies de Usted.

ns.

1876—1877.

Si l'on veut de l'éclat, du mouvement, une intrigue bien ourdie, des passions et de l'artifice, qu'on cherche ailleurs, et qu'on ne vienne pas s'asseoir avec nous au soleil du bon Dieu.

FERNAN CABALLERO.

TREIZE ANS APRÈS.

O Espagne ! quels beaux exemples tu as donnés au monde, toi qui aujourd'hui en demandes aux autres pays !

FERNAN CABALLERO.

LETTRE I.

A Mademoiselle Charlotte de Grammont.

Dos Hermanas, calle del Padre Tomas, Andalousie.
12 décembre 1876.

Carlose,

CES derniers temps, il n'y avait que les personnages des tapisseries et moi dans l'hôtel d'Albert ; Herminie, vraiment charmante, et les V.... m'en ont tirée.

Le 8 décembre, à huit heures quinze du soir, j'ai pris le chemin de fer pour Madrid ; quelques dames polies et silencieuses sont entrées dans la voiture, ainsi qu'une jeune mère dont les sourcils faits d'un trait de plume, couronnaient de beaux yeux limpides, resplendissants de tendresse pour son fils qui était avec elle; si profond, si attrayant, si doux et si fort était son amour, qu'il me fit penser, d'une âme pénétrée de reconnaissance, au verset de l'Écriture : " Si une mère oubliait son enfant, moi, je ne vous oublierai jamais. "

Les Lille sont venus me voir à la station de Bordeaux; cela m'a fait trente minutes d'arrêt dans les entrailles du plaisir.

Depuis Bordeaux, nous avons eu pour compagne une Anglaise d'une cinquantaine d'années, à l'air ingénument étonné; elle se montrait des images. Cette femme timide est une lionne, seule elle a parcouru une partie du monde et bravé les dangers. Quand elle s'est enhardie à me regarder, elle s'est mise à mon service avec une rare bonté et m'a promis de m'envoyer des indications précises sur Saint-Jacques de Compostelle, qu'on dit d'un difficile abord. Elle m'a quittée à Burgos.

Le jour succédait à la nuit, les villes aux villes, l'Espagne à la France; je ne peux dire que les buffets succédassent aux buffets; on sent qu'on est ou qu'on va être dans le pays où un verre d'eau sert de dîner et l'air du temps de souper.

Dire les songes de ces longues heures, le cliquetis de certaines pensées semblable à celui des armes, mes craintes et mon espoir en Dieu, ma gloire d'appartenir à la cause de Pie IX et d'Henri de France, de connaître et d'aimer Carlos et Marguerite, mon douloureux regret vers toi et les miens, serait trop long, trop triste parfois.

. . . .
. . . .
. . . .

Voici la Vieille-Castille rajeunie par la culture, souriante au milieu des pierres; voilà les sierras, voilà des neiges lointaines brillantes au soleil très-doux, enfin voilà la ville de Charles-Quint, tombée de sa main puissante sur le roc Castillan. J'ai beaucoup pensé à Charles-Quint, à sa puissance, la plus grande peut-être qui ait existé, à son soleil toujours levé sur ses états, à son caractère, à son abdication, à sa vie, à sa mort, et je suis arrivée à croire que le génie a un élément de sublime folie.

Après trente-sept heures de chemin de fer, j'entre à Madrid. Sans prendre aucun souci de ma toilette, je cours aux Calatravas pour entendre la messe du dimanche; on y faisait cette sorte de musique détestable, qui ne devrait guère pénétrer dans nos églises; musique bruyante, alerte, vide de pensées et de sentiments.

Les offices se disent très-vite en Espagne; pendant que je cherchais une place dans la foule, la messe, à laquelle je voulais assister, fut terminée; il faillit m'en arriver autant à la suivante, tandis que je feuilletais mon livre pour trouver le jour de la fête.

Je courus au Real museo revoir les horribles Infants si beaux; je me promenai au Prado, lequel, dépouillé de feuilles et de costumes, me donna envie d'aller dîner ; je dînai, et à neuf heures du soir, nous repartions pour Séville, ressemblant déjà, après les courses de Paris et le voyage de Madrid, aux Infants de Velasquez ; ressemblance qui devint plus frappante encore à l'arrivée aux Hermanas, après soixante-dix heures de chemin de fer sans interruption, sauf les quelques heures à Madrid.

Une charmante Espagnole, élevée en France, Doña Nicolasa, et qui allait à Cadix avec son petit garçon, prit place à Madrid dans mon compartiment. Ses yeux étaient très-purs et extraordinairement beaux, et son cœur un trésor qui faisait monter à ses lèvres des paroles exquises. Il y montait aussi autre chose qui m'empêcha de mourir de faim. Nous volions sans arrêt et sans buffet, de la Vieille-Castille à l'Andalousie ; la famine était menaçante ; Doña Nicolasa crachait ; elle crachait par terre, elle crachait sur la vitre, elle crachait sur les coussins ; ce crachement si simple et si naturel, m'ôta complètement l'appétit.

Les inondations avaient interrompu la route pendant quelques jours et enlevé le pont d'Alcolea ; on disait que nous ne pourrions aller plus loin que Cordoue. Nous passâmes, mais lentement, les talus fléchissaient et la terre tremblait ; à un certain pont, nous fûmes obligés de descendre. Le Guadalquivir baisse en roulant des flots de sable. Je ne dirai pas tout ce que j'ai entrevu de torrents pleins d'écume, de roches noires ou sanglantes, de sierras, de perspectives diverses me rappelant tous les pays, même le Nord si naïvement doux et terne.

J'écris très-mal, sans suite; il vient des visites de carlistes qui me distraient et m'intéressent. Il y a beaucoup de carlistes ici; il y a beaucoup de bons comme dans nos pays. — Qui allumera le feu sacré ! Ne disons-nous pas tous: ah! que je le voudrais! et cependant...

Suite. — *7 heures du soir.* — Arrivée à Séville. C'est ici que j'ai eu " les poches pleines de péripéties. " Il nous fallut prendre des billets pour Dos Hermanas; le train était en retard et allait repartir. Séville inondée et enfiévrée, ne m'attirait guère ; à Dos Hermanas m'attendait my sweet home. Je parle à un garde, à deux, à dix; ils m'envoyent de quarante côtés. La charmante Nicolasa fut encore une fois mon ange protecteur; elle me démêla dans la nuit, me hissa sans billet dans la voiture, me fit donner mon adresse pour que mes bagages m'arrivassent le lendemain, s'essuya le front et cracha. Vingt minutes après on crie: Dos Hermanas! Trinidad, en grand deuil, et Pilar, sont à la station. Trinidad se jette dans mes bras.

. . . .
. . . .
. . . .

Je suis sous son aile chérie; j'écris devant son patio. Elle, la noble femme, et ma petite maison qui sera prête dans quelques jours seulement, à cause du dégât des eaux, sont bien le cœur et la chaumière qu'on peut rêver.

. . . .
. . . .

On dit l'extrême orient; décembre peut être appelé sans nul doute, l'extrême automne. Ses derniers jours sont doux, bleus-de-ciel, très-vivants. Les trembles et beaucoup d'autres arbres ont encore des feuilles, l'oranger du patio de Trinidad succombe sous les centaines d'oranges qui font courber très-bas ses hautes branches ; ses bananiers s'étalent majestueusement en plein air, mille fleurs s'épanouissent.

J'ai retrouvé, con amore, mes amis d'Espagne, d'Asie et d'Afrique ; je les ai retrouvés penchés sur les torrents, faisant la haie au bord des chemins, pressés dans des sites pittoresques, les tamaris, les aloès, les cactus épineux, les myrtes, les arbousiers, les eucalyptus, les orangers, les grenadiers, les oliviers, les chênes verts, les chênes-liéges égorgés, saignant leur résine, pleins d'effroi de voir couler leur beauté et leur vie avec elle.

Je n'ai pas retrouvé la jeunesse.

. . . .
. . . .

Aucune lettre de toi n'est arrivée ; j'ignore si tu te soucies de mon journal ? Je l'écris, mais toute prête à le jeter au grand vent de la montagne, comme le fou de Tolède jeta son pauvre cœur.

. . . .

Séville, jeudi, 14 décembre 1876.

Nous sommes venues à Séville malgré l'épouvantable pluie, pour voir dans la cathédrale la célèbre danse des *Seises*. Je le désirais à la passion ; j'en reparlerai, le temps vole. En arrivant nous avons été à la messe ; il n'y a pas de chaises, comme tu le sais ; on s'agenouille sur des nattes, ou on apporte son pliant, ce qui est une innovation.

J'ai fait la connaissance du Père Sanz. Il est demeuré à Laval et connaît de nom et révère la marquise de Champagné; il parle très-bien français, c'est un Belge qui le lui a appris; on ne pourrait dire la joie d'entendre sa langue et prononcer un nom qui vous est cher, à cinq cents lieues de son pays.

Les inondations du Guadalquivir sont terribles, les maisons croulent, les orangers sont déracinés et perdus. Ces jours-ci, il y avait des drapeaux noirs d'alarme à presque toutes les fenêtres; on raconte des histoires lamentables.

. . . .

J'ai revu la cathédrale, ses ombres presque aussi profondes que celles de ma vie, ses colonnes comme des montagnes, ses allées et ses voûtes plus belles que celles du parc de Versailles; j'ai revu une des gloires du monde, et c'est à votre amour, ô mon Dieu ! que nous la devons.

Carlose, ma bien chère, écris-moi. Je retourne samedi à Dos Hermanas ; donne-moi les bonnes nouvelles et les mauvaises que nous aimons tant, comme disait Mgr Bastide, d'une façon si plaisante.

LETTRE II.

A Mademoiselle Charlotte de Grammont.

Dos Hermanas, jeudi, 21 décembre 1876.

AH! mon cœur, tu as été la dernière à m'écrire! Lille même a parlé très-doucement. Je croyais que ton silence, comme Vert-Vert, avait le bec chargé de..... pour mon journal, et que tu ne savais comment les dégorger; je m'éteignais honteuse. Ton étreinte me rappelle à la vie, c'est le cas de le dire, car j'ai cru mourir au beau milieu d'une rage de dents; elle m'a fait penser à ces sonneurs de cloche que la corde enlève jusqu'au plafond; tout se soulevait, s'ébranlait dans ma tête, qui est encore gonflée, saccagée, brûlée, défigurée.

Quoi que disent les journaux des inondations, ce n'est pas assez; elles viennent pour châtier ceux qui ont renoncé à l'unité catholique, et elles ont un caractère particulièrement sinistre; le Guadalquivir est couleur de sang; les maisons s'écroulent; les plus riches criaient ces jours-ci à Séville, du haut de leurs balcons: " du pain ! du pain! "

Les fièvres, la misère, la crainte remplissent la ville, et le royaume entier tremble sous le convoi des vengeances célestes, comme les ponts et les routes que j'ai traversées.

Dos Hermanas, c'est-à-dire les Deux-Sœurs est charmant et tel qu'était la vieille Espagne, presque arabe, blanche comme neige, mais ses maisons en terre m'effraient: presque toutes les nuits il en tombe une ou deux. Trinidad s'est informée des nôtres, on lui jure qu'elles ont quelques pierres. Je viens de parcourir le village et de monter sur une terrasse. Nous sommes dans des bois de mélèzes, d'oliviers et d'orangers. La sierra de Ronda borne le lointain horizon. Trinidad m'a fait entrer dans les plus belles demeures; les poutres en bois de mélèze reposent sur des murs d'une blancheur éclatante, il y a presque partout une très-grande salle entourée de petits appartements, une grille parfois ouvragée avec art, laisse pénétrer la vue dans le patio orné de fleurs et qui donne souvent sur un jardin d'orangers. Je viens de cueillir des roses, du jasmin et une fleur rouge magnifique appelée fleur de Pâques; elle croit sur un arbre. La grille est toujours précédée du *zaguan*, sorte d'anti-chambre où jadis une lampe brûlait devant une statue de la sainte Vierge. Mon quartier général d'hiver va être Dos Hermanas qui est à seize minutes de Séville par le chemin de fer, et à quatre heures de Cadix.

Trinidad a délicieusement orné de ses meubles, de ses tableaux et de ses tapis, ma petite maison qui communique avec la sienne; la couleur locale en a un peu souffert; il n'y avait pas de vitres, elle en a fait mettre. J'ai des cours intérieures, une terrasse, un balcon, la poésie coule à pleins bords; j'écris à une petite fenêtre grillée; je vois passer des femmes coiffées de fleurs; les plus beaux enfants qui existent et tels que les a peints Murillo, jouent tout près de moi.

Je prends mes repas avec Trinidad, il vient des visites, elle me traduit les conversations. Les Espagnols ont une grande éloquence naturelle, de la gravité, une politesse aisée et chevaleresque mêlée d'un souffle africain; en Italie, on sent le souffle de la Grèce. Trinidad me traduit l'excellent *Seiglo futuro* qui fait une guerre à mort aux catholiques libéraux. L'Espagne m'est extrêmement chère; j'y retrouve mille usages de la Belgique et jusqu'aux plats, car notre hoye est le fameux *puchero*. Nous ne pouvons sortir sans mantille sur la tête; nos ridicules chapeaux blessent justement les yeux andaloux.

LETTRE III.

A Madame la Comtesse Adhémar de Bousies.

Calle del Padre Tomas. Andalousie.

Dos Hermanas, samedi soir, 23 décembre 1876.

SE peut-il que tout le monde m'ait écrit excepté vous ? Que devenez-vous ? que faites-vous ? dans quel buisson avez-vous jeté votre cœur, que vous ne pensiez déjà plus à moi ? Ah ! les absents ont toujours tort !...

Ainsi donc il vous soucie comme cela de moi et de mes descriptions, et vous vous moquez même de la cathédrale de Séville ? Vraiment ! la merveille des merveilles des Espagnes.

Nous sommes allés à Séville ce matin pour les fêtes de Noël, au travers des bois d'orangers succombant sous les oranges, d'oliviers et de grenadiers ; les sierras étaient nuancées de rose et de bleu. Avouez que cela vaut bien le chemin de fer d'Harmignies à Mons, ou de Wambrechies à Lille ?

Je ne veux pas oublier les haies de cactus et d'aloès hautes comme des murailles. Albert et Berthe, qui les ont vues en Asie, vous en diront le grand effet.

Lettres d'Espagne.

J'ai une petite maison que Trinidad m'a meublée de ses meubles, si jolie, si arabe, si poétique que vous en raffoleriez. Il y a des cours intérieures, une terrasse, des petites fenêtres grillées, un balcon. Quand on dit : c'est une maison à balcon, cela donne tout de suite du relief.

. . . .
. . . .
. . . .

Vous savez la grâce chrétienne du langage entre le pauvre et le riche Espagnols ; l'autre jour un mendiant me dit : " Va avec Dieu et la santé, Hermanita ; que l'année qui vient soit bénie de Dieu pour toi et les tiens, ma petite sœur. "

. . . .
. . . .
. . . .

Vous m'avez recommandé, avant mon départ, de vous donner quelques détails *techniques ;* le Guide diamant lui même, vaut beaucoup mieux que moi, et entendre.... c'est s'enfuir, faisait le chien de Jean de Nivelles, notre compatriote ; mais je ne fuirai pas tout à fait.

Espagne, population : plus de seize millions d'habitants ; étendue 905 kilomètres de large, sur 1132 de longueur ; superficie 1,024,000 kilomètres carrés ; produits : tout ce qu'il y avait dans le paradis terrestre, les eaux thermales comprises.

Trois grandes sierras, au nord, au centre, au midi.

Cinq grands fleuves, cinquante et une rivières, de nombreux canaux, des routes macadamisées ; environ six mille kilomètres de chemins de fer ; plusieurs voies ferrées ont été faites par des ingénieurs français, qui ont vaincu des difficultés inconnues aux Romains, et ont exécuté des prodiges ; de Saint-Sébastien à Alsasua, moins de vingt lieues, je compte trente-deux ou trente-trois tunnels ; après Beasain, il y en a neuf à la suite ; le plus grand a six mille huit cent quatre-vingt-cinq mètres, et celui d'Oazurza, deux mille neuf cent cinquante-trois mètres de longueur, etc.

Vous avez entendu parler des célèbres gorges de Pancorbo où les romanciers ont placé tant d'événements tragiques ? Leur sauvage beauté défie la description ; la voie ferrée, la grande route, le torrent et les maisons, occupent, entre deux murailles de rochers extrêmement élevés, un espace qui n'a pas cinquante mètres de largeur. Je ne dirai pas les remblais, les tunnels et les deux viaducs, dont l'un a six arches en pierre ; les travaux sont si savants et si considérables jusqu'à Madrid, qu'il me faudrait deux années d'école polytechnique pour en bien parler.

On escalade le ciel en chemin de fer ; il monte sur la Brujula jusqu'à neuf cent trente-quatre mètres d'altitude, et à la Cañada, à mille trois cent cinquante-neuf mètres ; c'est le plus élevé de l'Europe.

Je laisse la littérature, les peintres, les grands hommes, les saints ; la gerbe est trop immense, il faudrait des volumes.

LETTRE IV.

A Mademoiselle Charlotte de Grammont.

Séville, 24 décembre 1876.

NOUS sommes venus à Séville pour les fêtes de Noël qu'on appelle ici fêtes de Pâques.

— Appelez-vous Pâques, fêtes de Noël, ai-je demandé?

— Non, Pâques reste Pâques.

Un beau soleil, trop souvent voilé, a éclairé hier les seize minutes de chemin de fer qui séparent Dos Hermanas de Séville.

Nous sommes descendus des hauteurs des Hermanas au milieu de bois d'orangers chargés d'oranges, d'oliviers, de grenadiers, de haies gigantesques de plantes africaines. Les inondations diminuent, elles ont été terribles. Les révolutionnaires ont abattu en 1873, la plus grande partie des murs mauresques qui faisaient à Séville une ceinture dentelée toute charmante et qui servaient de digues au Guadalquivir. C'est une image de leur savoir faire.

Hier, j'ai été passer ma soirée chez l'auteur célèbre, Fernan Caballero qui m'a donné autrefois cette délicieuse petite peinture que tu as vue chez moi. Fernan m'a raconté des traits à fendre le cœur qui se sont passés pendant l'inondation; des enfants auxquels on tendit une planche; leurs petites mains ne purent s'y cramponner, ils glissèrent et furent engloutis.

Mes cousins portaient en barque des secours de tous les côtés. Ils virent une vieille femme abandonnée, accrochée au grillage de sa fenêtre tandis que l'eau montait, montait dans sa pauvre maison. Ils eurent beaucoup de peine à détacher le grillage et à la sauver. Quand elle fut dans la barque, elle leur dit: "O mes bons messieurs! J'ai oublié mes petites poules; je vous en prie, sauvez mes petites poules!" Mes jeunes cousins rentrèrent, non sans péril, et sauvèrent les petites poules.

Fernan Caballero, qui touche à sa quatre-vingtième année, se plaint de sa santé et de ne pouvoir aller à la messe que le dimanche. Sa petite demeure de la Calle de Juan de Burgos, est pleine de poésie; je voudrais décrire sa grille ouvragée qui ouvre sur le patio où tant de fleurs et de feuilles grimpent, pendent et rampent, l'étroit escalier aux faïences vernissées, le salon, les livres, la lampe voilée qui projette une douce lumière sur le visage noble et charmant encore du célèbre écrivain, visage où se reflètent l'esprit et la suavité.

. . . .
. . . .
. . . .

Nous avons été voir hier Don Pedro, le chanoine. D'abord se montra au haut de l'escalier, un être barbu, déjeté, déshonoré plutôt qu'orné par quelques brindilles de cheveux gris semblables à des crins, sur un crâne rouge vif, et qui nous répondit avec une voix de tonnerre. L'étonnement que j'éprouvai fut presque de l'admiration; il est rare de voir un pareil monstre, une femelle aussi audacieusement horrible, et le chanoine a un chef-d'œuvre du genre pour servante, car c'était elle.

. . . .
. . . .

J'ai une bulle qui m'empêche et ne m'empêche pas de faire maigre; hier il fallait faire maigre; les sauces des poissons étaient d'une olive si prononcée, et les ragoûts si espagnols, que mon estomac n'a pu résister, et je suis malade.

LETTRE V.

A Mademoiselle Charlotte de Grammont.

Fonda de Madrid.
Noël, 1876.

NOUS avons été à la messe de minuit dans la cathédrale, éclairée de cierges grands comme des colonnes. Sous les nefs, le bruit des formidables tuyaux d'orgue ne semblait que la respiration des anges et les soupirs des bergers. Les ombres et la lumière se mariaient avec une profondeur indescriptible, et la pensée s'élevait sans effort de ce temple magnifique, à l'Église, la belle épouse aimée, portant dans son sein les ombres et les lumières de la foi.

Je me suis souvenue que le père Gratry m'écrivait, il y a longtemps, à Séville : " Soyons une pierre de l'édifice. " J'ai bien prié pour être au moins un grain de sable.

Les habits des servants, des prêtres et des chanoines étaient rouges et superbes, les chandeliers en argent massif hauts de plusieurs mètres, les croix, les masses ornées de saints en argent massif, etc., etc., faisaient un ensemble d'une richesse inouïe.

Un prêtre a lu l'Évangile à l'ambon, comme dans la primitive Église. Il ne s'est dit qu'une seule messe où il y avait passablement de monde, agenouillé ou assis sur des nattes. La musique est très-bonne. Trinidad, Pilar et moi nous ne pensions pas à la fatigue. Après la messe, vers une heure et demie du matin, nous avons fait comme la plupart des Espagnols qui étaient là, nous avons été admirer Saint-Antoine. Ce tableau est le plus national de l'Espagne; toutes les classes non-seulement l'admirent, mais l'aiment. Trinidad me disait qu'étant enfant, son père la conduisait voir Saint-Antoine. Quand le tableau a été découpé et volé, il y eut une sorte de révolution à Séville; on ne peut dire la fête et l'enthousiasme qui éclatèrent lorsqu'il fut replacé; le célèbre et éloquent Père Gago, prononça un discours qui fit pleurer et applaudir.

. . . .
. . . .

Chose extraordinaire, il n'y a pas de vêpres ni de salut dans les paroisses; nous avons dû nous rabattre sur le Sacré-Cœur pour en obtenir. Jamais je n'entre au Sacré-Cœur, dont les religieuses ont élevé ma jeunesse, sans la plus profonde gratitude. Combien je remercie, en mon âme, la Providence d'avoir donné à Séville le bienfait de cette éducation solide et pieuse, et le grand exemple de ces servantes de Dieu et du prochain, que j'ai vénérées de tout près pendant neuf ans. La maison est délicieuse, et la chapelle, bâtie par l'infortuné Edouardo de Garcia, est très-belle.

La supérieure est une jeune veuve espagnole dont le mari a été assassiné de la même manière qu'Edouardo. Tu juges des sentiments de Trinidad quand elle prie dans ce sanctuaire !

Mardi, 26 décembre. — J'ai été hier à San Salvator, une des plus belles églises de Séville. J'y ai vu sainte Justine et sainte Rufine en bois peint qui soutiennent la Giralda ; c'est vivant et admirable. J'aime à l'excès les sculptures peintes. "Advienne que pourra !"

San Salvator est d'une richesse exubérante: les dorures éclatent, en fleurs, en arabesques, s'élancent jusqu'à la voûte, rampent jusqu'à la dalle; on voit un peuple de statues peintes, enfin un enfouissement de trésors. Ah ! qu'il est bon de donner immensément, éperdument à Dieu.

. . . .
. . . .

Tu n'es pas sans savoir qu'il y a des balcons en Espagne; tu as même entendu parler de ceux de France, où Gambetta faisait la cour au diable. Près de la fonda de Madrid et en face, il y a deux balcons séparés, mais contigus. La première fois que je vins à Séville, dix jours environs, une jeune personne d'un côté, un jeune homme de l'autre y causaient ensemble. Avant-hier, à mon retour, je les retrouvai au poste, ce matin encore ; l'ennui de cet éternel entretien me paraît manquer au purgatoire de Dante.

. . . .

Noël est, comme en Angleterre, la grande fête de l'Espagne ; des dindons gras qui sollicitent l'acheteur, courent par troupeaux dans les rues. On danse dans les patios en chantant au son de la guitare ; dans l'hôtel même nous devions voir des danses du pays, mais le maître est malade et tout s'est borné a un dîner tiré de la table de Balthazar, et composé d'une quantité infinie de plats, la plupart originaux et bons ; après le potage au jus de mouton, vinrent les dindes farcies d'olives farcies, puis des pâtés, des becfigues, du porc, du sanglier, tout cela dans un plantureux imprévu ; puis des marrons et des patates sucrées, puis encore un gâteau bistré de Valence ; il semble qu'on croque des grains de sable et néanmoins c'est excellent ; à la fin du repas on nous a offert des bouquets.

Il me faudrait un volume pour dire tout ce que j'ai déjà avalé d'huile au goût d'olives le plus accentué, de piment, de poivre, de canelle, de chocolate, de betteraves confites, d'herbes extraordinaires, de garbanços, de pucheros, et tout ce que j'ai déjà prononcé de Pepito, de Santiago, de Sancho, de Rosario, de Nicolasa, d'Immaculata, de Gracia, de Maravilla, de Candaleria etc., etc.

Séville, mercredi, 27 décembre.

Je suis allée hier revoir le musée. Murillo atteint l'idéal, et la meilleure méditation souvent, est la vue de ses tableaux. Mes trois privilégiés sont Saint-François qu'un bras du Christ en croix presse sur la plaie de son côté; une Assomption: le chemin du ciel que parcourt la sainte Vierge, est pavé de têtes d'anges si gracieuses, si enfantines, si idéalement souriantes, qu'on ne peut se lasser de les regarder; Saint-Antoine contemplant le petit Jésus assis sur son livre.

Fernan Caballero m'a dit que Murillo mettait au-dessus de tous ses autres tableaux, un de la Caridad, Saint-Jean-de-Dieu portant un mort et soutenu lui-même par un ange; c'est un chef-d'œuvre de couleur et de clair-obscur.

. . . .
. . . .
. . . .

Après le musée, nous nous sommes enfoncés dans les vieilles rues arabes que je préfère infiniment aux quartiers modernes et à ces grandes maisons niaisement cossues qu'on bâtit à présent à Séville, comme à Paris et à Bruxelles. Séville possède les plus beaux patios de l'Espagne. Je passais de patios en patios, d'yeux noirs à d'autres visages qui défient la description, tant les charmes sont nombreux, tant ils ont de grâce et de noblesse, tant le regard a de flamme et de sereine fierté.

Le soir, Trinidad et Pilar sont venues me chercher pour dîner chez le chef de la famille, le marquis de la Motilla, frère aîné de Trinidad ; elle m'a avoué que mes jeunes cousins se faisaient quelque peine de me voir, parce qu'ils allaient être obligés de parler français. Quant au maître et à la maîtresse de la maison, ils m'attendaient en paix, n'en sachant pas un seul mot. Il y avait une dizaine d'Espagnols ; je trouvai de la bonté, la plus parfaite distinction, la plus attentive politesse et six personnes parlant français ; les mets furent excellents et les sucreries, qui venaient d'Aragon, délicieuses.

Après le dîner nous allâmes à la crèche, construite dans une salle ; les femmes du service de la maison, au nombre de seize ou de vingt, dansaient des sévillanes deux par deux devant l'Enfant-Jésus, au son de la guitare et d'un chant guttural et mélancolique qui n'est pas sans charme et qui rappelle l'Orient. Les petites filles ont dansé avec beaucoup de grâce, l'une jouait des castagnettes. Les spectateurs marquaient la mesure en frappant dans leurs mains.

Danse étrange, hommage naïf qui a sa poésie et son cachet.

L'antique hôtel de la Motilla, est le toit paternel de Trinidad ; le patio est enchanteur, l'escalier de marbre blanc, magnifique; les réminiscences arabes sont charmantes.

. . . .
. . . .
. . . .

Séville, jeudi, 28 décembre 1876.

J'ai passé hier la soirée chez Fernan Caballero; j'y ai trouvé un *Padre* à l'œil grandement intelligent. Je regrette de ne pas savoir l'espagnol, langue sonore et éloquente qui prête de la noblesse aux pensées. Les mots font un fier bruit, tel que le cliquetis des armes. Par Santiago! que ne puis-je donner mon coup d'épée.

. . . .
. . . .

Tous les jours, souvent plusieurs fois, je vais à la cathédrale; je fais comme les paysans qui y viennent des villages voisins passer des heures entières; les abords sont encombrés de monstres d'artistes enlaideurs; aucune peinture ne pourrait rendre leurs figures gauffrées et galeuses, leurs haillons roussis à tous les soleils, leurs membres en arabesques. Le jour de Noël, un de ces monstres tricotait un grand bas sous la Puerta de la Torre et d'une voix effroyable, demandait l'aumône.

. . . .
. . . .
. . . .

LETTRE VI.

A Mademoiselle Charlotte de Grammont.

Séville, Fonda de Madrid.
Jeudi soir, 28 décembre 1876.

LE fils aîné de Miguel Angelo de la Motilla, el conde de Casa Alegre, est venu me chercher dans un équipage traîné par des mules si jolies, si bien rapées, aux oreilles si pointues, que je croyais être traînée par les souris de Cendrillon; elles couraient comme le vent, et je m'amusais comme la reine des contes de fées.

Nous avons commencé par la Caridad où sont les merveilles du Moïse, de la Multiplication des pains et de l'Archevêque rongé de vers de Valdès. Oh! funèbre!

Nous nous sommes promenés au bord du Guadalquivir; les eaux aujourd'hui, il faut bien l'avouer, étaient couleur chocolat; la boue des inondations couvre les rives, deux bâtiments sont échoués.

La cueillette des oranges avance, les bateaux attendent et vont partir chargés d'énormes caisses.

Nous nous sommes promenés dans une bien belle allée d'orangers, en jetant des regards sur San Telmo qui resplendit de l'éclat de ses pommes d'or et de la couleur orientale que lui donnent ses palmiers. De là, nous sommes allés à la fabrique de tabac qui renferme six mille ouvrières ; j'ai vu des types étranges et superbes, dignes du pinceau d'un maître ; j'en fis la remarque à mon cousin ; il me répondit : " Ces six mille cigareras me paraissent toutes plus laides les unes que les autres..." D'abord je fus étonnée, puis je compris l'exquise politesse espagnole qui exige lorsqu'on est avec une dame, que toutes les autres se changent en reptiles !

Tu m'as dit avoir remarqué que les hommes ne peuvent supporter de nous entendre vanter même leur meilleur ami.... et vice-versâ peut-être ?

Vendredi. — Nous revenons de la cathédrale. Don Pedro, le chanoine, nous a montré une partie du trésor, la salle capitulaire ornée des admirables Murillo, la custode phénomène, les cent vingt-six chapes aux médaillons de soie pareils à des miniatures ; le reste du trésor est caché ; pendant les dernières émeutes, le gouvernement révolutionnaire faisait dire : Telle couronne de Vierge, telles pierres précieuses sont en trop grand danger dans l'église, nous allons les mettre en sûreté ; de cette façon il a volé et pillé partout.

. . . .
. . . .
. . . .

Dernier jour de l'année 1876.

. . . .

. . . .

Le frère de Trinidad, Mariano, va de mal en pis. J'ai glissé un œil dans sa maison quasi funèbre, pour y voir deux nains plus extraordinaires et beaucoup plus gentils que Tom Pouce; ils sont accourus à moi en riant, m'ont donné leurs petites mains, grandes comme la patte d'un chat et garnies de bagues; leurs pieds sont à peine plus grands que mon petit doigt, mais hélas! leurs longues oreilles pourraient leur servir de barques. Ils ont dressé un petit cochon bleu et montent dessus pour passer les ruisseaux. Don Mariano leur a donné de délicieux costumes de toreros, de mille francs chacun, car cet habillement est très-cher. Ces nains auraient fait fortune sous les anciens rois. Louis XIV, dans ses instructions à son petit-fils Philippe V, lui recommande de ne pas s'en entourer. Velasquez et d'autres peintres en ont placé dans leurs tableaux.

Monsieur Chasserot, avec une bonté et une politesse qui rendent les voyages bien agréables quand on les rencontre, m'a conduit voir la belle galerie Sepperro qui mériterait un volume. Entre autres, elle possède un vieux tableau flamand de la sainte Vierge, semblable à celui que j'ai à Wambrechies; quel est l'original?

J'ai été ensuite à l'Alcazar merveilleux ; Isabelle y a fait mettre des lustres modernes ; c'est très-drôlement laid. Demain je verrai les églises avec monsieur Chasserot, et le soir je dînerai chez le marquis Miguel Angelo de la Motilla. Mon cousin del Aguila, qui avait été si bon et si empressé à me rendre service à mon premier voyage, hélas ! n'est plus ; sa veuve vit dans la retraite, et ainsi il y a pleurs, changements et morts partout.

Charlotte, que Dieu te garde de tout mal !

Tu es certainement la personne à qui j'écris le plus et qui m'écrit le moins ; je te prie de finir cette déplorable antithèse.

Noche.

Le dîner d'hier a été excellent ; il s'est ouvert par une dorade superbe et un puchero exquis. Au dîner de Don Jose, j'avais éprouvé de la surprise, j'avais cru qu'un monsieur, assis sur la cheminée, était le maître-d'hôtel et présidait de là au service, en riant d'un rire muet, d'une oreille à l'autre. Au dîner suivant, je vis entrer un monsieur pâle, qui s'assit dans un coin ; le rieur de l'autre jour reprit sa place *élevée ;* de temps en temps, ces deux personnages, après nous avoir regardés, se parlaient avec mélancolie. Personne n'y prenait garde. Je ne pus y tenir et je demandai à Don Jose ce qu'ils faisaient là ? " Oh ! me répondit-il, en me désignant le rieur que j'avais pris pour un maître-d'hôtel, c'est un *bon vivant*.

— Un bon vivant ?

— Oui, il va comme cela de dîners en dîners.

Je repris : " Comment peut-il *bien vivre* puisqu'il regarde sans rien manger ?

Il se mit à rire.

— Quelquefois, répondit-il, on lui donne une chose ou une autre, et le souvenir et l'espérance lui suffisent. "

Dos Hermanas, 3 janvier 1877.

Ta lettre ravissante, enlevante, éclatante est arrivée hier comme je partais de Séville, où les miasmes fiévreux me faisaient grand mal. J'y ai laissé Trinidad dans les larmes ; on devait administrer le soir son frère Don Mariano.

Nous voici seules dans ma maison arabe ; je ne crois pas, à part nous, qu'il y ait une seule personne qui parle français à Dos Hermanas. Je suis servie par trois veuves espagnoles qui appartiennent à Trinidad ; trois veuves infiniment plus vêtues et infiniment moins jolies que les trois Grâces.

Non, je n'ai pas oublié la danse des *Seises*, mais avant de te décrire cette scène délicieuse et incomparable, je voulais être renseignée. J'ai recouru à un chanoine, à Fernan Caballero, etc., etc., je ne suis guère plus avancée. L'érudition et les citations, que tu me recommandes tant de laisser de côté, sont enfouies dans les archives; il faudrait pour les y découvrir un Christophe Colon (on dit Colon en espagnol); tu vas donc être réduite à mon fil d'araignée.

Los Seises.

Tout ce que j'entendais dire, et tout ce que je m'imaginais moi-même de la danse des *Seises*, m'a fait me précipiter dans la cathédrale à peu près à l'ouverture des portes, où, sauf un chien ou deux, il n'y avait que nous. J'ai chassé les chiens, j'ai pris la meilleure place sur la natte, j'ai fait en esprit le tour de tous mes amis, j'ai prié pour eux. Enfin on commença à allumer les douze grands candélabres d'argent massif, et leur lumière vacilla au souffle léger de l'air, et se projeta sur les trésors inouïs du maître-autel.

Pendant l'octave de l'Immaculée-Conception, les ornements bleus d'azur du chapitre et des desservants sont de la plus grande magnificence.

On ouvrit la porte royale; la duchesse de Montpensier, dont les cheveux sont blancs, et une nuée d'Infantes noires, entrèrent et prirent place dans le chœur.

Les *Seises* sortirent de la Silleria; ils marchaient sur deux lignes vers la Capilla mayor où le Saint-Sacrement était exposé dans un ostensoir de l'or le plus pur, enrichi de pierreries et posé au-dessus d'une statue précieuse de l'Immaculée-Conception. Les plus petits des *Seises* paraissaient avoir six ou sept ans, les plus grands quatorze ou quinze; ils étaient vêtus à *l'antica*, de la façon la plus riche et la plus charmante, d'habits de soie azur et or, et portaient des *sombreros* garnis de grandes plumes. Ils ôtèrent leurs chapeaux au pied de l'autel en saluant, et commencèrent une danse balancée et des chaînes si grâcieuses et si nobles, que je n'ai rien vu qui y ressemble. Tantôt ils remettent leurs chapeaux, tantôt ils les ôtent avec respect et gravité; tantôt ils tournent vivement sur eux-mêmes au son des castagnettes, tantôt ils s'entrelacent en chantant avec suavité. Les yeux sont d'abord ravis, et on finit par l'attendrissement; il est impossible que la pensée des anges, ouvrant et repliant leurs ailes devant l'Agneau, ne vienne pas à l'esprit.

Cette scène mystérieuse et pleine d'attrait, dure environ une demi-heure. La musique est céleste; j'y ai assisté deux fois, j'y retournerai aux quarante-heures. L'origine de cet usage n'est pas connu; il choqua quelques personnes qui portèrent plainte à Rome. Le Pape fit écrire au chapître de Séville, et celui-ci, sans répondre un mot, embarqua les *Seises* avec toute la musique et les envoya à Rome même, afin que le Saint-Père jugeât par ses yeux. La tradition rapporte que le Pape écouta la musique et contempla la danse avec le plus vif plaisir, et qu'il s'écria : *Baillad, hijos mios, baillad; que asi deben bailar los angeles ante Dios.* " Dansez, mes enfants, dansez. C'est ainsi que les anges doivent danser devant Dieu. "

. . . .
. . . .

Tu me parles du dentiste; il y en a un ici, mais mon courage a reculé devant l'enseigne; on voit sortir d'une draperie bleue un pied sanglant qui vient d'être piqué par la lancette ; auprès sont des tenailles et une pince. En-dessous on lit cette inscription :

Gonzalo Macias

sagaador y dentista.

Carlose, je te couronne à jamais de ma tendresse, entrelacs de lis que je défie aucun usurpateur de t'enlever !

Vaya usted con Dios.

LETTRE VII.

A Mademoiselle Charlotte de Grammont.

Dos Hermanas, vendredi 5 janvier 1878.

AH! Carlose, c'est le cas ou jamais d'avoir des ressources en soi-même; Trinidad devait revenir aujourd'hui, mais elle ne l'a pu, Don Mariano a été administré. Il est préparé à mourir ou à guérir, et *gracias a Dios*, il penche vers la guérison.

Le chemin de fer de Cadix, sur les rails duquel Dos Hermanas se trouve à cheval, est inondé du côté de Séville; les terres ont roulé dans le Guadalquivir, les rails sont allés aux antipodes, et le ciel, la terre et l'eau, il ne manque que le feu, se sont réunis pour emprisonner Trinidad à Séville et moi ici, où âme qui vive ne peut nous dire en français : Dieu vous bénisse ! La poste n'organise rien, aucune lettre n'arrive ou ne part; puisses-tu ne pas l'apprendre par les journaux, tu écrirais moins que jamais.

On dit que nous ne sommes en prison que pour cinq ou six jours, mais le ciel est d'un gris pareil à celui de

Maubeuge; il va repleuvoir des torrents, et il faudra m'envoyer des ailes pour sortir d'ici. Je ne veux pas des ailes de corbeau et je préfère mon isolement complet aux mêlées révolutionnaires. Du reste je vais mieux qu'à Séville, où je ressentais la pernicieuse influence des inondations, et je n'ai plus mal que de cinq ou six côtés.

T'ai-je dit, Carlose, comme le regard espagnol est beau, droit, en face, plein de lumière et semblable au tien ? Parfois, il est vrai, il lance la foudre, mais d'habitude il est calme et profond.

Les bonnes manières et la politesse chrétienne sont de toutes les classes. Les pauvres femmes qui demandent secours à Trinidad, l'appellent *Hermanita*, ma petite sœur. Quand on parle à un pauvre, on dit *Hermanito*, mon petit frère; si on lui refuse la charité on lui dit : " Hermanito, pardonne-moi au nom de Dieu." Dans les rues les petits enfants interrogés sur leurs noms, répondent : Pepito, ou Antonino, ou Miguelito, ou quelque autre charmant diminutif et ajoutent : " pour servir Votre Grâce."

L'urbanité est généreuse, je suis souvent obligée de veiller pour que des inconnus ne paient pas pour moi. Par exemple, l'usage général est de fumer et de cracher; cependant je n'ai jamais pu décider mes cousins à le faire quand ils m'accompagnent. Hier nous nous promenions dans les plus étranges et beaux chemins d'aloës et de cactus; la pluie tomba à torrents et je courus vers une petite maison où je fus reçue par deux charmantes paysannes ; la mère me montra avec fierté la grosseur de son petit garçon de deux ans et demi. La sœur aînée, avec beaucoup de gravité, alluma une cigarette pour le petit bonhomme, qui fuma aussi sérieusement qu'un hidalgo.

La beauté est générale et très-sympathique, piquante et pourtant réservée ; la marche est une sorte de frôlement de la terre, un vol doux et plein de grâce, mais dans la vieillesse les traits s'accentuent et parfois deviennent durs. Un homme ne donne pas le bras à une femme dans la rue. Les dames sortent presque toujours accompagnées d'une ou de deux femmes ; les maisons des personnes riches sont remplies de serviteurs, de leurs enfants, de leurs parents, qui prennent diverses occupations. Une des trois veuves de Trinidad soupire ; elle s'asseoit à l'oriental dans les coins obscurs et gémit, la pauvre tourterelle !

On chercherait en vain le costume si bien décrit dans Perico, par Fernan Caballero.

" Il portait, dit l'auteur, des bas de soie bleue, des souliers d'une espèce de drap rude ou de feutre qui s'appelle peau de rat, avec des boucles d'argent, une culotte de casimir noir aussi avec des boucles d'argent au genou, un grand gilet de riche étoffe de soie, quelquefois brodé en couleurs, une ample veste également en soie, enfin une résille pour retenir ses cheveux qu'il ne coupait jamais ; seulement la résille était courte et ne descendait guère plus bas que la nuque.

" Quand il sortait le matin, il prenait une capote de

riche drap noir orné de passementeries et de franges de soie ; dans l'après-midi, une cape écarlate doublée de satin de couleur, et sur la tête un chapeau à bords rabattus pareil à ceux que portent les picadors aux courses de taureaux. "

Les paysans, sans cravate, portent en général une chemise brodée, des pantalons noirs, une ceinture rouge et une veste brodée d'un pot de fleur au milieu du dos; les chapeaux varient. Ils marchent comme les femmes, en se balançant, se chaussent de *spargatas* et s'ils ont quitté l'épée, ils gardent la cape; je viens d'en voir trois fièrement campés dans des couvertures bariolées.

Ici les femmes s'habillent de robes traînantes en coton souvent fond blanc; elles s'enveloppent dans de grands châles, et ont des mouchoirs sur la tête. Dans les villes elles sortent presque toujours en noir, voilées de la mantille charmante, et comme les rues sont peintes de ce blanc arabe qui tranche avec éclat sur le ciel bleu foncé, ce costume classique est d'un grand effet.

11 heures du matin. — *Gracias a Dios !* voilà le soleil et l'azur, mais treize cents mètres de rails du chemin de fer entre Séville et Dos Hermanas sont emportés. Je fais comme la troisième veuve de Trinidad, je soupire.

Épiphanie, 1877. — Il pleut comme s'il n'avait jamais plu, avec un entrain et par un vent qui souffle d'Afrique, à enlever le reste de notre chemin de fer.

Je suis en prison dans ma petite salle arabe, que je voudrais tant te montrer. En face de ma fenêtre grillée, une femme travaille à sa porte en dépit du chômage de Trois-Rois. Les fenêtres n'ont pas de vitres, elles sont fermées par des volets pleins, le jour vient des portes.

Pour fêter les mages, j'ai relu ta prose avec un plaisir bien différent de celui d'Hérode à leur discours. Bon écrivain, je t'offre mon encens.

Hier, j'ai fait chercher dans tout Hermanas quelqu'un qui sût le français. On a amené un jeune Espagnol parlant l'italien; Maria lui a répondu en allemand. La cacophonie a été telle, et les cris des nègres espagnols, italiens et allemands si étourdissants, qu'on a oublié de me prévenir.

Trinidad me fait savoir par le commissario, que son frère va très-mal. Notre séparation a sa raison d'être, ce qui n'empêche pas la tristesse des choses, assurément. As-tu reçu ma lettre de douze pages? encourage-moi, rajeunis ma plume vieillie.

Il est glorieux pour la poste espagnole de se reconnaître aux adresses inimaginables que je reçois; on m'écrit: " Au ladre Tomas et au Père Tomas, *ora pro nobis.*" Je ne sais si l'on peut dire *ora pro nobis* au Padre Tomas, sa vie m'est inconnue et j'engage mes correspondants à modérer leur ferveur.

La poste de Séville est réorganisée, mais le chemin de fer est toujours rompu. Le mur d'une cour de Trinidad est tombé cette nuit. Pourvu que nos maisons ne le suivent pas! je viens de voir une des plus belles maisons, étançonnée : le mur qui donne sur la rue est entr'ouvert. La calle del Padre Tomas offre le négligé le plus mouvementé ; son sable rouge est raviné, cinq ou six de ses maisons n'ont plus de toit ; beaucoup sont abandonnées, mais comme elles sont en terre, elles se relèvent par enchantement, et d'ailleurs, que les maisons soient croulantes ou croulées, que la rue soit un torrent qu'on saute à l'aide d'un grand bâton, que les vents africains fassent trembler les grenadiers, s'entre choquer les aloës et les cactus, tordent et couronnent les oliviers, vaines images de la paix, ou que le soleil lance ses rayons et que les cieux redeviennent d'azur, la poésie n'abandonne jamais ce pays enchanteur.

Doña Rosario Andrades vient de me dire que depuis Irun jusqu'ici, les neiges dans le nord, les inondations plus bas, ont causé de grands ravages ; des parties de villages ont disparu, les fils électriques sont cassés et les rails sont rompus.

J'ai vu ces jours-ci, le fils d'un marin qui à son retour d'outre-mer, ne trouve même plus la place de sa demeure ni de ses propriétés, les eaux avaient tout englouti, sauf sa femme ; jugez de sa douleur, disait-on...

Mardi, 9 janvier 1877. — Il a fait hier plus beau et plus chaud qu'au mois de juillet ; je me suis promenée dans un chemin qui longe les cactus et les aloës, et qui laisse à droite et à gauche, les forêts de mélèzes et d'oliviers. J'attends Trinidad et Pilar.

Une femme en bottes jaunes fait la lessive dans une de nos cours préparées à cet effet et où sont posées une immense jarre rouge en terre cuite et d'autres plus petites ; la lessive se fait à l'eau froide, la femme frotte le linge avec du savon blanc sur une petite planchette hérissée de bâtons cloués horizontalement, et le passe dans l'eau des différentes jarres.

C'est la manière de laver du pays et Trinidad dit qu'elle est excellente.

10 janvier 1877. — Trinidad n'est pas arrivée. Le chemin de fer est toujours interrompu ; ce qui en est reconstruit, glisse, s'entr'ouvre, et menace de faire sauter la machine. Trinidad m'écrit : " Surtout ne viens pas. "

Hélas ! j'avais en vain suspendu la chaîne des soucis aux versants français des Pyrénées, on n'y peut échapper, je suis reprise et secouée par ses anneaux au fond de l'Andalousie. Châteaubriand dit que dans ses voyages, parfois, il ne savait plus s'il était pierre, torrent, fleur ou même la nature entière. Je suis épine.

Un de ces derniers jours baignés de soleil, j'étais seule dans le patio de *los naranjos* à Séville ; les créneaux triangulaires couronnent au nord la belle porte du Pardon. Je me tenais au pied de la Giralda, éblouissant les yeux de sa grâce, de sa beauté et de son rose que huit cents ans n'ont pu altérer ; les cloches chantaient des choses mystérieuses et divines, je buvais l'oubli à longs traits...

Il se fit un peu de mouvement dans l'admirable solitude; des cierges allumés semblaient embraser une chapelle basse; j'y allai; un mort y était exposé; la mort me rappela la vie...

LETTRE VIII.

A Mademoiselle Charlotte de Grammont.

Dos Hermanas, dominigo, 14 eñero 1877.

TRINIDAD est toujours à Séville; elle est venue jeudi passer la journée avec moi. Je l'ai trouvée si pâle et si fatiguée, que j'en ai eu bien de la peine. J'irai la voir à Séville demain.

Il y a en Italie, en Espagne et en Orient, un usage que nous ne connaissons pas, c'est de faire compagnie. On arrive à toute heure chez vous et on y reste des journées souvent sans dire un mot. On offre quelquefois un grand verre d'eau ou une cigarette.

Si on est malade, depuis le prince jusqu'au savetier, depuis les parents les plus proches jusqu'aux connaissances les plus lointaines, tout le monde vient nuit et jour parle, conseille et aide le pauvre moribond à passer de vie à trépas. Il y avait l'autre nuit quatorze personnes pour veiller un de nos voisins qui se meurt d'étouffements; il reprit tout à coup un souffle terrible et cria, voyant tout ce monde : Allez tous au d...

Je vois avec peine par quelques journaux français que je lis çà et là, qu'on y parle peu de l'Espagne. Sais-tu qu'on vient de rapporter à Séville les cendres de Pierre-le-Justicier ? On entend dire : voilà l'homme qu'il nous faudrait, le pouvoir, l'autorité dans une telle main, étoufferait la révolution et guérirait nos effroyables maux.

. . . .

. . . .

Un des cris les plus spirituels que la paresse ait jamais poussé, est certainement le tien.

" Ne crois jamais, dis-tu, que je ne t'écris pas; c'est toujours la faute de la poste." Je ris, car j'ai reçu toutes tes lettres, en vérité c'est peu, et la poste *is faultless*.

Dos Hermanas, jeudi, 18 janvier 1877.

Je viens de passer trois jours à Seville, où j'ai reçu *your nice letter*. J'ai vu quelques heures Don Mariano; il voulait, selon la courtoise hospitalité espagnole, que je logeasse chez lui. Il m'a montré beaucoup de choses curieuses, entre autres des porcelaines de tous les pays du monde, et il désirait me combler de présents, ce que je n'ai évité que par mille subterfuges. Le moribond Mariano va, vient, sort en voiture; ses médecins disent que ce sont des pas macabres.

La beauté de ses jardins et de ses patios te ravirait; ils sont remplis de buissons de roses, d'orangers couverts de fruits, de bananiers, de palmiers; les balcons sont garnis de renoncules rouges.

. . . .
. . . .
. . . .

Enfin, et bienheureusement, Trinidad et Pilar sont revenues; leur société est délicieuse.

Quand j'étais à Séville, la Giralda, cette mauresque que Bagdad et Lameck envient, m'a attirée; j'y suis montée. Les environs de Séville sont encore inondés et le sourire manque.

Le temps est redevenu admirable, je crois être aux plus beaux jours de la fin de mai, sous un ciel de saphir.

J'ai été deux fois, depuis peu, chez Fernan Caballero, qui m'a donné un livre précieux avec un en-tête de sa main illustre. Sa petite demeure, son patio garni de feuillages, sa bibliothèque si joliment éclairée, elle surtout au beau rayon lumineux, m'attirent invinciblement dans la rue Juan de Burgos. Elle m'a prêté plusieurs livres; le plus attrayant est sa simple conversation, si simple qu'on croit d'abord, comme pour les fables de La Fontaine, qu'on aurait dit tout ce qu'elle vient de dire. Outre l'élévation, elle a le charme. Hélas! sa santé est mauvaise et son grand âge fait trembler; elle m'a dit une courageuse parole : " J'espère bientôt mourir. "

Veuillot aime passionnément ses ouvrages. Antoine de la Tour en parle comme d'écrits incomparables, qui rendent d'une manière supérieure la vie et les usages de l'Espagne, et le savant et judicieux supérieur des Jésuites de Séville, le R. P. Bernardo Rabanel a écrit :

« Fernan Caballero dont le véritable nom est Doña Cecilia Bolh de Arron, est un insigne écrivain ; ses romans sont connus dans toute l'Europe et elle ne sera jamais assez louée à cause de son irréprochable pureté de doctrine, et du délicieux enchantement avec lequel elle peint les vieilles et belles mœurs de cette terre, employant la même netteté sans bornes et la même vérité heureuse en décrivant les coutumes de la noblesse la plus élevée, ou celles du plus humble peuple. »
J'entends des castagnettes; au doux revoir.

. . . .
. . . .
. . . .

Vendredi 19. — Mes méchantes lettres s'appellent légions, mais elles n'ont pas l'esprit du diable ; je m'en console par cette pensée fausse de madame Swetchine : « Ce n'est qu'au ciel que les bons auront autant d'esprit que les méchants. »

Enfin ! nous avons couru un danger. Je te disais, je crois, que pendant l'absence de Trinidad, ma promenade favorite était la grande bruyère au sable rose ; nous y allions pour voir le coucher du soleil dont la beauté dépasse de beaucoup ma puissance de décrire; heureuse Peau-d'âne, qui avait reçu de sa marraine une robe couleur du temps; ah! qu'elle devait être belle si elle ressemblait à un soir d'Andalousie.

Plongée dans le rouge, dans le vert, dans le jaune, dans tous les diaprés merveilleux du crépuscule, je ne faisais guère attention aux troupeaux qui rentraient; je vis cependant deux jeunes taureaux qui venaient vers nous d'un air doux et tranquille. Les conducteurs à la mine rude, crièrent du plus loin ; nous ne comprîmes pas ce qu'ils disaient ; je supposai qu'ils nous souhaitaient, selon l'usage espagnol, les biens temporels et éternels ; j'inclinai la tête avec un large sourire béat, et je criai à mon tour : *gracias !* Ils nous disaient de fuir au plus vite, que le péril était grand; notre innocence était plus grande encore, elle désarma les bêtes farouches qui ne nous firent aucun mal. Hier, à la promenade, des femmes nous arrêtèrent et dirent à Trinidad le danger que nous avions couru et la peur extrême que nous avions causée aux témoins; les pasteurs ne pouvaient pas nous faire de signes, ils auraient animé les taureaux contre nous.

20 janvier. — Me voici à ma huitième page et je ne comptais écrire qu'un mot. Ma Carlose chérie, lorsque le manque de temps et la paresse se réunissent pour te faire compagnie, envoie moi des cartes postales.

Je te dirai une autre fois mes leçons d'espagnol par Fra Antonio de Porras, ancien moine de la Mercy, qui a été chassé en 1833 de son beau couvent de Séville.

LETTRE IX.

A Mademoiselle Charlotte de Grammont.

Dos Hermanas, lundi, 22 janvier 1877.

> De tu ventana á la mia
> Me tirates un limon ;
> El limon cayó in la calle,
> El zumo en me corazon.

Ce qui veut dire, ô Carlose, que j'ai un jus de citron pour toi dans mon cœur; c'est un peu triste, mais infiniment tendre.

Avant-hier soir, les paysans dansaient devant ma porte, au son d'une musique et d'un chant tels que ceux de l'Algérie et de l'Orient; chant guttural qu'on finit par aimer, notes étranges, stridentes, cris du désert.

Les plus simples Andalous sont si bien doués, qu'ils improvisent de jolis vers en chantant; la traduction en ôte la grâce extrême. Tout Andalou est improvisateur et danse en perfection, *con los angelos.*

Nous avons fait des visites dans le village. Le bien est la religion, les mœurs très-pures, la distinction et l'estampille poétique, enfin, les paysans sont ardents carlistes. Le mal est que les femmes travaillent à l'aiguille le dimanche. J'ai vu en me promenant, deux grandes portes avec des canons fichés en terre; c'est un signe de noblesse.

Nous entrâmes dans la petite maison de Fra Antonio. J'aime extrêmement ces petites maisons avec leurs *azulejos* vernissées, leurs patios et leurs fleurs; nous montâmes dans une autre, sur une terrasse, et de là on ne voyait que bois d'orangers, d'oliviers, de mélèzes, bruyères au sable rose, azur et soleil.

Les fleurs commencent à éclore; j'ai sur ma table un gros bouquet de roses cueillies dans le patio de Don Mariano, le frère de Trinidad. Nous finîmes par la cure, pauvre et évangélique demeure qui abrite la vertu.

Mardi 23. — Une scène! Je prenais ma leçon d'espagnol avec Fra Antonio qui ne sait pas une syllabe française; le char de la science cahottait et grinçait, comme les chars mérovingiens traînés par les bœufs qui passent auprès de ma fenêtre. Trinidad entre et me dit:

— Je te présente le señor Juan.

Lorsqu'on prononce *Juan* en espagnol, on tire la jota d'une cruche fêlée; c'est quelque chose comme Krouân, coassé par un corbeau. Je me hâtai de dire :

— Felices dias, señor Krouân.

Il répond quelques mots d'espagnol. Trinidad reprend d'un ton lamentable et avec une grande pitié :

— Le señor Juan a été malade, il vient ici pour se guérir.

Je dis à mon tour :

— Je m'en aperçois, car c'est une vraie petite pomme cuite.

A cette comparaison simple et presque champêtre, la figure de Trinidad s'illumine, s'empourpre ; elle s'élance vers la fenêtre et dit des paroles sans suite, enfin, elle s'enfuit, me laissant étonnée et avec une envie de rire formidable ; cependant je fis bonne contenance, et la leçon d'espagnol continua. Nous lisions dans *El siglo futuro* de Nocedal, le discours de Pie IX au pèlerinage italien. Une phrase m'arrêtait, je ne pouvais la traduire. Quelle fut ma stupeur ! la petite pomme cuite elle-même prit la parole *en français*, et m'en donna le sens. Je n'osai plus lever les yeux.

Dès que ces messieurs furent partis, Trinidad rentra, toujours rouge, toujours convulsionnée ; il paraît qu'à ma comparaison de la pomme cuite, el señor Juan, qui sait parfaitement le français, avait remué la tête, et lui avait jeté un regard inexprimable.

Dimanche, Trinidad me dit : " Viens voir chez moi la mère du soldat. " Tu sais que nos maisons communiquent, nous ne sommes séparées que par des cours intérieures et les fleurs du patio.

Trinidad, incomparablement bonne, a obtenu avec peine le congé d'un jeune soldat ; il était là lui-même, discipliné et grave, habillé en Andalou. Dès que l'heureuse mère m'aperçut, elle me tendit la main, puis me donna deux bonnes tapes sur les joues et un bon coup de poing dans le dos. Elle aurait continué à tambouriner sur ma personne, si je n'avais fait au plus vite une prudente retraite; ses deux bras battirent dans le vide. Elle se retourna vers Trinidad en parlant; Trinidad disait : " Non, non. " Je demandai de quoi il s'agissait. Trinidad me répondit :

— Elle veut me porter dans ses bras dans toute la maison en signe de réjouissance, mais je ne veux pas.

— Oh ! tu as tort.

Trinidad tint bon, je fus privée du spectacle. Le croiras-tu ? Cette folle joie maternelle m'a émue.

. . . .

. . . .

Vendredi, 26. — Pas de lettre. Lorsque le temps et quelque chose encore te manquent pour écrire, souviens toi des cartes postales.

Samedi, 27. — Quelle agréable surprise hier ! c'était l'heure de la leçon d'espagnol; Fra Antonio nous la donnait; une ombre obscurcit ma fenêtre grillée, je lève les yeux et je reconnais une petite Sœur des pauvres. Je lui crie toute éperdue : Ma Sœur, êtes vous Française ? Elle répond :

— Oui, madame.

Il faut être à six cents lieues de la patrie pour savoir l'effet de cette réponse. Elle entre avec une autre Sœur qui parlait un français extraordinaire. Je me demandais : De quel pays peut-elle être ? Elle est de Tourcoing, la première est de Joinville. Nous passâmes avec elles une bien bonne après-midi. Ces admirables filles appartiennent au couvent de Grenade; depuis sept semaines elles quêtent, mais l'Espagne, où le gouvernement a pris le bien de l'Église, où les prêtres viennent d'être vingt mois sans rien recevoir de l'État, et où il met de force des religieuses de deux ou trois Ordres différents dans des monastères à peine assez vastes pour une seule communauté, où il en laisse mourir de faim après les avoir dispersées et volées, l'Espagne, restée catholique, est épuisée de quêtes et d'aumônes, et la vie des petites Sœurs des pauvres est bien pénible. Saint Joseph est leur grand protecteur, elles nous en racontèrent des traits si miraculeux qu'elles nous firent pleurer.

Trinidad les invita à dîner, dépouilla pour elles le bel oranger de son patio et leur ouvrit Séville par ses recommandations.

Le soir 30 janvier. — La poste, touchée de mes soupirs, m'apporte le 30 ta lettre du 26, qui fait ma joie et mon courage. Je reprends la plume; elle m'était tombée des mains.

J'ai été a Séville; j'ai revu le patio aux magnifiques caladiums surmonté de l'arcade à la terrible tête de mort, et le musée dont je te parlerai tableau par tableau. Je suis revenue le soir à Dos Hermanas n'en pouvant plus. Trois personnes, ne sachant pas un mot de français, *m'ont fait compagnie* sous le prétexte de savoir si j'étais fatiguée; pour échapper aux visites j'apprends quelques ruses de guerre, je fais semblant de croire qu'on m'appelle et je cours dans ma chambre manger des oranges dont quatre coûtent six centimes.

. . . .

. . . .

. . . .

Grand soleil, pas un nuage, azur profond et indéfinissable, nos jasmins sont en fleurs.

Il y a eu environ huit cents personnes au bal de... à Bruxelles. Elle m'écrit: " On a mangé huit grands pâtés de foies gras; douze volailles, quatre chaufroix, quatre mayonnaises de homards, un saumon énorme, un filet de chevreuil, un jambon, deux pains d'ananas, deux gelées de mandarines, des glaces; et bu des sorbets, du café glacé, du vin."

. . . .

. . . .

Mille amitiés. Trinidad et moi nous voudrions te faire compagnie au buffet de Bruxelles.

LETTRE X.

A Madame la Comtesse Adhémar de Bousies.

Dos Hermanas, mercredi, 24 janvier 1877.

MON Alix chérie, je reçois la manne délicieuse contenue dans votre lettre; j'y réponds dans la joie, poste pour poste. Cette joie active vient de vos promesses; ah! que vous êtes bonne, et que vous savez faire plaisir. J'attendrai toutes les semaines avec impatience votre carte postale et tous les quinze jours votre lettre. Ne reculez pas; l'espérance trompée ressemble à l'amour malheureux.

Que n'êtes vous ici! Hier nous avons été voir la cueillette des olives; elle se fait souvent par deux ou trois cents personnes à la fois. Il faut de l'adresse et certaines connaissances pour cueillir le fruit et ne pas endommager l'olivier.

Dans les moments de repos, les ouvriers chantent et dansent; mais même quand ils dorment, groupés au soleil ou à l'ombre, il y a toujours de la poésie dans ce pays de contes de fées.

Notre guide, nous allions loin, nous mena en plein midi par un soleil brûlant, à travers des sables rouges, des bruyères remplies de palmistes, et le long des belles haies de cactus et d'aloës. Cet homme, qui connaît le cœur humain, nous conduisait par la trompeuse espérance ; quand la chaleur et la fatigue nous donnaient envie de nous arrêter et même de retourner, " nous arrivons ! " disait-il. Le fait est que nous n'arrivions pas, que même il s'est perdu et que nous avons failli perdre patience à notre tour ; mais quelle surprise nous attendait !

Vous nous voyez : nous marchions gémissant, traînant, suant ; nous rencontrons des chars qui datent de Mérovée, tirés par des bœufs et remplis d'olives ; nous nous extasions sur la récolte qui n'a pas été si belle depuis dix ans. " Où fait-on la cueillette ? " demande Trinidad à un conducteur.

— La cueillette ! elle est finie depuis trois jours.

J'étais harassée, épuisée, je n'avais plus d'accent humain ; je bêlai comme un mouton mérinos que je voyais au loin, et dont la laine est une toison superbe. Nous gagnâmes péniblement une *hacienda*, où, suivant l'admirable sobriété espagnole, on nous offrit des chaises et un grand verre d'eau.

En parcourant l'hacienda, je vis au bas des portraits armoriés de la famille, que presque tous les ancêtres du maître s'étaient mariés à Bruges au XVIIe siècle.

Assurez B.... qu'ici on aime, non sans raison, Pedro-le-Justicier et Philippe II, et que, les dégageant des romans dont on les a enveloppés, on dit: Tant que notre Espagne n'aura pas un roi comme eux pour écraser la révolution, l'Espagne ne se relèvera pas. Vous connaissez les savants travaux sur Philippe II de notre célèbre historien Gachard et les remarquables écrits de Reinhold Baumstarck ; ils sont justement admirés et devraient être dans toutes les mains, malgré quelques opinions contestables.

Un jour je vous dirai, si cela vous intéresse, tout ce que je vois par ma petite fenêtre grillée : les danses, les improvisateurs, les chars, les chevaux piaffants, les moutons mérinos, les marchands ambulants, etc., etc.

Vaya usted con Dios, Querida !

LETTRE XI.

A Mademoiselle Charlotte de Grammont.

Dos Hermanas, 31 janvier 1877.

Je voudrais que tu entendisses une de nos leçons d'espagnol ; je crois que le rire changerait ton aimable bouche en la *bocca de la verità ;* le drame le plus pathétique, le récit de Jézabel et d'Hippolyte déclamé avec la plus grande véhémence, sont seuls comparables à l'accentuation que Fra Antonio veut me donner pour dire par exemple:

En qué calle vive usted? (Dans quelle rue demeurez-vous ?)

Si je profite de ses bons soins, tu verras, quand je serai chez toi, Talma et Rachel dépassés.

Dos Hermanas est un des meilleurs villages de l'Espagne; on n'y entend jamais parler d'une fille légère, quoiqu'il y ait trois mille cinq cents habitants. L'autre soir, le curé a fait quinze baptêmes. Un des poupons m'a envoyé une jolie boîte avec des fruits confits; n'est-ce pas gracieux pour un petit paysan ? L'union des familles est grande et tout à fait chrétienne.

. . . .
. . . .
. . . .

Hier nous sommes entrées dans un vaste jardin d'orangers; la cueillette est finie, les oranges sont envoyées à l'étranger au commencement de décembre. Les plus belles oranges, et celles de Dos Hermanas ont une grande renommée, se vendent aux marchands un franc soixante-quinze centimes le cent.

Vendredi. Purification. — Grande fête. Petites boutiques de Bohémiennes qui font des beignets; on entend des castagnettes, des chants et le bruit des danses. De pieux ivrognes crient à tue-tête: Vivent Dieu et la Vierge ! L'église était parée; la Sainte-Vierge avait une belle robe, un manteau de velours rouge, des bagues et beaucoup d'autres bijoux. El Niño Jésus portait une longue robe très-jolie, parsemée de roses, et un petit chapeau couvert de roses. Avant la messe, le curé prit l'Enfant-Jésus des bras de la Sainte-Vierge et l'assit sur l'autel du côté de l'Évangile, où il resta pendant l'office; quand les prières furent terminées, il le reprit et vint au pied de l'autel le tenant dans ses bras; les vieillards d'abord, puis tous les fidèles allèrent baiser la petite robe couverte des roses; on fit ensuite la procession dans l'église, et on tira des fusées.

Dimanche, 4. — Il y a aujourd'hui une année, nous quittions ensemble Wambrechies; tu m'avais accordé des jours charmants dont la mémoire sourit dans mon cœur et l'embaume.

. . . .

. . . .

. . . .

Six ou sept *majas* passent auprès de ma fenêtre; elles ont des robes à queue en coton fond blanc, et des fleurs naturelles très-artistement arrangées dans leurs cheveux noirs. Les *majos* ont des ceintures rouges, des pantalons noirs, des chemises brodées sans cravate, des petites vestes avec un pot de fleurs ou des arabesques au milieu du dos. On n'entend aucun éclat de voix, aucune gaîté des kermesses flamandes; ici des groupes d'hommes graves, plus loin des groupes de femmes qui semblent surtout jouir de l'air et du soleil. La bonne grâce est extrême, chaque jour on nous offre quelque chose, des fleurs, des oranges, des confitures, des fruits confits. Aujourd'hui, le marquis de Gandul nous a envoyé des perdrix rouges.

L'autre soir on vint dire à Trinidad qu'il arrivait une génisse qu'on lui offrait en présent, et comme elle a peur des taureaux et des vaches, elle fut épouvantée; grâce au dieu des troupeaux, cette génisse n'était qu'une brebis à la longue toison.

Danse-t-on cet hiver en France? Il faudrait y introduire les chastes castagnettes, une revue catholique les nomme ainsi, en stigmatisant les danses tournantes. Les castagnettes aux mains, on danse seul souvent, deux parfois, mais toujours séparés. Il est certain qu'au village ce plaisir est charmant et modeste; les jeunes filles dansent les yeux baissés.

7 février. — Nous sommes montées sur une colline où sont plantées les stations du chemin de la croix. Le soleil se couchait dans les sierras, trainant un manteau éblouissant des couleurs les plus magnifiques et teintait de pourpre et d'or la belle bruyère, les bois et l'espace. C'était solennel et plein de silence, et la croix, l'auguste signe de mort, donnait la vie à la profonde solitude.

. . . .
. . . .
. . . .

L'autre soir, le soleil m'a rappelé l'Afrique; le soleil disparaissait dans des feux ardents, semblables à une mer d'or bruni, et il avait semé l'horizon d'immenses champs de roses. Ces beautés ne peuvent se décrire, on ne peut que s'écrier, comme nous l'avons fait très-émues : Gloire à Dieu au plus haut des cieux!

Mardi gras. — J'ai reçu ta lettre pressée, comme je partais pour Séville. La vue de ton écriture me fait toujours tant de plaisir, que les tenailles et l'huile bouillante mises en réserve pour ton crime de paresse, et les autres supplices de Saint-Étienne-le-Rond, s'échappent de mes mains.

Le soir, mardi gras. — Je rentre à l'instant de Séville, le paradis de la joie douce et continuelle. La place était couverte de masques, connus pour la plupart, qui allaient de voiture en voiture offrir des fleurs et de doux propos. Les dames mettent des dominos, les rues regorgent de monde. On marche sans bruit en parlant bas, comme dans la Dame blanche. On dirait une fête immense dans une ville enchantée. La musique seule éclate et trépigne. Mon cousin Pepito nous a donné à dîner. Fernando veut me donner sa belle besace blanche.

Je te donne le bonsoir.

LETTRE XII.

A Madame la Comtesse Adhémar de Bousies.

Dos Hermanas, février 1877.

JE ne sais sur quelles ailes cette feuille va voler jusqu'à vous ? Je crains que l'ouragan ne l'emporte. Nous passons d'un vent africain à des pluies du déluge, d'une inondation à une autre, et depuis hier, je suis en prison à Dos Hermanas, tandis que Trinidad l'est à Séville. Le chemin de fer est rompu.

Les forêts d'orangers gémissent; l'olivier de la paix se trouble; les grenadiers frissonnent; les innombrables aloës, les murailles de cactus épineux s'entrechoquent. Il y a dix ans que l'Andalousie n'a vu un temps aussi épouvantable. Le fond de l'air néanmoins reste doux. Je vais mieux, et je vous remercie d'y songer.

. . . .
. . . .
. . . .

Que votre paresse ne se voile pas de la mantille de la discrétion ! Vos lettres me font le plus grand plaisir;

je les attends, je les lis et les relis ; j'aime tout ce que vous dites et je vis souriante ou émue au milieu de vous tous ; songez donc, Hermanita, que six cents lieues nous séparent.

. . . .

. . . .

Il faut venir à Séville pour Noël, car le culte y est si magnifique qu'il n'est égalé que par celui de Rome.

La politesse est grande, le charme tout aussi grand ; la femme est écoutée, respectée, aimée ; la chevalerie espagnole l'entoure d'une sorte d'idolâtrie, mais ne croyez pas trop aux romans. La réserve, la bonne conduite, toutes les vertus ont ici leurs justes places.

Le clergé mérite tout respect, plusieurs de ses membres jettent un grand éclat. Les jésuites, comme partout, font trembler les mauvais et soutiennent les bons.

La plaie de l'Espagne est la plaie universelle : la Révolution.

. . . .

. . . .

L'église de Dos Hermanas est magnifique plutôt que belle, elle possède la Vierge célèbre que saint Fernan portait aux combats.

La messe se dit quelquefois à deux heures et demie du matin, c'est l'heure préférée des Espagnols, je crois.

LETTRE XIII.

A Mademoiselle Charlotte de Grammont.

Dos Hermanas, 16 février 1877.

AH! mon Dieu! mon Dieu! Mariano nous cause bien des bouleversements. Trinidad et moi nous passons la *prima sera* à l'église. Nous en revenions hier soir après huit heures, admirant les étoiles attachées sur la belle jupe bleu-foncé du ciel. On court après nous; il y a de mauvaises nouvelles: Mariano est à toute extrémité; Trinidad se précipite en pleurant au chemin de fer; je rentre seule dans ma petite maison qui perd tout attrait quand elle n'est pas là, et qui prend même le froid de l'exil.

Doux étonnement! ce matin à huit heures et demie, je vois apparaître Trinidad à la messe. La crise est passée, la mort a rentré de quelques lignes le bout de sa faulx. Mon trésor m'est rendu; j'en jouis et j'apprécie son prix. A chaque jour suffit son mal.

. . . .
. . . .

19 février, anniversaire de la mort de Bourdaloue (1704). — La lettre que tu devais m'écrire deux jours après celle du 9, ne m'est pas arrivée ; je prévoyais ce malheur.

Il est venu hier un oratorien de Séville qui a prêché près de cinq heures le même jour. La grande foi de Dos Hermanas a quelques travers, entre autres la *navaja* pour les hommes, et l'aiguille pour les femmes, qui s'asseient le dimanche dans la rue et travaillent toute la journée, la paix la plus grande sur leurs jolis visages.

Mercredi, 21. — Nouvelle péripétie ! le notaire de Mariano écrit et nous inonde d'inquiétude, comme le Guadalquivir. Je viens de voir un grand nombre d'orangers que le débordement des eaux fait mourir. L'histoire rappelle les inondations de 1297 qui mirent Triana en grand péril ; de 1485 qui emportèrent des villages et des villes ; de 1626 surtout : le tiers de Séville fut inondé, trois mille maisons tombèrent. On compte six inondations dans le XVIIIe siècle. Tu te rappelles que le jeune Racine périt dans les flots de Cadix, en 1755. Il allait à une noce en voiture, et était sur la chaussée qui relie Cadix au continent. Tout à coup la mer soulevée à la hauteur d'une montagne par un tremblement de terre, engloutit la chaussée.

" Le jeune Racine était grandement doué et rappelait son père et son aïeul. Le premier, plongé dans la douleur en apprenant sa mort, eut à peine la force de lui survivre. Il abandonna ses études, vendit son recueil d'estampes qu'il avait pris plaisir à rassembler, et sa bibliothèque, et ne conserva que les livres qui pouvaient entretenir en lui le goût de l'autre vie après laquelle il soupirait. La conversation de quelques amis, un petit jardin qu'il avait loué dans le faubourg Saint-Denis, où il allait tous les jours dans la belle saison cultiver des fleurs et des plantes, c'étaient là tous ses plaisirs." Pardonne-moi cette citation.

Le soir. — Hélas ! Trinidad vient de partir pour Séville avec Pilar. Mariano est très-mal. J'ai reçu à ce triste moment même ta lettre comme un présent du ciel. La poste est odieuse et d'allures désordonnées. Ta lettre du 9 m'est arrivée le 13; celle du 18 m'arrive le 21. Une lettre de Lille a mis neuf jours en route.

Jeudi, 22. — Je reçois un *reglon* de Trinidad, ce qui veut dire un écrit. Mariano n'est pas mort, j'irai samedi à Séville. C'est par la foi que je crois à ton temps épouvantable. Existe-t-il quelque part autre chose qu'un soleil brûlant ?

Je lis Théophile Gauthier, *Tras los Montes;* le souffle chrétien en aurait fait un chef-d'œuvre. J'ai en regard l'*Excursion en Espagne* de Reinhold Baumstarck, vantée avec justice. Malheureusement il n'y est resté que trente-trois jours. Quoique protestant (je crois qu'il s'est fait catholique après avoir vu l'Espagne), il a l'intuition des beautés catholiques de cet admirable pays, et il esquisse les plus nobles et souvent les plus profondes idées. Mais il écrase aussi quelques fleurs.

. . . .

Je t'ai dit que les hommes seuls se lèvent à l'Évangile. Toutes ces femmes à la figure caractéristique, la plupart en noir, assises par terre dans l'église, sans livre, recueillies, perdues, semble-t-il, dans la contemplation, font un grand effet surprenant. Plus le soleil a d'ardeur, plus les pays paraissent se perdre et s'abîmer dans le silence et la pensée.

Le plus grand bonheur des Andalous est de *tomar el sol*, prendre le soleil; ils y restent des journées entières debout ou assis, sans dire un mot. Après *tomar el sol* et la cigarette, la jouissance suprême est *l'agua fresca*.

Le marché de Dos Hermanas, qui se tient sur une grande place devant l'église, est très-varié et joli; les mules y arrivent de tous les côtés, chargées d'oranges, de légumes, de pains particuliers, de poteries; elles sont conduites par des arieros au grand chapeau, à la ceinture rouge, à la couverture éclatante, qui vendent avec des airs de princes, à des princesses modestes et dignes, déguisées sous de longues robes de coton, des tartans et des fichus sur la tête. A côté du marché, et dès sept heures du matin, la petite boutique de l'aguador s'installe, on y court, il y a foule, et on boit lentement, avec extase, le pur nectar. Les verres ont à peu près une coudée de haut. Presque tous les paysans portent la besace. J'en ai une rouge.

LETTRE XIV.

A Madame la Comtesse Adhémar de Bousies.

———

Dos Hermanas, 24 février 1877.

Querida amiga,

VOUS êtes au coin du feu ? Je croyais qu'on n'en avait pas fait cet hiver en Belgique, où il tombait, m'écrivait-on, une pluie aussi chaude que continuelle.

La première pensée de ce coin du feu au charbon m'a donné le spleen, puis j'ai songé que vous étiez là dans un bon fauteuil, un livre ou un ouvrage à la main, pensant très-sagement, très-saintement. Je voyais s'entr'ouvrir les portes, entrer des êtres aimés...

Il y avait quelque chose de si confortable autour de vous, que le plaisir et le bien-être ont remplacé le spleen.

Ici, Querida, le ciel est bleu-indigo le jour; la nuit a une jupe noir-bleue sur laquelle sont attachées une lune et des étoiles flamboyantes. Les chemins sont remplis de fleurs; ma table en a des buissons jaunes, rouges, verts, lilas, entremêlés d'œillets panachés.

La vie est facile et tout à fait charmante. Les Andalous travaillent peu et d'un grand air de princes troubadours, en se balançant et en chantant des vers; après cela ils vont *tomar el sol* (prendre le soleil) et regarder assis, défiler les mules, les arieros qui les conduisent et qui, avec leurs ceintures rouges, leurs broderies, leurs grands chapeaux et leurs bons visages, animent et colorent la rue. Les marchands d'oranges passent et crient; les marchands de besaces, de capes, de *spargatas* vont et viennent. L'aguador vend de l'eau; boire de l'eau est le plus grand plaisir, après celui de fumer et de *tomar el sol*, et je ne sais si je vous ai dit que j'avais vu au Prado de Madrid l'accomplissement d'une parole de l'Évangile ? Une dame acheta un verre d'eau, en but la moitié et donna le reste à un pauvre qui le reçut avec enivrement.

La terre productive, demande peu de culture, l'estomac peu de nourriture, les enfants aucun vêtement, car ils courent nus dans les rues; donc rien ne trouble les délices de *tomar el sol*. Les chèvres (historique) grimpent sur les berceaux et nourrissent, parfois, les enfants qui sont au nombre de dix ou de douze dans chaque famille.

Tout cela court en dansant quand l'âge est venu, et rend les rues de Dos Hermanas bien jolies. Je recommencerais toujours mes descriptions, que toujours il y aurait à y ajouter. Alix, que n'êtes-vous ici dans ma solitude enchantée, loin du monde mesquin, méchant, aux yeux louches, qui voit tout de travers ? Il est vrai qu'à votre coin du feu, que vous faites si doux et rayonnant, vous gardez votre droiture, votre attachante bonté, votre âme élevée.

. . . .
. . . .
. . . .

Le carnaval de Séville m'a rappelé celui de la Belgique avant 93, qui m'a été décrit par ma grand'-mère de Robersart, morte dans sa centième année en 1845.

Beaucoup de personnes de la société se masquent et se costument; les rues sont encombrées; les masques courent toute la journée, en faisant des andalousiades, sorte de plaisanteries gasconnes, dont les gais Andalous raffolent. Il y avait les jours gras, des enfants costumés à ravir. Cependant je me suis promptement sauvée de la foule, dans la chapelle solitaire des Réparatrices de madame d'Hoogvorst, où l'amour de la patrie a battu dans mon cœur avec celui de Dieu.

Je veux vous dire, vous qui avez un si beau jardin d'hiver et les plantes du monde entier, qu'ici on appelle *platanas* ce que vous appelez bananier. Il y a des caladiums et des platanas dans tous les patios. Je veux vous dire encore que cent oranges très-belles se vendent trente-cinq sous, et que déjà nous avons mangé des petits pois.

Ne croyez pas, cependant, que tout ici soit fleurs, pommes d'or, soleil; nous avons bien des traverses.

Trinidad vient d'être appelée subitement à Séville, son frère Mariano est à l'agonie. Trinidad tremblante, voyant mourir ceux qu'elle aime, fit un déchirant retour vers l'époux dont la mort terrible l'a privée d'appui et de bonheur. La veuve infortunée, en me quittant, disait de ses lèvres décolorées : " Ah ! si Edouardo ne m'avait pas été enlevé !... "

LETTRE XV.

A Mademoiselle Charlotte de Grammont.

Dos Hermanas, dimanche, 4 mars 1877.

J'AI reçu hier soir ta délicieuse lettre sans fin, mais dans un seul sens ; tandis que je m'apprêtais à ton salut et à te tendre la joue, tu avais disparu ! J'ai cherché dans tous les coins ; pas le moindre C. G., pas le moindre petit souffle étranglé disant : *Adios*. Mariano est toujours de même ; je démêle dans le cœur de ses nombreux médecins, quelque honte de ce qu'il n'est pas encore passé de vie à trépas, selon leur prédiction.

J'ai copié tout un grand tableau écrit de la Capilla de santa Aña, sur les Dos Hermanas, Elvira et Stefania Nazareno, qui découvrirent des reliques enfouies ici à l'approche des Maures, et qui donnèrent leur nom à ce beau village ; c'est fort ennuyeux, mais si tu l'exiges, je te l'enverrai ?

Ne dédaigne pas tes *reglons*, ils sont admirables ; écris-moi sans repos, car après Pâques je ne sais vraiment sur quel pic de montagne donner mon adresse. On dit Compostelle d'un accès difficile; que saint Jacques me vienne à la rescousse! Depuis des années je nourris le désir d'y aller, et peu importent les torrents, les précipices et les sierras qui le défendent.

Fernan Caballero a été administrée. Je ne peux dire sa bonté tendre pour moi et ma peine. Elle m'a reçue jeudi encore; elle souffrait beaucoup, mais avec une angélique patience, et trouvait la force de s'occuper des autres et de nous dire les choses les plus touchantes.

Jeudi je visitai la Casa de Pilatos, qui appartient au jeune duc de Medina Celi. C'est enchanteur; il y a d'innombrables arcades, des salles dont les revêtements en faïence sont délicieux, deux coupoles arabes très hautes, un escalier féerique qui conduit à de poétiques galeries couvertes d'où on voit des orangers et un jardin enchanté. Le patio est peut-être le plus beau de Séville, mais comme la fontaine pleure tristement! et de quelle voix lamentable elle murmure les plaintes de la jeunesse et de l'amour malheureux... Le duc de Medina-Celi épousa, au mois de septembre 1875, la charmante Louise d'Albe; mariage d'amour. Il l'amena à Séville au mois d'octobre; au mois de février elle y mourait...

Elle était simple, bonne, retirée et sérieuse; on fondait sur elle de grandes espérances chrétiennes. Le jeune duc a abandonné son palais et quitté Séville pour toujours.

. . . .

. . . .

J'ai été obligée d'interrompre mes leçons dramatiques d'espagnol, mon larynx n'y a pas tenu, me voilà enrouée de nouveau.

Je t'ai quittée pour manger une énorme orange délicieuse. Hier j'en ai trouvé ma fenêtre encombrée, c'était un don de mon vis-à-vis. Une jeune fille vient à l'instant de m'apporter un bouquet de géraniums, de fleurs blanches et de verveines rouges.

J'appelle Albert ici; il faut convenir que je veux lui faire un beau présent : Séville, Cordoue, Grenade, Lisbonne; ensuite Santiago de Compostelle, Loyola...

Un jeune homme joue de la guitare dans notre rue et chante; que ne puis-je comme lui, faire passer quelque poésie et quelque musique dans mes paroles ?

Querida, prends et garde mon *corazon*.

LETTRE XVI.

A Mademoiselle Charlotte de Grammont.

Les Deux-Sœurs, 26 février 1877.

. . . .
. . . .
. . . .

Je ne sais comment j'ai le cœur de rire, car, quand Trinidad n'est pas ici, les Deux-Sœurs m'étranglent et je meurs. Mariano flotte sur la mer morte; Trinidad le soutient avec Pilar et une quarantaine d'autres personnes qui *lui font compagnie* et auxquelles il demande de parler parce que cela l'endort; la foule, qui ne peut entrer, s'inscrit à la porte en attendant son tour.

Avant-hier, sur la grande route, un beau jeune homme, en vérité fort laid, vint me prier en espagnol d'entrer chez lui. J'avais envie de me promener, je répondis non. Il me pria encore, j'entrai avec Maria; nous nous assîmes tous les trois dans un petit salon, et nous nous contemplâmes sans dire un mot, dix minutes ou un quart d'heure ; deux dames vêtues avec la plus aimable négligeance ouvrirent alors la porte, et parurent au comble du bonheur en me voyant ; d'où leur venait cette allégresse, c'est resté un mystère. Ces dames comprennent le français, mais ne le parlent pas ; elles ne demandent qu'à me faire compagnie. Heureusement qu'elles sont à plus d'une lieue, j'espère ne jamais les revoir.

J'ai passé la journée de samedi à Séville ; *el levante* soufflait et rendait tout le monde malade. Cinq personnes de la famille de Trinidad étaient au lit ; son confesseur et le mien n'étaient sortis du leur que par miracle.

. . . .
. . . .
. . . .

Un aveugle et une femme viennent de chanter à ma fenêtre un mélodieux cantique en l'honneur de la *Virgen*.

Je te quitte ; nous allons nous promener dans la belle bruyère au sable rose, sur la route d'Utrera, où on voit un défilé charmant de mules, de chevaux andalous piaffant, d'arieros à la voyante ceinture, de femmes auxquelles leurs jupes rouges donnent l'air dans le lointain, de grands coquelicots. Il y a aussi les taureaux ; souvent il faut rebrousser chemin à leur approche, ou se cacher à la hâte derrière un cactus ou une touffe d'aloës.

A part quelques perdrix rouges et quelques martinets, la bruyère n'a pas d'oiseaux ; en revanche Séville en est remplie, on ne voit que cages et volières. Une année il est né cinq cents serins chez Mariano.

Le soir. — Le fantôme des terribles taureaux n'a pas manqué ; nous marchions allègrement sur le sable rose, vers un groupe de pins-parasols si sveltes qu'à distance, on dirait des palmiers ; une femme s'élança vers nous en criant : *Toros, toros.* Je regardai à tous les points de l'horizon sans rien voir, mais elle fit signe qu'ils arrivaient, et nous donna à entendre par des coups de tête désespérés que nous allions être encornées. Nous nous jetâmes dans un bois de mélèzes, et, ingratitude humaine, je ne pus m'empêcher de dire : quelle ennuyeuse femme !

L'autre soir, comme je quittais Séville, je me rappelai que j'ignorais les prescriptions du carême en Espagne : en arrivant à Dos Hermanas, j'allai à la sacristie. Le curé m'avait offert ses services quoiqu'il ne sût pas le français.

Je lui dis : Confession ?

Ses deux yeux de charbon noir prirent feu : l'aile de corbeau qui est sur sa tête se dressa, il appela l'autre curé, et un dialogue qu'on n'avait pas entendu depuis Babel s'établit entre nous trois. Le curé finit en me disant : *A la mañana* (demain). Le lendemain je retournai ; le curé me fit entrer dans une sacristie et s'assit sur un canapé de damas vert. Je m'agenouillai et m'expliquai en français, il me répondit : *Dolor ?* — Puis j'entendis comme les grincements d'une mécanique qu'on remonte, et il ajouta avec la voix étranglée qu'aurait pu prendre le canard de Vaucanson : — Acte de contrition. — Je crus mourir; hélas! ce n'était pas de *dolor*. Je m'expliquai pourquoi il m'avait remise à la *mañana :* il avait passé toute sa nuit à apprendre ces trois mots de français.

LETTRE XVII.

A Mademoiselle Charlotte de Grammont.

Dos Hermanas, 6 mars 1877.

LES télégrammes courent entre Albert et moi ; par le premier, il m'annonce son arrivée pour samedi. Je tire et retire tous les fils pour lui donner des dates et des indications. J'ai peur, s'il quitte sitôt Paris, qu'il ne puisse aller à Compostelle avec moi, ce qui me ferait cependant le plus grand plaisir du monde. Le vois-tu au milieu des saintes montagnes, sans chemin de fer, sans autre provende qu'un ail et un verre d'eau, ne perdant jamais son calme, ni sa bonne humeur, ni ses bons soins des autres : c'est inappréciable.

Une hacienda, Carlose, est un endroit que j'aime, une sorte de château-ferme, bâti quelquefois dans un village, quelquefois au milieu des champs, et où jadis le maître allait passer deux mois d'hiver pour assister aux travaux tout à fait gracieux de la cueillette des olives et des oranges. Les chemins de fer ayant rapproché les distances et les Espagnols n'aimant par la campagne, ils n'y viennent plus que quelques heures de temps en temps.

Un guide officieux, Lazzareno, s'offrit à nous conduire voir la cueillette des olives, les beaux troupeaux et l'hacienda del señor Maestre dont la famille est auss connue par sa vertu, ses fermes et loyales opinions, que par son ancienneté.

La chaleur était suffocante; il y avait bien ça et là quelques magnifiques pins-parasols, quelques chênes verts, des champs d'oliviers, des chemins creux ombragés, mais entretenus par la seule Providence; le soleil traversait, inondait tout. La marche se prolongeait indéfiniment; je dis à Trinidad :

— Arriverons-nous avant la mort ?

— Je ne le crois pas, me répondit-elle, la figure baignée de sueur; asseyons-nous au moins pour mourir.

Nous nous asseyons au bord d'un fossé; elle parle avec le guide. Lazzareno n'avait jamais été à l'hacienda et il s'était perdu. Presque toutes les haciendas ont un belvedère, nous finîmes par découvrir celui que nous cherchions depuis trois heures, et par y arriver à travers champs. Trinidad était si pâle et si fatiguée, que j'eus quelque crainte. Le fermier nous offrit des chaises et un verre d'eau, cela nous remit, mais les beaux troupeaux étaient aux champs, et la cueillette des olives était terminée depuis trois jours; il ne restait que quelques chevaux et quelques mulets galeux qui faisaient tourner la roue des pressoirs. Les olives remplissaient les cours. Nous montâmes au belvedère d'où l'on voit les plaines de l'Andalousie dans leur robe de soleil, et sous leur couronne d'orangers; la Giralda apparaissait à l'horizon. L'hacienda n'est plus habitée depuis longtemps que par le fermier. Le patio est noble, les pièces sont grandes et peintes à la chaux; ses hautes murailles blanches et sa tour, lui donnent l'air d'une forteresse arabe. La chapelle a du style; on voit, sur le maître autel, un grand cadre sculpté et ornementé de branches, de fleurs et de fruits; c'est ravissant.

Dans une salle, je trouvai des portraits de famille avec des inscriptions qui m'apprirent que la plupart des ancêtres des Maestre se sont mariés en Flandre avec des Brugeoises.

Deux beaux meubles dorés et oubliés dans les passages jurent avec les poules, les coqs, les mules et les chariots du fermier. Nous revînmes par la route directe, en très-peu de temps à Dos Hermanas.

. . . .
. . . .
. . . .

N'oublie pas que toutes les *l* sont mouillées en espagnol; je voulais les mouiller à la manière de Littré, mais cela a paru une cacophonie épouvantable.

Le 12, Séville. — Albert est arrivé vendredi; il avait perdu ses bagages à Palma et conservé sa belle humeur.

La compagnie de notre voisin malade va en augmentant; un parent éloigné d'un de ses parents, est arrivé de Cuba, l'a arrosé de ses larmes et ne le quitte plus; il lui amène trois jeunes garçons qui ont l'air désespéré. Comme ils n'avaient jamais vu notre voisin, je pense que c'est d'être tenus dans cette chambre de mourant qui leur fend le cœur. Toute la journée c'est une procession voilée, pâle, parlant bas auprès du malade.

Chez Fernan Caballero c'est la même chose.

J'ai demandé comment les vivants pouvaient survivre aux morts, mais ceci était intempestif.

On annonce l'arrivée de Don Alfonso ; la semaine sainte aura un éclat inouï. Tout est d'un prix fou, on demande quarante francs par jour pour une chambre noire. J'ai vu vendredi une course de taureaux donnée par des *aficionados* ou amateurs à cheval, dans la plaine de Séville, encadrée par la cathédrale, la Giralda et des lointains doux et montagneux, dignes de la Grèce.

Isabelle, qui habite l'alcazar, et ses trois filles, sont arrivées à quatre chevaux comme un tourbillon; je ne vis que blanc et rouge : je crois que le blanc était les perruques des postillons, et le rouge leurs épaulettes extraordinaires.

Ce combat de taureaux appelé je crois *acozadero*, a beaucoup de grâce. Les Andalous montent admirablement à cheval, leurs coursiers piaffent, galopent, manœuvrent, comme s'ils savaient que mille regards sont fixés sur eux.

Les cavaliers habillés en *majos*, sont armés de longues lances, avec lesquelles ils piquent et culbutent les taureaux. Ils font des passes charmantes et hardies, on dirait qu'ils volent autour du terrible animal qui court, donne des coups de cornes et qui a l'air stupidement étonné et furieux. Un cheval a été tué et, deux fois, l'un des vingt ou trente taureaux s'est jeté au milieu de la foule et a poursuivi ma voiture; nous ne lui avons échappé que par la course effrénée de nos chevaux. Dans ces cas-là tout le monde crie : bravo taureau, bravo taureau!

Nous allons demain à Italica.

Trouves-tu, querida, que mes lettres aient la valeur d'un maravedis?

LETTRE XVIII.

A Mademoiselle Charlotte de Grammont.

Grenade, 17 mars 1877.

NOUS avons quitté Séville le 14 pour Cordoue, où Albert a poussé de tels cris d'admiration en l'honneur de la mosquée, que j'ai tremblé qu'il ne se jetât la face contre terre dans le Mihrab, en célébrant Allah et son prophète. Ici, même enthousiasme pour l'Alhambra; et, comme notre cœur est une mer profonde et immense, où les vagues chantent sur une plage et mugissent sur une autre, Albert n'a pas assez de réprobations contre les chanoines qui ont bâti la capilla mayor au milieu de la mosquita, et contre Charles-Quint qui, tel que Samson, a ébranlé l'Alhambra.

Le temps est parfaitement beau. Je crois rêver en contemplant encore, après tant d'années, ces sierras, ces arcs mauresques, ces rues célèbres. Mais le beau soleil tombe sur une tête courbée, et des ombres flottent sur les perspectives enchanteresses; je ne suis plus celle d'il y a quatorze ans.....

. . . .
. . . .
. . . .

Hier nous sommes descendus dans le caveau de Ferdinand et d'Isabelle. J'ai le plus grand enthousiasme et le plus grand amour pour cette reine si ferme et si sainte, dont la renommée est vivante encore en Espagne. J'ai fait toucher des fleurs à son cercueil.

Nous retournons le 19 à Séville; c'est là qu'il faut m'écrire. J'en repartirai le mardi de Pâques pour Santiago de Compostelle si les difficultés, hautes comme les sierras, sierras elles-mêmes, s'abaissent, et si les vallons d'obstacles se comblent et disparaissent.

. . . .
. . . .
. . . .

Grenade-la-Belle est aussi Grenade-la-savante; l'Université et l'école de médecine sont célèbres. La société est retirée, silencieuse, n'ayant guère d'autres plaisirs que de *tomar el sol*. J'ai revu avec un sentiment patriotique et fier, la belle caserne des gardes wallonnes; trois garde wallonne, coiffés de leurs hauts bonnets à poils, sont crânement campés sur la façade peinte en rose.

J'ai revu aussi la cathédrale éblouissante, et j'ai retrouvé dans mes souvenirs l'archevêque de Grenade, Gil Blas et le sermon. L'archevêque actuel est un homme d'un grand et saint caractère.

. . . .
. . . .

Midi. — Nous arrivons du Sacro-Monte, course intéressante, mais raide pour les chevaux, qui nous ont péniblement traînés jusqu'à la collégiale au-dessus des ravins de l'Albaycen et des cavernes étranges, habitées par les gitanos. Ah ! Carlose ! que . . . . . .

. . . .
. . . .
. . . .

Grenade, 18 mars.— Que voulais-je dire ? J'écrirai de Séville ; je dirai, peut-être, la belle Véga, les laides Bohémiennes, la sierra d'Elvira, dont les entrailles sont de marbre, la belle collégiale ?

Les chanoines du Sacro-Monte sont des savants; ils donnent des cours et forment des prédicateurs dont quelques-uns ont une grande renommée. Le gouvernement leur a pris leurs biens.

Le clergé de Grenade est, comme celui du reste de l'Espagne, très-bon, estimé, instruit et digne d'un grand respect.

. . . .
. . . .
. . . .

On nettoie Grenade, on frotte, on brosse, on repave, on fait de la confusion, du remue-ménage et de la révolution. C'est bien le moins pour recevoir Don Alphonse qui va arriver.

Hier monsieur et madame de Herrasti, neveux du Maréchal Elio, nous ont conduits dans une aristocratique et vieille maison, *la casa de la ziros,* si fière, si noble, si antique que jamais je n'ai vu rien de mieux. Les fusils de muraille sont posés encore dans les ouvertures des murs, comme au moyen-âge. Le plafond d'une salle est extraordinaire et des plus curieux, il représente les héros de la conquête de Grenade; leurs bustes de grandeur naturelle, et qui semblent parler, sont sculptés en bois peint, et sortent du plafond. La galerie de tableaux est très-bonne, l'escalier est grandiose, mais ce qui m'a ravie, attristée, enthousiasmée, c'est la chartreuse magnifique, ses fresques, ses marbres, ses Alonso Caño, ses Murillo, ses marqueteries, ouvrages des moines, son Sacromento et sa splendide sacristie.

Une dame âgée a acheté l'édifice et le grand terrain environnant, pour quelques milliers de douros; elle espère les rendre à qui de droit; la conservation de l'église est parfaite.

Monsieur et madame de Herrasti nous ont conduits faire une visite à la dame, qui nous reçut dans la maison du prieur, et de là, nous voyions l'inexprimable belle vue des environs de Grenade, Santa-Fè, la Véga, Elvira, enfin toutes les beautés de la terre, et près de nous, les fontaines et les fleurs du jardin poétique, les faïences du plafond et des escaliers, le charme partout. Je suis si pressée que je ne sais si j'écris on si je *barbouille ?* Je barbouille, je crois. Albert ne peut quitter l'Alhambra; nous y avons été ce matin, nous allons y remonter.

A trois heures, un savant orientaliste, ami de M. de Herrasti, aura la bonté de nous conduire à l'Albaycen, et puis nous lèverons le camp à quatre heures du matin, Albert pour Malaga, Gibraltar, Cadix, et moi pour Séville, où nous nous retrouverons dans quelques jours. *Alberto beso usted los pies.*

P. S. Quand je serai auprès de toi, tu me feras dire les poignées d'argent des armoires de la Cartuja, l'église de St-Jérôme qui garde le tombeau de Gonsalve de Cordoue, et à Cordoue même, le sinistre palais, les trois escaliers remarquables et le gamin effronté. Pas un instant pour écrire un mot de plus.

LETTRE XIX.

A Mademoiselle Charlotte de Grammont.

Hispalis, 21 mars 1877.

LA poste espagnole a les allures de ses mules capricieuses. Je viens de recevoir deux lettres, l'une timbrée de Douai le 17, et la tienne, timbrée de Versailles le 15 ; comment expliquer que les dépêches aillent d'ordinaire beaucoup moins vite en Espagne, que les voyageurs ?

Ta lettre fait ma joie, mon encouragement et ma gloire. Néanmoins, je pense toujours que mes écritures espagnoles n'ont ni la voix, ni le vol, ni même la vie; mais si tu les aimes, cela me suffit. Je n'ai lu dans aucun catéchisme que je sois venue au monde pour être un écrivain, mais j'ai lu dans mon cœur qu'il faut absolument que je te plaise.

. . . .
. . . .
. . . .

Tu me recommandes d'aller à Avila; hélas! je crois que cela ne pourra se faire; j'y ai passé en décembre, le temps était mauvais, j'ai été *plus outre*, selon la devise de Charles Quint, sculptée à Grenade, et, par parenthèse, nous discutons à perte de vue sur le sens de cette devise qu'Albert trouve admirable et bien autrement sage et belle que celle de Louis XIV; vois donc! Il dit qu'elle signifie *nec plus ultra*, je choisirai toujours le bien par excellence; je ne sais. Je croyais qu'elle voulait dire: effort; au-delà; toujours en avant!

La pluie désirée, priée, implorée, est venue bien mal à propos pour Albert, qui m'a quittée lundi à Bobadilla pour Malaga, d'où il ira par mer à Gibraltar et à Cadix. Je l'attends à Séville à la fin de la semaine.

Que te dirai-je aujourd'hui de l'Espagne? L'argent manque, la dette est colossale, le gouvernement ne paie pas ce qu'il doit, il marche sur l'onde terrible sans même de podoskaffes ; mais Séville est l'amante du plaisir, elle veut d'abord s'amuser et détourne les yeux de abîme. Dans ce moment, elle jette l'argent par les fenêtres, c'est le cas de le dire, pour des balcons, afin de voir les dix-neuf processions de la semaine sainte, où la cour doit assister en grand gala ; et ensuite pour des loges de spectacle, qui se paient un prix fou.

Grenade, retirée fièrement dans sa sierra, est beaucoup plus sage, plus savante, plus recueillie; on ne va guère à la promenade pendant le carême; les églises sont pleines, et on y suit fidèlement les sermons; il y a, paraît-il, des orateurs de grand talent.

Nous avons fait, dimanche, dans l'Albaycin, la plus délicieuse promenade avec monsieur et madame Antonio de Herrasti. Ils avaient avec eux un savant professeur de l'Université, archéologue et orientaliste, Don Leopoldo Eguilaz Yanguas, qui sait le français et qui joint à la science la noble politesse espagnole. Il fit revivre à nos yeux la Grenade des Maures. Il releva les deux ponts de l'Almanzora, fit communiquer l'Alhambra avec l'Albaycin par le pont du Kadi, et mugir le Darro qui l'emporta il y a cinq ou six cents ans.

Toutes les églises de Grenade, sauf la cathédrale, sont bâties sur l'emplacement des mosquées; elles ont été reconstruites au commencement du XVIIe siècle, dans le style de la renaissance.

Nous entrâmes dans le *zaguan* et dans des églises remplies jusqu'aux voûtes, d'or, de sculptures, d'exubérantes richesses. A San Jose, Don Eguilaz nous fit admirer une tête de Christ en bois peint, d'une expression si divinement douloureuse, si sublimement aimante, que les larmes nous vinrent aux yeux.

J'ai remarqué une chose inaccoutumée, deux énormes vases du Japon de la plus grande beauté, qui ornent une chapelle de la cathédrale. J'y ai vu aussi la célèbre Virgen-Dolorosa qui a été volée et retrouvée, comme le Saint-Antoine de Séville. Quand on l'a replacée, l'enthousiasme fut tel, que le peuple criait, pleurait et riait dans l'église. Une bonne femme sautait de joie et disait à madame de Herrasti: " La Virgen-Dolorosa, ordinairement triste, est si contente de revenir parmi nous, que voyez comme elle rit!"

Le crime est grand de chercher à ôter à la belle Espagne ce qui fait la joie de son peuple et son amour, son charme, son attrait; ce qui est son cœur, son âme, sa grandeur et sa gloire : la religion.

. . . .

Les rois catholiques firent détruire tous les bains arabes; nous retrouvâmes cependant les vestiges de l'un d'entre eux. Ici, nous entrâmes dans une maison pleine d'attraits sous son manteau des siècles passés, sculptée d'arabesques, embellie de cours intérieures, de fontaines plaintives, qui semblent la voix de ceux qui ne sont plus. Là, nous nous assîmes sur le préau de Saint-Nicolas, en face de l'Alhambra. L'ombre s'y répandait lentement, tel que le flot amer qui monta jadis au cœur de Boabdil; elle entoura peu à peu les tours, les murs et le palais enchanté. Santa Fé et la belle Véga étaient à notre droite, le tumultueux Darro à nos pieds, les sierras et leurs neiges autour de nous. Jamais je ne vis spectacle plus beau, jamais six siècles ne s'étaient si complètement effacés. Nous gardions un enthousiaste silence. Don Leopoldo Eguilaz le rompit. Il entra dans des détails si précis et si intéressants sur l'époque des Maures, qu'il nous semblait avoir vécu avec les kalifes. Tous les textes des manuscrits arabes confirment une vérité pressentie, c'est que les Maures tenaient leur science, leur architecture, leurs connaissances en médecine et en mathématiques, des renégats extrêmement nombreux. D'où venait, demandai-je à Don Leopoldo, qu'il y eut tant de renégats?

Il me fit cette frappante réponse : De la même cause qui crée tant de libéraux, l'orgueil et le sensualisme.

Il nous dit que les trois derniers kalifes étaient des hommes remarquables, que les guerres intestines et la volonté de Dieu avaient pu seules amener leur chute; que Boabdil avait eu huit mois, tous les jours, l'épée à la main, et qu'il mourut à Fez comme un lion courageux. Je répondis assez faiblement :

Pauvre Chico!

Ne croyez pas, reprit Don Eguilaz, que *el Chico* veut dire le petit, cela veut dire jeune. A la prise de Grenade, Boabdil avait trente ans; il était très-grand et d'une merveilleuse beauté, chantée par les poètes.

Nous passâmes auprès d'un vieux monument dont une fenêtre bouchée porte pour inscription, depuis des siècles: *Sperando la del cielo*. Un haut seigneur, nommé Los Torres, fit pendre à cette fenêtre, un page infidèle qui avait porté à sa femme des messages d'un Abencérage. Le page jura qu'il était innocent et demanda justice; le terrible juge lui répondit, en le faisant mourir: *Sperando la del cielo !*

Nous avons vu la montagne appelée *el sopiro del moro ;* c'est là, dit-on, que Boabdil vaincu et chassé, se retourna une dernière fois vers Grenade, et pleura.

. . . .
. . . .
. . . .

23 mars, Séville.

Albert n'aime pas nos collations espagnoles. On nous sert des asperges sauvages à l'huile chaude, des pommes de terre à l'huile tiède, des artichauds à l'huile forte et du chocolat à la cannelle et à l'eau bouillante. L'huile a quelque chose de rance qui déplaît d'abord. On m'assure d'ailleurs que ce n'est pas un goût bizarre et espagnol, mais que les pressoirs mal faits et peu nombreux en sont la cause. Les olives attendent deux ou trois mois avant d'être pressées et se gâtent; aussi il ne s'exporte aucune huile à manger, mais seulement de l'huile pour les machines. — Nous avons fait une partie de la route de Grenade à Séville, avec la quadrilla du célèbre torrero Frascuelo, qui venait de combattre à Malaga sous les yeux de Don Alphonse. On reconnaît les torreros à une petite tresse en queue de rat qu'ils portent derrière la tête, et à l'extrême aisance de leur démarche. L'un d'eux cependant, boitait jusqu'à terre et avait la figure contusionnée. Ils ont offert à M. de déjeuner avec eux dans le waggon, et ont mis sous ses yeux, la vue appétissante de saucissons à tous les poivres des Amériques, une dinde, du jambon et des oranges.

Il y aura une grande course de taureaux à Séville, le dimanche de Pâques. Albert se fait un cruel plaisir d'y assister. L'habit d'un torrero coûte environ deux mille francs. Séville perd littéralement la tête à la pensée des plaisirs saints et profanes qui l'attendent. On frotte, on peint, on court, on transporte des meubles et des cages, des fleurs s'épanouissent dans tous les patios. La passion de Séville, après les oiseaux, est la renoncule ; il y en a de toutes les couleurs à chaque balcon. Les orangers de la Place Neuve que j'habite, sont en boutons. J'ai vu un lilas en fleurs à Grenade. O Espagne ! Qui pourra compter les dons qui te comblent ? tes fleurs, tes fruits, tes vins exquis, les trésors que renferment les entrailles de ta terre, l'aptitude à toutes les jouissances élégantes, le dédain des vulgaires, la politesse proverbiale, l'hospitalité, la beauté, la poésie, les arts ; ce charme grave, profond, toujours grandissant plus on te connaît, le génie. et surtout la noblesse d'âme qui va droit à Dieu, qui a besoin de Dieu !..

. . . .
. . . .
. . . .

Séville, samedi. — Albert est arrivé ce matin de Cadix. La mer a été très-mauvaise entre Gibraltar et Cadix et le temps obscur. Don Alphonse. qu'il a trouvé à Malaga et à Cadix, est chétif ; chétives ont été les acclamations.

. . . .
. . . .
. . . .

Nous revenons de la Caridad, où sont plusieurs chefs-d'œuvre de Murillo ; je t'en ai parlé. Le gouvernement a pris les biens de la Caridad, il les a convertis en rentes sur l'État, mais il ne paie rien. L'hospice a été fondé par le célèbre Don Juan, on y voit encore son épée.

Hier je suis retournée à la fabrique de tabac avec monsieur et mademoiselle de Herrasti, arrivés de Grenade. Véritablement ces six mille femmes sont curieuses et bizarres ; leurs yeux sont magnifiques, mais souvent farouches. J'admirai leurs coiffures fleuries ; la plus pauvre Espagnole a son coiffeur ; quand les maravédis manquent, la coiffure ne se fait que tous les deux ou trois jours.

. . . .

El levante souffle à renverser la cathédrale ; je souffre beaucoup du larynx.

. . . .
. . . .
. . . .

Il me tombe sous la main le passage où Victor Hugo compare les tours de Notre-Dame à deux oreilles d'âne. Tu juges l'effet de cette lecture dans un pays qui doit sa grandeur au catholicisme, au milieu des tableaux, des savantes bibliothèques volées aux moines, et au pied de la merveille de l'Espagne, la cathédrale ! Voici ce passage :

La cathédrale, avec sa double tour aiguë,
Debout devant le jour qui fuit,
Ignore, et, sans savoir, affirme, absout, condamne.
Dieu voit avec pitié ces deux oreilles d'âne
Se dresser dans la vaste nuit. *(La Légende des siècles.)*

La santé de Fernan Caballero donne les plus vives inquiétudes ; l'intérêt qu'elle inspire est général, sa petite maison ne désemplit pas.

. . . .

. . . .

. . . .

Albert ne peut venir à Santiago, il est rappelé à Paris. Les conseils se croisent et s'entassent au sujet de mon voyage en Galice ; le plus clair, le plus net, le constant est celui-ci : Gardez-vous d'y aller, c'est trop difficile. Après bien des recherches, j'ai trouvé une personne qui connaît Santiago, le Père Arcaya ; il est aussi devoué que savant, il m'a aplani les difficultés et m'a fait deux itinéraires: *el viage a Galicia*, m'écrit-il, *puede hacerle por Portugal o por Madrid*. Il me donne les détails et m'engage à prendre la route du Portugal. Je suivrai son conseil. Il y a des torrents, des montagnes, des précipices et des mules pour passer au travers de tout. Que les coquilles de saint Jacques me protègent!

Ce n'est pas sans penser douloureusement à Rome, où je me suis trouvée tant de fois à cette époque, à ses splendeurs évanouies et changées en tristesses, semblables à celles des bords du fleuve de Babylone, que je me prépare à la semaine sainte de Séville, célèbre dans l'univers.

Les fêtes de l'Église ont la mesure du cœur humain rempli d'un peu de joie et de beaucoup d'angoisse. Sans doute les yeux sont éblouis et charmés à la vue des groupes portés aux processions et faits par les plus grands artistes, et des cortéges magnifiques de la semaine sainte à Séville; mais la croix est représentée partout, la croix domine tout, comme l'épreuve domine la vie!

Doña Maria del Rosario Andrades, qui m'a témoigné beaucoup de bonté à Dos Hermanas, vient de me dire: *El martes y miercoles santo se canta la pasion con gran solemnidad, rompiendose en la miercoles el velo blanco con estrepitosos truenos; por la noche, de nueve a diez, terminan las tinieblas con un solemne Miserere y acto continuo se conduce en procession el santisimo Sacramento à la capilla del sagrario.*

L'organiste de la cathédrale, Don Ventura Jnignez, est un des meilleurs musiciens qui existent; il est célèbre surtout pour la beauté des fugues qu'il exécute. Je ne peux me lasser de l'entendre, et les Miserere accompagnés par lui, sont de l'effet le plus grand et le plus religieux.

Je n'ai pas répondu encore à tes questions sur les modernes célébrités espagnoles; je le ferai dès que j'aurai un jour à moi ou peut-être de vive voix; à présent mes heures s'émiettent; nous ne faisons que sortir, rentrer, ressortir, tant il y a de choses à voir ou à entendre; tant on fait de belles cérémonies, de sermons, de chants ou de neuvaines dans les églises. Celle qui m'attire tous les jours plusieurs fois, est l'indescriptible cathédrale ; comme tout ce qui est vraiment beau, plus on la voit plus on l'admire. Son chantre, Don Cayetano Fernandez, a une immense renommée pour ses fables, qui passent pour des chefs-d'œuvre.

. . . .
. . . .
. . . .

Les plus belles processions ont lieu le mercredi, le jeudi et le vendredi-saint. J'en ai vu dix-neuf ; la foule était immense, dix ou quinze mille personnes remplissaient la place San-Francisco. Don Alphonse, Isabelle, la princesse des Asturies, les Montpensier ont assisté à un grand nombre et en ont suivi à pieds quelques-unes.

Mercredi-Saint. — Je remarque *el paso* qui représente Jésus-Christ attaché à une croix, au pied de laquelle sont la sainte Vierge et saint Jean, et *el santo Cristo de las siete palabras*.

. . . .

Jeudi-Saint. — Groupes admirables, émouvants, qui donnent la vie aux récits de la Passion. Voici *el santisimo Cristo de la exaltacion, y nuestra Señora en sus lagrimas*, deux soldats à cheval, quatre juges. Le second *paso* représente la sainte Vierge, puis viennent Jésus aidé par le Cyrénéen, ensuite la sainte Vierge et saint Jean, suivis de Jésus à Gethsémani, entouré des apôtres Jean, Pierre et Jacques.

Un autre *paso* représente la Vierge et saint Jean. Les costumes sont de la plus grande magnificence ; les dais et les brancards sont ornementés en argent ; c'est extrêmement beau. Que dirai-je encore, que pourrai-je faire comprendre à qui n'a pas vu ces statues vivantes, parlantes, douloureusement saintes, ces chefs-d'œuvre d'une vérité telle, comme le disait Albert, qu'on croit assister à la Passion même. J'ai compté au moins dix *pasos* composés de cinquante à soixante personnages de grandeur naturelle. Le foule est recueillie.

Vendredi-Saint. — Procession du jour, huit groupes; la foule immense est de plus en plus recueillie. Quand Notre-Dame des Sept-Douleurs passe, une jeune personne se lève au milieu de la place de San-Francisco ; il se fait un profond silence et elle chante admirablement des vers en l'honneur de la sainte Vierge; on applaudit, mais gravement. Un jeune homme se lève à son tour et improvise, et ces scènes d'une poésie touchante, se répètent un grand nombre de fois.

La nuit 11 heures, Vendredi-Saint. — Je suis plus frottée d'huile que les gladiateurs ; je viens encore de manger des plats aux trois fameuses huiles ; l'huile chaude, l'huile tiède, et l'huile froide. Eh bien ! cela ne suffit pas, je suis fatiguée et malade, il m'est impossible d'aller au balcon de Mariano, où Trinidad m'attend. Me voyant fatiguée, Albert s'est couché.

2 heures du matin. — Je reprends courage, je vais sortir.

Samedi-Saint, 7 heures du matin. — Je rentre ; impossible de songer à se coucher au milieu de si belles fêtes ! Cette nuit, une foule silencieuse remplissait les rues ; toutes les marches de la cathédrale étaient garnies de monde, on avait grande peine à trouver place. Des chants annoncent de loin l'arrivée des processions ; les escortes sont belles ; les costumes sont pris dans tous les siècles, l'ensemble est plus curieux que je ne saurais le dire et extraordinairement touchant. Pilar et moi, nous nous mettons au balcon ; c'est à peine si Trinidad, triste et inquiète, a le courage de quitter Mariano.

Les processions passent au bout de la piaza del Duque, c'est un peu loin, j'abandonne le balcon, nous allons dans les rues.

Le premier *paso* représente une allégorie, le triomphe de la sainte Croix. Le second, le Calvaire au moment où les disciples du Christ viennent prendre son corps.

Le troisième, la conversion du bon larron et Maria santissima de Montserrat.

Le quatrième, le prophète Isaïe.

Le cinquième, Jésus en croix entre les deux larrons, offrant le paradis au bon larron ; Magdalena embrasse le pied de la croix.

Le sixième, Jésus descendu de la croix. La sainte Vierge, saint Jean, les trois Marie, les disciples sont réunis sur la Calvaire pour ensevelir Notre-Seigneur. Une simple croix.

Le septième *paso* représente le triomphe de la Croix sur la mort ; le squelette de la mort est au pied.

Le huitième, l'urne sépulcrale d'une rare magnificence, dans laquelle est déposé le corps du Rédempteur ; une escorte de Romains l'entoure.

Le neuvième, la sainte Vierge, saint Jean, les Marie et les saints.

Le dixième, la sainte Vierge de San Lorenzo.

Des improvisateurs profitent des intervalles où la musique se tait, et chantent des vers en l'honneur de la Passion.

La belle nuit est étoilée.

. . . .

Albert est allé à quatre heures du matin à la cathédrale ; il y a vu l'entrée des processions, spectacle grandiose et auguste.

Midi. — Chacun est pénétré de ce qu'il vient de voir, on ne peut parler d'autres choses.

Quels tableaux saisissants des scènes de la Passion ! Comme on en est imprégné, comme la foi est émue et comme les yeux aident le cœur ! Pour moi, je n'oublierai jamais certaines têtes de Christ et de la sainte Vierge qui semblent divines.

. . . .
. . . .
. . . .

Je vais aller prendre des nouvelles de Fernan Caballero.

Le soir. — J'entrai tristement dans la jolie petite demeure de la rue de Juan de Burgos ; les fleurs du patio et de la tonnelle semblaient se faner ; on n'entendait aucun bruit. Je montai dans le salon désert, où, il y a quelques semaines à peine, j'avais vu encore pleine de vie et de cœur, le noble écrivain catholique. On vint me dire que Fernan était presque à l'agonie, mais qu'elle voulait me voir.

Cette âme aimante et si digne d'être aimée, abreuvée jadis de grandes douleurs, n'a pas connu celles de l'abandon ; elle est entourée d'une famille digne d'elle, je trouvai à son chevet ses nièces qui lui sont si chères.

Je m'agenouillai auprès de son lit ; la mort se lisait sur son visage altéré, mais toujours doux, toujours paisible ; les derniers jours avaient amené des souffrances terribles cependant.

Je ne peux penser sans que les larmes me suffoquent, à tout ce que Fernan me dit et à l'amitié qu'elle me témoigna. Elle tira de son doigt une bague en jaspe qu'elle me demanda de porter en souvenir d'elle ; dans cette bague est écrit le chiffre dix-sept. On la lui avait donnée, me dit-elle, à l'âge de dix-sept ans, et elle l'a toujours portée depuis. La devise de Séville *no do* est gravée sur le châton. Toutes les villes avaient abandonné Alphonse-le-Sage, seule Séville lui resta fidèle, il lui donna pour titre : *Muy noble, muy leal, muy heroica y invencible,* avec le monogramme *No Do* et un écheveau appelé *madeja :* la devise signifie : *No me ha dejado* " elle ne m'a pas abandonné. "

Cette devise se voit partout, sur les monuments, sur les marteaux des portes, dans le dessin des grilles.

Fernan ne voulut pas me faire ses adieux, et me demanda quand je partais ? — Mardi, lui dis-je ; elle parut attristée, et me répondit :

" Revenez lundi, je ne veux pas vous dire adieu pour *toujours*, à présent. "

. . . .
. . . .
. . . .
. . . .

Monsieur de Herrasti m'avait parlé de la beauté des plafonds de l'ancienne Casa de Juan de Ribera, patriarche de Valence, occupée provisoirement par les RR. PP. Jésuites, qui y ont un collége. Nous les avons vus ; en effet, rien n'est plus beau et ne donne mieux l'idée des anciens palais de Séville.

LETTRE XX.

A Mademoiselle Charlotte de Grammont.

Lisbonne, vendredi, 7 avril 1877.

. . . .
. . . .
. . . .

LISBONNE, dernière étape diplomatique du pauvre Raymond, ajoute à ma rêverie morose et à ma douleur. C'est une belle ville néanmoins ; je t'écris en face de la mer. J'aime mieux Gênes, Smyrne, Naples, Constantinople, peut-être même Saint-Malo, du moins à première vue.

Le soir. — Je reviens de Belem par mer ; en vérité, la vue est magnifique ; Lisbonne le dispute à Alger, surpasse Gênes et vient immédiatement après Naples. Quel panorama ! L'amphithéâtre de la ville, vu du port, a une grande beauté, même une majesté qu'on ne soupçonne pas quand on parcourt ses rues et que l'on voit de près ses monuments surchargés.

Le couvent des hiéronymites de Belem est admirable, ainsi que les cloîtres à deux étages, remplis de réminiscences mauresques, ornés à profusion de fleurs sculptées dans la pierre, et de délicieux entrecroisements de lignes. Les faïences qui garnissent les murailles, le réfectoire, les escaliers, l'église, tout mériterait une longue description.

Je suis montée à la tour de Belem ; elle avance dans le Tage vers la mer comme une belle épousée s'avance vers l'époux ; elle est d'un gothique pur, flanquée de tourelles en poivrières, ornée de fenêtres à balcon.

Je ne ferai que nommer les jaspes, les améthystes, les colonnes de lapis lazuli, les chandeliers, les trois tableaux de mosaïque de la *capilla reale*. Dans les églises, on fait circuler une coupe après la communion.

Je pars demain pour Oporto ; là le chemin de fer rend l'âme, et il faut aller à Santiago, Dieu sait comment ! Mes coquilles de pèlerin me viennent en aide, car j'entends avec une entière satisfaction une voix qui crie : en avant, en avant ! J'espère trouver un volume de toi à Compostelle. Mes dévotions faites, je cours à pied, à cheval, voire même en chemin de fer, à Léon, l'illustre berceau de l'Espagne ; puis toujours courant, je verrai Burgos, Loyola, Lourdes et enfin le chez-moi ; il y aura cinq mois que je vis de poésie, c'est assez, je veux reprendre mes chaudes oreilles d'âne.

LETTRE XXI.

A Mademoiselle Charlotte de Grammont.

Oporto, dimanche, 8 avril 1877.

Querida !

LA célèbre Oporto est bâtie sur le dos d'un chameau ; on monte, on descend, on se casse le cou. Hier soir une charrette à rideaux volants, m'a conduite pour dix francs de la gare à l'hôtel, en me jetant de droite et de gauche, dans de petits précipices, ou en me secouant sur des pavés épouvantables qui devraient daller l'enfer. Beaucoup de rues ont des escaliers, beaucoup de bourses sont remplies d'écus, beaucoup de maisons regorgent d'Anglais, beaucoup de vins s'exportent, mais où est le charme et quel est l'attrait funèbre qui a engagé Charles-Albert à venir mourir ici ? Je ne sais.

La cathédrale est d'un aspect *unsatisfying*, mais la chapelle du Saint-Sacrement, est toute en argent et remarquablement belle. Les autres églises sont écrasées d'ornements.

L'archevêché m'a paru royal ; j'y suis entrée avec la confiance de la brebis ; j'ai monté le magnifique escalier, j'ai contemplé le triste jardin et j'allais sonner aux appartements, quand la pensée que je ne savais qu'un seul mot de portugais, m'a rendue timide, je m'en suis allée. Un tramway m'a conduite à la mer jaunissante et criante ; un *car*, comme on dit en Flandres, m'a menée ensuite le long du fleuve plus jaune encore que la mer ; j'ai trouvé un jardin fleuri d'azaléas et de camélias, et enfin le moment de partir pour Santiago est arrivé.

Chacun lève les bras au ciel ; aller à Santiago est épineux, les routes paraissent aussi inconnues que celles des comètes ; on assure que le langage galicien est un savant patois incompréhensible. L'un dit : il faut aller par Vigo, qu'on prononce Bigo ; l'autre : il faut coucher à Viana, à Pontevedra, etc., etc. Je m'en tiendrai à l'itinéraire du Père Arcaya. Je mets toute ma confiance dans saint Jacques qui a gagné des batailles. En avant ! voilà un mot que j'aime.

Je suis venue hier de Lisbonne à Oporto en chemin de fer en douze heures ; il y avait deux petits enfants dans ma voiture qui m'auraient pervertie si je n'eusse pensé à la naïve réflexion de saint Augustin, qui dit :

" Seigneur, c'est sans doute à cause de leur petitesse
" que vous m'ordonnez de ressembler aux petits enfants,
" car ils sont pour la plupart pleins de malice et de
" méchanceté. "

Jamais je n'ai entendu brailler comme mes deux petits monstres ; ils se tiraient par les cheveux et s'émiettaient leurs gâteaux dans les yeux l'un de l'autre; ils se battaient, crevaient de jalousie, de goinfrerie, et mangeaient dans des petits pots des jaunes d'œufs avec du sucre; pour surcroît, l'un tettait une partie de la route, bien qu'il fut aussi grand que père et mère; l'aîné jeta son fusil par la fenêtre, voulut le ravoir, devint enragé et battit sa mère. Je suis noire de coups de pieds.

La mère doucement et sans s'émouvoir disait : C'est toujours comme cela !

LETTRE XXII.

A Mademoiselle Charlotte de Grammont.

Santiago, mercredi, 11 avril 1877.

Vivent Dieu et saint Jacques !

JE suis toute vivante, toute jaune comme la mer d'Oporto, mais sans fatigue malgré les charrettes et les incidents du voyage.

Nous sommes arrivés ce matin ; déjà j'ai été me prosterner aux pieds de saint Jacques, dans la belle cathédrale.

Me voilà donc à Santiago !..... Au champ du ciel, *Campo stella !*

. . . .
. . . .
. . . .

J'ai porté ma lettre de recommandation au Père Garciamorena, très-bien, très-distingué et l'air suavement saint, mais il ne sait pas le français et il a appelé un autre jésuite, professeur d'histoire naturelle et de métaphysique au grand séminaire, le Père Rojas.

La ville semble avoir beaucoup de monuments en pierre grise. Je loge en face de l'Université en pierre grise ; il pleut ; c'est un peu gris.

Je reprends mon fil d'araignée, c'est bien le cas de le dire, puisque tu défends la moindre citation et qu'il faut que je tire tout de moi-même.

D'Oporto à San-Bento, j'ai trouvé un tronçon de chemin de fer dont le livret Chaix m'avait fait un secret. J'ai vu ce que je rêve toujours de voir, des montagnes qui disent solidité, beauté, grandeur, éternité; des eaux admirables qui tombent en courant au milieu de beaux paysages, dans la grande mer et qui pleurent et crient : néant ! Des forêts de sapins, des vignes, beaucoup de solitude. Le soleil manquait, mais il est un âge de la vie où l'ombre est plus chère que le rayon éclatant.

Je vis à la station de San-Bento la plus infâme petite carriole, attelée de deux haridelles portugaises. La tête farcie des carrosses qui s'envolent traînés pas dix ou douze mules, ruant ou marchant sur leurs pieds de derrière, je me gardai bien de penser à cette carriole. Hélas! non-seulement il fallait y penser, mais y monter.

. . . .
. . . .
. . . .

Je reçois ta lettre; ah ! Carlose, quelle joie divine

de te lire à Santiago ! Comme tu me fais compagnie délicieuse. Tu me recommandes d'aller à Loyola ; je m'y ferais porter par l'ange du prophète plutôt que d'y manquer ; calcule si tu as le temps de m'y écrire.

Je continuerai pour toi mon journal ; ce soir, je veux t'envoyer ces quelques mots de bonne arrivée.

. . . .
. . . .
. . . .

T'ai-je dit que Veuillot est très-connu et admiré en Espagne ? Un savant le portait bien haut l'autre jour et disait qu'il avait l'intuition et le génie de la théologie et de l'état actuel du monde ; il trouvait l'article sur Serano, un chef d'œuvre.

. . . .
. . . .
. . . .

LETTRE XXIII.

A Mademoiselle Charlotte de Grammont.

Santiago di Compostella, jeudi soir, 12 avril 1877.

JE suis bien fatiguée, Carlose !
J'ai vu la cathédrale ce matin en compagnie de cinq savants. Ce soir, trois d'entre eux m'ont conduite à San Martino. Le sentiment de mon imbécillité vis-à-vis d'eux, la joie mystique de voir tant de choses extraordinaires et vraiment belles, faites pour l'amour de Dieu, le bonheur d'avoir pu accomplir le troisième des grands pèlerinages du monde, deux jours et deux nuits en charrette, font de mon corps et de mon esprit, un mélange comparable à celui des os de Jézabel; mais ta lettre que je viens de relire, si ravissante, si entraînante, où l'esprit et le cœur se font si bonne compagnie, me donne des forces. Cependant, si je dis tout, le monde finira avant ma lettre ; bénis le ciel de ce que la mémoire me manque souvent, je ne sais même plus où j'en suis restée hier.

J'entrais, je crois, en charrette à San-Bento ; elle

était toute petite ; la paille fraîche de son plancher aurait fait envie à un âne. On charge mes bagages, nous montons au nombre de six personnes. Les routes sont généralement macadamisées et fort belles. *El señor Pecqueño,* ce qui veut dire monsieur Petit, qui avait six pieds de haut et huit pieds de large, par parenthèse, nous rendit de bons services ; il nous expliqua la route, descendit parfois pour nous faire place, me laissa me lamenter d'être venue en Portugal pour voir les paysans en bonnet de coton noir, les femmes absolument veuves de bas et de chaussures, et les maisons revêtues de faïences.

Le pays est très-beau ; on aperçoit la mer, des fleuves, des montagnes, des bois de mélèzes, des vignes. J'ai trouvé, je ne sais sur quelle route, les ruines du château de Pombal, le fameux ministre que je hais d'une haine parfaite.

Nous partîmes de San-Bento à onze heures et demie du matin, et nous arrivâmes cinq heures après à Viana, qui est sans beauté, malgré ses ponts aussi longs que la rue de Rivoli ; la mer et la rivière se mêlent ensemble. Nous ne devions repartir qu'à deux heures du matin ; le hasard conduisit mes pas dans un cloître abandonné.

Les anciens moines sont enterrés sous les arcades qui entourent un jardin ; les fleurs plantées et soignées sans doute jadis par eux, y croissent aujourd'hui en désordre ; la pluie leur prêtait des larmes, et le vent qui gémissait, semblait la voix des morts. O inexprimable tristesse des ruines !... J'ai cueilli une fleur dans ce jardin sépulcral.

Le vin de Viana est remarquable, je parle de celui de l'auberge ; à quoi le comparer ? car le vinaigre d'Orléans est du miel auprès de lui. Les lits méritent aussi une mention déshonorante ; je me jetai quelques heures toute habillée sur le mien, il me fit l'effet de ces planches sur lesquelles on pose les attrappes-mouches, mais au lieu de mouches c'étaient des puces affamées. Je rentrai avec joie dans la carriole. Nous n'étions plus que cinq, nous crûmes voyager comme des nababs. L'excellent Pecqueño fut plus excellent que jamais, il chanta, il descendit, il chanta encore, nous dormîmes, nous nous réveillâmes, nous perdîmes nos petits objets dans la paille, nous les retrouvâmes. La belle aurore accourut et tantôt dans la pluie, tantôt au grand soleil, nous revîmes toutes les beautés de cette incomparable nature ; toujours des eaux immenses, parlantes, se précipitent, comme nous, vers la grande mer où tout s'engloutit....

Nous avions trois petits chevaux qui nous conduisirent rapidement à Valença, la limite du Portugal, séparé en cet endroit de l'Espagne par le majestueux Miño. Valença est bâtie sur une hauteur en face de Thuy, qui est en Espagne ; les deux villes sont fortifiées et peuvent se canonner.

Il était dix heures du matin, mais nous perdîmes beaucoup de temps ; enfin un bac qui faisait eau, nous conduisit à Thuy, à travers un véritable bras de mer.

Les douaniers espagnols étaient absents, et comme

Marlborough, on ne savait quand ils reviendraient ; il fallut laisser nos caisses au dépôt. Nous montâmes les rues en échelle qui conduisent à la ville, et nous trouvâmes cet escarpement en fête ; on y promenait des mannequins au son de la musique de Franconi. Au lieu de la physionomie un peu morne des Portugais, je retrouvai l'aspect heureux qui charme en Espagne.

Le paysage qui entoure Thuy est fort beau, aussi il y a des bancs de tous les côtés, et de tous les côtés, on voit *tomar el sol*. Mes bagages confinés au bas de la montagne et l'inexactitude méridionale, m'auraient ennuyée si je l'eusse voulu ; mais, grands dieux ! je hais l'ennui, et je pris patience. Nous devions partir à deux heures, à quatre heures nous étions encore là. Nous apprîmes que vingt Arabes de la tribu des Beni Zoug-Zoug, qui allaient faire des tours à Santiago, avaient cassé leur voiture en route, et qu'on les attendait. Ils arrivèrent enfin ; jamais je ne vis troupe si bien vêtue, ni si charmante ; il y avait des enfants cuivrés, des hommes bronzés, un bédouin superbe, des chiens savants, des pigeons, un singe, un perroquet et une dame grave qu'on aurait pu donner pour gouvernante à sa fille.

On mit une seconde diligence, car cette fois nous avons ce luxe Caillard et Lafitte ; mes bagages arrivèrent, nous montâmes dans le coupé. Le bédouin, quelques Arabes et le singe, montèrent sur notre impériale ; le reste de la troupe s'en alla silencieusement dans l'autre voiture, et nous galopâmes vers Pontevedra. Le singe descendait à notre fenêtre et nous faisait des grimaces.

La Galice est la Suisse espagnole, mais la nuit vint promptement avec son estompe ; nous nous endormîmes. Je fus tirée de mon sommeil par le conducteur qui disait à ma portière : *Un hombre.*

Je vis sur le marche-pied, un gros abbé d'un certain âge, avec une immense *capa ;* nous lui fîmes place péniblement. Il était gai et bon, et nous dit qu'il avait toujours grand soin des étrangers.

Dès que nous fermions l'œil, il nous réveillait d'un coup de coude pour nous montrer la mer, ou les étoiles, ou pour nous demander comment nous allions ? Il craignait surtout que nous ne vissions pas le pont célèbre d'Orense.

Il tira de sa poche un mouchoir à carreaux bleus, où il y avait des gâteaux écrasés, soit parce qu'il s'était assis dessus, soit par toute autre cause ; il m'en offrit. Je n'en voulus point. — Oh! me dit-il, il faut en manger.

Je l'assurai que j'étais malade, et que je ne pouvais rien *incorporer*, comme nous disons là-bas. Maria fut a victime et mangea les miettes du mouchoir.

Un instant après, il tira encore du fameux mouchoir, une couronne de pain à l'huile rance, et recommença ses offres, mais je lui répondis d'une voix si lamentable que j'étais de plus en plus malade, que l'excellent homme voulait arrêter la voiture et me faire prendre du thé. Maria mangea la couronne et me dit que c'était bien mauvais. Là-dessus je m'endormis pour quelques minutes ; je sentis bientôt un frôlement au bout du nez et une odeur aromatisée ; le bon abbé avait ouvert sa tabatière et me la faisait respirer. J'éclatai en éternuements ; il força Maria à prendre une prise. Pontevedra fut le lieu heureux de notre séparation. Là le conducteur vint nous engager à descendre, la diligence faisait une halte de quatre heures. Il était minuit. Le bédouin glissa sa longue jambe le long de la voiture ; l'homme au teint jaune le suivit ; ni le singe ni le perroquet ne parurent. Pour nous, nous dormîmes sans bouger dans le coupé.

J'arrête ici mon journal ; il est onze heures et demie du soir. Je demande aux muses, pour te servir demain, quelques grâces et du temps, et pour moi-même je demande un pavot à Morphée. Je tremble de n'obtenir que le pavot.

Vendredi. — Je l'ai obtenu, mais effeuillé et habité par quelques puces.

Nous quittâmes Pontevedra et ses ruines romaines à quatre heures du matin ; peu avant cette ville antique, sans importance de nos jours, l'homme à la tabatière m'avait montré dans la nuit une sorte de viaduc géant, et il avait dit avec un grondement d'r à réveiller les morts : *Ferro Carril*. J'ai su depuis que cet ouvrage moderne excite l'admiration des ingénieurs.

La diligence s'arrêta au port de Carril, l'un des meilleurs de la Galice ; huit kilomètres de chemin de fer conduisent à Santiago. Ce chemin de fer est construit par des Anglais. Les premières sont excellentes, on est dans un salon d'où la vue s'étend de tous les côtés. Je m'y trouvai avec les ingénieurs anglais qui, contrairement aux habitudes britanniques, vinrent me saluer et me parler ; ils me donnèrent des renseignements sur tous les endroits que nous traversions ; l'ingénieur en chef m'offrit même *the Times*, mais j'aimais bien mieux regarder les torrents, les vallons, les montagnes et entendre un jeune Espagnol dire les beautés et les gloires de l'incomparable Espagne. Il disait donc avec toute sa jeune âme : *Elle* a reçu tous les dons, sauf un bon gouvernement. Elle a ses vignes, ses oranges, ses limons, ses grenades, ses olives, ses vins, ses fleurs, ses blés, ses mérinos, ses taureaux de combat, ses bœufs de travail, sa race de chevaux andalous, ses mines de charbon, de mercure, de pierres, de marbre pour la sculpture même, d'argent, ses pépites d'or, ses forêts, etc., etc., une langue sonore et admirable, les arts, la poésie, les sciences, plusieurs héros, un grand nombre d'hommes illustres, et j'ajoutai, surtout la foi et un grand nombre de saints.

Quel champ du Seigneur ! ah ! maudites soient les mains qui y sèment l'ivraie.

Nous fîmes notre entrée à Santiago avec la tribu des Béni Zoug-Zoug, le bédouin Sidi-Mohamed, le singe, le perroquet, les deux pigeons et les chiens savants ; tout le monde était aux portes et aux fenêtres pour nous voir. Cette part de triomphe ne s'arrêta pas là, car ce matin, étant allée réclamer mes lettres à la poste, l'employé m'en remit une sans hésiter, adressée au représentant des Beni Zoug-Zoug. Je ne voulus pas la prendre ; il insista ; je m'enfuis le laissant convaincu, j'en suis persuadée, que j'exécutais un tour zoug-zoug des plus capricieux. Je suis descendue à l'hôtel Rey. J'ai un grand salon où le bleu vif le dispute au rouge feu ; où le jaune languissant se marie avec du rose à l'agonie, l'ensemble est fort joyeux néanmoins. Je suis en face de l'Université ; je ne peux te cacher qu'un des étudiants en m'apercevant ce matin, fit comme le singe à ma fenêtre pendant notre voyage à Pontevedra.

Mercredi, dès mon arrivée, j'ai porté ma lettre de recommandation des jésuites de Séville pour ceux de Santiago. Leur distinction et la bonté de leur accueil ne peuvent être surpassées. Le supérieur décida que le Père Rojas, professeur de métaphysique et d'histoire naturelle s'occuperait de moi ; le soir même il m'amenait Don José Fernandez Sanchez, historien et savant professeur de l'Université de Santiago, Université qui est justement célèbre. Don Jose Fernandez comprend le français, mais le parle peu ; il avait avec lui Don Antonio Garcia Varguez Queipo, licencié de Salamanque, qui le parle très-bien. Ils fixèrent divers rendez-vous.

Le lendemain, le Père Rojas dit la messe pour moi à six heures et demie, au tombeau de saint Jacques, et à dix heures il revint me chercher avec les deux savants de la veille et un troisième, professeur de l'Université, Manuelo Fernandez Llamaraves. Nous allâmes à la cathédrale, où un chanoine érudit, Don Ferreiro, nous attendait. Quand je me vis au milieu de ce bataillon d'élite, je ne peux le cacher, des idées de fuite les plus poltronnes, me vinrent à l'esprit ; mais je résistai. Hier et aujourd'hui nous avons vu la cathédrale dans tous ses détails; il me faut beaucoup abréger, car des volumes ne suffiraient pas.

Si les chanoines ne l'avaient entourée au XVIIe siècle de constructions disparates, s'ils n'avaient bouché quatre-vingt-douze de ses fenêtres, et mis une *silleria* au milieu de la grande nef, la cathédrale de Santiago serait le chef-d'œuvre des édifices byzantin-romans. Elle surprend d'abord plus qu'elle ne plaît ; on l'admire et on finit par l'aimer. Il y a deux églises l'une sur l'autre; elles sont entourées de vastes places; les tours et les façades font un effet des plus grandiose et des plus admirable. La porte de la Gloria, que les Anglais ont copiée, est un poème de pierre; les figures bysantines de grandeur naturelle qui composent le portique, vivent, parlent et semblent murmurer quelque chose des joies éternelles. Les hautes voûtes hésitent entre le fer à cheval arabe et le plein-cintre roman ; elles ont une profondeur et une majesté inattendues.

. . . .
. . . .
. . . .

Il est tard ; je ne peux te signaler qu'à la hâte l'ornement magnifique donné par sainte Isabelle de Portugal, la sacristie, ses tapisseries, la chapelle des reliques et ses innombrables et merveilleux reliquaires, les cierges qui brûlent depuis le roi Alphonse II, l'encensoir gigantesque donné par Louis XI, volé lors de l'invasion, recopié, et qui est balancé par une poulie devant Santiago, les jours de grande fête.

Je ne veux plus parler ce soir que de la *Capilla mayor*.

Ceint d'un diadème d'or, saint Jacques est assis dans un fauteuil d'argent dans une niche, sur un autel d'argent, d'or et de jaspe. La figure est byzantine, un peu brune, d'une douce et mystérieuse expression orientale; la robe est peinte harmonieusement, les épaules du saint sont couvertes d'une pèlerine d'argent massif, enrichie de pierreries de si grande valeur qu'on ne peut les apprécier. La statue de pierre est de grandeur naturelle; il y en avait une autre d'argent massif, qui fut volée lors de l'invasion.

La chapelle est d'une richesse inouïe; les grilles sont des chefs-d'œuvre; les portes, les devants et les dessus d'autels, les grilles de côté, les chandeliers énormes, les lampes colossales, sont en argent massif. Les colonnes torses et les ornements du style borrominesque sont surchargés et flamboyants, mais l'ensemble magnifique dit: beauté, richesse, foi, amour, tout pour Dieu!.. et l'âme s'enivre de la piété ardente de nos pères, sans se préoccuper de la pureté des lignes.

Nous avons monté l'escalier des pèlerins derrière la statue de Santiago, et, d'après l'antique et touchant usage, nous avons baisé sa pèlerine et appuyé nos bras sur ses épaules pour y déposer le fardeau de nos péchés et de nos infortunes... O Jacques, vainqueur de Logrono ! ayez compassion de l'Espagne et de la France ; chassez de nouveau les infidèles ! portez avec nous nos douleurs.

. . . .

Samedi, 14. — Carlose, on me fait compagnie ! Mes protecteurs m'ont envoyé une jeune personne élevée à Juilly qui me parle parisien tous les jours, mademoiselle Osterberger. Son père est Français, sa mère était Espagnole, le mélange est exquis.

Louis Veuillot est très-connu et aimé ici ; on en parle comme du successeur de Joseph de Maistre.

. . . .

Je reprends mon journal.

Santiago est bâti et pavé en belles pierres grises : c'est monumental et un peu sévère, on se sent dans la ville de la science ; l'École de médecine et l'Université, fondées par l'évêque Fonseca, sont justement célèbres ; tout le monde redit le nom du cardinal Garcia Cuesta, l'avant dernier archevêque, homme de grande science et de sainteté. Mgr de Ségur a cité sa magnifique exposition de la doctrine catholique. Il savait avec une égale perfection le grec, le latin, le castillan, le français, l'anglais, l'italien et l'allemand.

. . . .
. . . .
. . . .

Hélas !

Hélas ! je viens d'apprendre la mort de Fernan Caballero.

. . . .
. . . .
. . . .

LETTRE XXIV.

A Madame la Comtesse Adhémar de Bousies.

Santiago di Compostella, dimanche, 15 avril 1877.

MON cœur m'ordonne de vous écrire, ingrate Alix, qui ne m'avez pas envoyé de vos nouvelles depuis la mort d'Henri IV. Trouverai-je au moins une de vos lettres à Loyola ?

Je pars demain pour la Coroña, Léon, Burgos, Loyola, etc. Bientôt vous me reverrez ; ah ! tremblez et mettez votre conscience en ordre.

Que de fois je me suis dit : Qu'Alix n'est-elle ici ! Tout à l'heure, à la cathédrale, je regardais de tous mes yeux pour tâcher de vous décrire quelque chose, et il y a tant de détails et tant de richesses, que cela défie toute description ; j'essaie un bégaiement.

La cathédrale de Santiago est un grand édifice de belles pierres grises, dont les façades et le haut des tours sont très-ornés et d'un effet imposant ; elle est entourée de places immenses et de beaux monuments.

Quand on entre, l'admiration ne vous saisit pas

comme à Saint-Pierre de Rome et à la cathédrale de Séville. Le clair-obscur, le style byzantin-roman, l'arc qui hésite entre l'arabe et le gothique, le flamboyant de quelques parties, vous surprennent. Peu à peu, quand les yeux s'habituant à la demi-obscurité, plongent dans les admirables profondeurs des six nefs et des vingt-cinq chapelles, quand ils contemplent les figures parlantes et célestes de la Gloria, quand ils embrassent les détails et l'ensemble, on admire, on est ravi.

Saint Jacques est assis dans un fauteuil d'argent massif, sous le plus orné et le plus magnifique des baldaquins, soutenu par des colonnes torses et surmonté de statues de rois et d'anges. Quatre d'entre eux, assis sur les chapiteaux des colonnes, supportent sur leurs épaules le cercueil de l'apôtre.

L'autel en jaspe et en améthyste, est recouvert d'argent et d'or ; les lampes, les chandeliers colossals, les grilles de côté, tout est en argent massif.

L'apôtre, ceint d'un diadème d'or, a une figure byzantine d'une expression mystérieuse ; il tient à la main gauche le bâton et le bourdon, et porte une pèlerine d'argent massif enrichie de pierres précieuses ; quelques-unes sont de la grosseur du Régent.

L'escalier des pèlerins monte derrière la statue de Santiago ; l'usage touchant veut qu'en baisant sa pèlerine on lui mette les bras sur les épaules pour le supplier de porter le fardeau de nos douleurs.....

Saint Jacques gagnait des batailles ; il dit de son air céleste et mystérieux: Foi et courage, la victoire est à nous ! Croyons-le malgré l'apparence ; nous savons, nous disciples du Christ, que nous ne pouvons pas être vaincus.

Les monuments de Santiago sont aussi vastes que de petites villes. Leurs cours intérieures, leurs colonnades, la bibliothèque, quelques escaliers aériens qui semblent n'avoir aucun point d'appui, tout enfin m'enchante dans cette ville sainte et savante.

J'ai traversé la Suisse espagnole pour arriver ; combien j'ai vu de hautes montagnes qui disaient : Éternité ! que j'ai entendu d'eaux courantes à la grande mer pleurer et murmurer : Tout passe ! Que j'ai contemplé de sombres nuits semblables à la mort ! J'ai vu aussi lever l'aurore et le beau soleil, et j'ai pensé avec la joie chrétienne et ferme, au soleil qui ne s'éteindra jamais....

. . . .
. . . .

Il y a peu de chemins de fer en Galice ; j'ai voyagé en carriole, les pieds dans la paille, mille petits incidents m'ont distraite. Demain je repars en carriole pour la Corona. Je mange toutes sortes de bonnes choses à l'huile bouillante ; vous verrez que mes rouages finiront par s'adoucir et que rien ne grincera plus. J'ai couru un bout de chemin avec la tribu des Beni Zoug-Zoug, qui venaient faire des tours à Santiago ; que cela était pittoresque de nous voir sortir du chemin de fer les uns noirs, les autres jaunes ; les uns en turbans, les autres, le fez ou nos horribles chapeaux sur la tête, ayant avec nous singe, perroquet, pigeons et chiens savants!

Vous verrez ces jours-ci el señor Alberto, que j'ai voulu en vain entraîner à Lisbonne et à Santiago. Il a bien joui de Cordoue, de Malaga, de Gibraltar, de Cadix, de Grenade et des processions de Séville ; il y allait même la nuit ; il vous les décrira, et si son humilité cache quelque chose, sachez qu'il y passait sept et huit heures.

Les groupes parfois sont composés de douze personnages de grandeur naturelle, portés en dessous de l'estrade, et sans qu'on le voie, par une quarantaine d'hommes. La plupart des sculptures sont des chefs-d'œuvre de Cano ou de Montañes. On voit des Christs et des Vierges qui font pleurer comme Madeleine a pleuré. C'est extrêmement pieux, frappant, pénétrant ; La tête et le cœur se remplissent des scènes de la Passion, et nos aïeux avaient raison d'aimer à voir jouer les mystères.

O belle et catholique Espagne, ô noble champ du Seigneur! qui te délivrera de l'ivraie de tes révolutions?

. . . .
. . . .
. . . . . .

Je suis servie par une galicienne de vingt-cinq ans, aux deux longues tresses pendantes sur le dos, et sans bas, comme la plupart des femmes du Portugal et de la Galice. Ce sans-bas m'a prise en affection, et voudrait venir à Paris avec moi.

Je suis parfaitement recommandée ici ; je vous dirai les savants qui m'ont fait voir les édifices, tout ce que j'ai admiré dans leurs âmes monumentales elles-mêmes, et combien ils m'ont édifiée, quand ils s'arrêtaient à midi et à la tombée du jour pour réciter l'Angelus, qui sonnait.

Le soir, à Dos Hermanas, au tintement d'une cloche, tout faisait silence et on priait pour les morts.

LETTRE XXV.

A Mademoiselle Charlotte de Grammont.

Santiago, 15 avril 1877.

QUE n'ai-je mieux que du temps, que n'ai-je du talent? Il y aurait à dire de si grandes choses pour Dieu et l'Espagne ! Dix ans ne seraient pas trop à Santiago, rempli de figures de Christ, de sculptures de bois et d'ivoire, de ciselures, de curiosités, de monuments, à désespérer le dessin et la description.

Pourras-tu le croire ? Les aimables savants viennent me chercher à dix heures du matin jusqu'à deux heures et demie, puis encore à cinq heures, et ils me montrent en artistes, les miracles de beauté, faits par leurs pères religieux qui croyaient en Dieu.

Nous avons été un soir à San Martino, l'ancien et royal couvent des bénédictins. Je n'ai jamais rien vu qui m'ait plus enthousiasmée, plus jetée dans le respect et l'admiration des Ordres religieux. Tout y est magnifiquement grave; tout y est calculé pour l'étude et la méditation, tout resplendit de largeur, d'air et de lumière.

Les fontaines et les jardins intérieurs sont entourés de vastes cloîtres qui ne peuvent être surpassés en beauté. D'immenses galeries, que les flambeaux l'autre soir semblaient prolonger à l'infini, quatre escaliers royaux, derniers mots de la science de l'équilibre, car ils paraissent sans appui, une très-belle église, la bibliothèque, l'immensité, tout confond, ravit et fait dire : voilà la digne demeure de ces hommes de Dieu, science et honneur du monde.

On ne peut se faire une idée de l'étendue des couvents et des édifices de Santiago, ce sont des montagnes de pierre, la plupart d'une grande et noble architecture qui rappelle celle de Louis XIV, mais avec plus d'ornements. Rien n'est comparable aux cours intérieures et à leurs colonnades ; qui dira la majesté de celle de la cathédrale, de Saint-Dominique, de l'hôpital fondé par les rois catholiques ! La clôture ne m'a laissé qu'entrevoir le beau monastère des franciscains où saint François d'Assise a habité. La bibliothèque de l'Université est très-riche ; elle vient des couvents. Je m'arrête. Tiens pour menteur quiconque dira du mal de l'Espagne catholique et de son clergé. Les journaux n'apprennent que trop les putréfactions de l'Espagne révolutionnaire.

LETTRE XXVI.

A Mademoiselle Charlotte de Grammont.

La Corona, 17 avril 1877.

TEMPS épouvantable! pluies fines, pluies avec grêle, coups de vent, tempête, voilà comment j'ai quitté Santiago, et comment j'ai vu la belle route de la Coroña, ses troupeaux éperdus sur le versant des montagnes, et ses femmes nu-pieds; notre carriole allait bon train au milieu de l'ouragan. Nous sommes partis à midi et arrivés à six heures. Je m'étais préparée un petit lunch délicat composé de pain excellent, de beurre très-mauvais, de raisins secs et d'une orange; ah! ciel, tout est là intact. Il y avait dans la voiture une jeune Espagnole vraiment très-noble et belle, sa suivante fort jolie, le mari, deux tout petits enfants gentils, éveillés, pleurant avec beaucoup de grâce et de force.

A peine descendions-nous de Santiago, que la jeune femme commença à cracher; la suivante cracha. La jeune femme vomit, la suivante vomit, et leurs affreuses tortures (et les miennes) ne s'arrêtèrent qu'à la Coroña. Le mari m'apprit que c'était toujours comme cela quand ces dames allaient en voiture. Du reste, entre les hoquets, beaucoup de politesse et de petits soins, mais impossible de faire le lunch.

Quand ma belle-sœur et madame de N. voguaient vers Alexandrie, la femme de charge du bateau leur dit: " Mesdames, c'est l'heure du *linge*, venez manger"; mais pour des raisons toutes personnelles, elles ne mangèrent pas plus que moi.

. . . .
. . . .
. . . .

Santiago est une de mes plus grandes joies, un de mes plus grands bonheurs, un de mes enthousiasmes espagnols. Dix ans, vingt ans ne suffiraient pas à l'artiste pour dessiner les merveilles que la religion y a enfantées, ni au savant pour tout connaître.

El señor Antonio m'a fait voir le beau couvent des dominicains, hélas! très-ruiné, changé en hospice, et où il y a entre autres merveilles, trois escaliers de pierre faits en colimaçon, montant dans le même espace l'un dans l'autre, sans appui apparent, avec une grâce de courbes, une légèreté et une noblesse admirables, inexprimables. L'œil reste stupéfait. A peine osai-je me confier à ces marches aériennes dont la solidité néanmoins a défié le temps. Ces chefs-d'œuvre d'équilibre sont dûs à un frère-lai du monastère.

. . . .
. . . .
. . . .

Hier matin, j'ai vu entrer dans mon salon les savants qui m'avaient montré Santiago; ils m'ont conduite à la voiture malgré le temps mauvais et la distance; la jeune femme qui parle français y est venue aussi me dire : *Vaya con Dios !*

Santiago est resté une des meilleures villes de l'Espagne.

LETTRE XXVII.

A Mademoiselle Charlotte de Grammont.

La Corona.

ON dit la Coroña très-souriante; par l'affreuse pluie qui tombe, elle me fait l'effet d'un visage morveux.

J'ai été ce matin à la messe dans l'église la plus près, San Andres, je crois; c'est très-laid mais antique. Après la communion, le sacristain a passé aux communiants une burette pleine d'eau ; à Lisbonne on passait de main en main une coupe en argent.

Quatre heures. — Je reviens des bords de la mer. La pluie et les vents sont déchaînés ; il y avait de la fureur et de l'horreur sur les flots tumultueux, et comme des cris de bataille et de mort. J'ai songé, dans l'indicible tristesse, à nos guerres récentes et à nos malheurs prochains.

Le général John Moore fut tué par l'armée du maréchal Soult un peu en avant de la Coroña.

Lugo, où je passerai demain, est célèbre dans les annales des guerres de l'empire. Les fameuses fortifications de la Coroña sont presque entièrement détruites. Il y a deux villes ; la ville basse s'appelle Pescaderia ; elle est jolie et ornée de miradores.

Philippe II s'embarqua à la Coroña pour aller en Angleterre. Si on voulait exécuter facilement le pèlerinage de Santiago, il faudrait s'embarquer à Bordeaux et venir à Vigo où à la Coroña ; la traversée est de dix-huit heures.

Les Anglais, fuyant devant les armées françaises, remontèrent sur leur flotte dans ce port, et ils disparaissaient à l'horizon, quand les vainqueurs entrèrent dans la ville.

Les cendres du fameux général Mina sont déposées ici dans une urne. Eh bien ! quand on m'apprendrait que Nabuchodonosor lui-même a mangé de l'herbe sur cette plage, j'en partirais avec le plus vif empressement, comme les Anglais. Cette joie innocente me sera donnée demain, à cinq heures du matin.

. . . .
. . . .
. . . .

Va ! déchire, jette, piétine tout ce que je t'ai écrit de Santiago. Aucun saint, même saint Paul, n'a pu décrire l'extase ; il n'est pas étonnant que moi, telle que je suis, je ne puisse dire le ravissement causé par la vue de tant de trésors chrétiens.

Hier, je me suis levée de bonne heure pour aller faire mes adieux à la cathédrale de saint Jacques de Compostelle ; elle m'a écrasée. Ici je voyais un Christ d'une expression divine ; là des anges de marbre blanc qui semblent vivre et descendre du ciel ; plus loin et à profusion, de l'or, de l'argent, du marbre, des pierres précieuses, des émaux, des ciselures, des peintures, des sculptures parlantes, et tout prenait une voix qui me disait : c'est au-dessus de tes forces, tu ne pourrais dire le sens profond de toutes ces choses. Je suis restée longtemps en face de l'apôtre : que c'est beau ! La chapelle est fermée par de grandes fenêtres encadrées dans du bronze ; une très-belle grille de bronze l'entoure intérieurement ; l'autel de jaspe et d'améthyste, recouvert de tant d'argent et de tant d'or qu'il éblouit, s'élève au milieu. Saint Jacques, dans un fauteuil d'argent massif, est assis au haut de l'autel ; il tient dans sa main gauche le bâton et le bourdon. Devant lui, il y a une petite chapelle d'argent massif, une sorte de petit portique où se trouve une Immaculée-Conception : cet ouvrage est merveilleux. Saint Jacques, comme je te l'ai dit, a un diadème d'or sur la tête ; il est entouré de bandes plates d'argent ciselé qui forment la niche la plus magnifique. Sa figure à l'expression si profonde, ne s'effacera jamais de mon cœur ; jamais mon âme chétive n'oubliera qu'elle a déposé avec toute sa foi et tout son amour, le poids de la vie sur les épaules de l'apôtre.... Cette cérémonie est touchante jusqu'aux larmes.

Je ne te parle plus de la pèlerine d'argent et de ses

pierreries éblouissantes. Au-dessus du baldaquin, quatre statues de rois agenouillés entourent Santiago à cheval, et tel qu'il apparut à la bataille de Clavijo. Les statues sont richement et admirablement peintes. Des anges de grandeur naturelle, portent des bannières, d'autres soutiennent les draperies et se penchent sur les colonnes torses étincelantes d'ornements. Quatre anges assis sur les chapiteaux, portent sur leurs épaules le cercueil de l'apôtre surmonté d'une étoile d'or qui touche la voûte. Cependant le corps et celui des deux compagnons de saint Jacques, sont enterrés sous l'autel.

La coupole de la cathédrale s'élève à trente-trois mètres. L'église a trois nefs ; avec les chapelles, elle en a en réalité six ; on y compte cinquante-huit groupes de colonnes ayant huit mètres et demi de hauteur.

La crypte, je l'avoue, quoique d'une haute antiquité, ne m'a guère fait d'impression, pas plus que le souvenir d'Almanzor-le-Grand, le Magnifique et le Terrible. Il rasa l'église primitive de Santiago, et en fit porter les cloches sur les épaules des chrétiens jusqu'à Cordoue. Saint Ferdinand les fit reporter par des captifs arabes à Santiago.

La façade principale de la cathédrale s'appelle l'*obradoiro*; elle défie toute description ; l'harmonie de ce monde de statues, de fleurons, d'ornements qui courent depuis le sol jusqu'au sommet des tours, est parfaite. Il y a quatre autres portes, entre autres la *Porta santa* des jubilés, dont les ornements de marbre rouge et blanc sont très-beaux.

Une partie de la façade de la *platería* est soutenue par la célèbre *Concha*, coquille que j'ai admirée in petto, car les savants me disaient qu'elle a volé sa réputation.

Nous avons vu à la cathédrale et à San-Martino, des stalles qui ont assez de personnages pour peupler une ville ; le plus grand nombre ont de belles et saintes expressions.

El Señor licencié de Salamanqua me fit voir à Saint-Augustin des bas-reliefs en bois peint, de grandeur naturelle, représentant des scènes de la Passion ; les statues vivent, pleurent, gémissent, prient et vous pénètrent de leurs actions et de leurs sentiments.

. . . .
. . . .
. . . .

J'écris, j'écris et je ne dis rien, hélas! L'Espagne met en lumière bien des vérités ; ce grand pays chrétien est rempli d'enseignements, et là où la langue menteuse et empoisonnée crie ignorance, fanatisme et ténèbres, il y eut toutes les sciences, toutes les beautés, tous les trésors et toutes les vertus. Il faudrait qu'un écrivain démontrât ce que l'Espagne chrétienne a fait ; la vie très-douce, très-intellectuelle et savante, très-animée et très-sainte que chacun était libre d'y mener. Il n'y a point d'industrie, dit-on ; on répondrait des volumes à ce radotage. Que manquait-il à l'Espagne avant ses révolutions ? Ses vieilles étoffes même sont aussi belles qu'aucune des Indes, et Dieu n'a pas condamné nécessairement l'homme à travailler nuit et jour au milieu des machines; ceux qui travaillent sans relâche dans les mines et dans les fabriques, boivent pour la plupart, s'abrutissent et se perdent souvent corps et âme.

LETTRE XXVIII.

A Mademoiselle Charlotte de Grammont.

Burgos, dimanche. 22 avril 1877.

Carlose,

J'AI les yeux rouges et hors de la tête des trésors qui viennent de passer devant eux; jamais les caves de la fameuse fée n'en continrent de pareils, mais, hélas! son marteau qui répandait des richesses inouïes, a passé trois fois ici avec la rage et la suprême stupidité du mal! Que de statuettes sans tête, que de guirlandes de marbre sont semblables à de la guipure déchirée, que de chefs-d'œuvre de peinture volés, perdus, brûlés, que de bibliothèques de moines jetées dans les rues, foulées aux pieds, que de couvents admirables dévastés! Un ingénieur qui fait un chemin de fer dans les environs de la Coroña, me disait qu'à Sobrado, à quelque distance de là, dans la province de Lugo, il avait vu une des plus belles choses du monde, un couvent de bénédictins. La voûte de l'église entre autres, qui vient de s'écrouler, était faite avec une science et un génie admirables. Les religieux ont été chassés, le monastère est à l'abandon ; chaque jour les paysans viennent y prendre des pierres, des colonnes même, pour leurs maisons et leurs étables. Bientôt il ne restera plus rien de cette demeure, une gloire du pays. Dans un autre endroit, le même ingénieur a vu dans un monastère abandonné, un escalier si frappant, si artistement fait, si beau en un mot, qu'il ne croit pas qu'on puisse le surpasser.

Si quelques-uns des révolutionnaires étaient de bonne foi, s'ils croyaient avec sincérité que tout catholique et surtout les moines sont ignorants, stupides et pervers, quelle surprise pour eux en entrant dans ces augustes couvents si nobles, si poétiques même, où tant de vie et de grave bonheur circulaient ; où les bibliothèques étaient telles, qu'en les prenant sans soin et en les gaspillant, elles ont formé presque partout les bibliothèques nationales.

. . . .
. . . .
. . . .

Mes plaisirs deviennent enragés ; nous avons passé huit nuits sans nous coucher ; nous ne mangeons même plus ces petits morceaux de pain frits dans l'huile, et le repos, le sommeil et la nourriture sont des mythes, nous semble-t-il.

Je reprends mon journal, où en étais-je ?

Je crois que je t'ai écrit mes adieux à la cathédrale

de Santiago. Ai-je dit ceux des savants ? Il pleuvait, les grandes dalles des rues étaient ruisselantes. Je vis par ma fenêtre que Don Jose Fernandez et Don Antonio Garcia Varquez Queipo venaient me faire une dernière compagnie, ainsi que Manuel Fernando Llamaraves ; ils me dirent qu'ils voulaient me conduire à la voiture ; j'en fus confuse à cause de la pluie. Nous partions, quand entra .... mais je t'ai écrit tout cela de la Coroña.

Mes places à la diligence ont été retenues par télégramme, sans cela nous restions en route. De la Coroña à Lugo, cinq heures de chemin de fer, cinq heures de paradis en comparaison des vingt-deux heures de diligence qui nous attendaient. Le pays est très-beau et rempli de souvenirs de guerre ; on traverse une multitude de hameaux pittoresques, appelés *feligresias*.

On fait du pain pour tous les environs dans la petite ville de Betanzos ; il est transporté à dos de mulet ou de cheval ; on y fait encore du vin excellent, mais qui ne paraît guère aux tables d'hôtel. Lugo m'a semblé fort laid ; je n'ai pu aller à l'église où le Saint-Sacrement est exposé toute l'année, ni voir les curiosités de la cathédrale, nous n'avions que le temps de dîner. Une servante crasseuse et échevelée nous fit entrer dans une salle haute, salle d'auberge s'il en fut ; le dîner était digne de la salle. J'eus un moment de *dolor*, en voyant que la troisième place du coupé était prise par un Señor, qui de la Coroña à Lugo, debout à la fenêtre de la voiture du chemin de fer, m'avait empêchée de voir. On crie : En diligence ! Nous montons dans l'infâme machine, étroite, sale, grinçante, pour laquelle j'avais payé deux cents francs, ce dont nous ne pûmes nous empêcher de rire après en être sorties.

. . . .
. . . .
. . . .

2 heures 1/2, Burgos. — Il faut que je sorte, Carlose si chère, si digne de l'être ; le sacristain de la cathédrale de Burgos m'attend pour me faire compagnie sur la plate-forme !

. . . .
. . . .

Après la descente de la plate-forme de Burgos.

Les escaliers en colimaçon si étroits, les marches si ruinées, les ouvertures si grandes de la tour, sont cause que je suis comme morte, et sans les encouragements du sacristain, je restais là-haut. La vue est belle et calme; les magnifiques tours de la cathédrale, l'ensemble de Burgos et sa vaste étendue, les ponts de la jolie rivière de l'Arlanzon, dans le lointain la *Cartuja* et les montagnes, vous dédommagent de la fatigue et du vertige.

. . . .
. . . .
. . . .

Suite du journal ; départ de Lugo. — Je suis en diligence ; nous en avons pour vingt-deux heures sans désemparer jusqu'à Barnuelas. Il est midi, il pleut ; depuis que j'ai quitté l'Andalousie, je meurs de froid. On monte, on monte toujours, les montagnes vont-elles aller jusqu'au ciel ? je le crois. Nous sommes traînés par onze mules ; quelques-unes marchent sur leurs pieds de devant et lancent des ruades, mais bientôt la fatigue et les pierres que le zagal leur jette aux oreilles, leur ôtent tous caprices ; nous montons au galop, nous descendons au galop, nous tournons au triple galop, si bien qu'en face de l'abîme, une de nos mules s'abat et nous fait courir quelque danger.

Dormir était difficile, manger dans une posada impossible, on ne s'arrêtait jamais, et ouvrir le buffet dans l'étroitesse de notre casement, tenait du miracle.

L'objet de ma haine, sans devenir un objet d'amour, se transforma en un véritable Espagnol courtois et obligeant ; à ma grande honte il paya mille bagatelles pour nous, avant que j'eusse le temps de le faire.

Je ne décrirai pas les riants vallons, les eaux murmurantes ou les lignes sévères des montagnes, ni les abîmes ; de rares rayons de soleil adoucissaient parfois l'aspect de la terrible route. La nuit vint ; je rêvai que ma tête détachée, roulait de précipices en précipices ; c'était un rêve vraiment local.

A Villafranca, le mayoral nous avertit qu'il y avait une demi-heure d'arrêt. Il était minuit. Nous montâmes dans la salle d'une venta digne du héros de la

Manche. Le chocolat espagnol est si délicieux partout, qu'il tient lieu de beaucoup de choses ; nous en bûmes, nous nous promenâmes ensuite sous les galeries de Villafranca qui me parurent plus tristes que les hypogées d'Égypte, et nous reprîmes place en voiture jusqu'au lendemain.

Je guettais l'aurore ; je pensais agréablement à ses doigts de rose ; elle vint en guenilles grises, sordides et affreuses ; au bout de très-peu de temps il neigea : oh ! c'était par trop fort, et nous commençâmes une complainte.

El Señor Espagnol nous dit que, l'hiver, on mettait souvent huit jours pour parcourir cette route, et que quelquefois on tombait dans les précipices recouverts de neige. Dieu nous en garde !

Barnuelas est l'oasis des malheureuses victimes de la diligence ; il y a quelques maisons et on y reprend le chemin de fer pour ne plus le quitter ; quand j'y fus installée à mon aise, proprement, commodément, je me crus dans un palais enchanté, et je rendis justice à la beauté grandiose de la Galice, à ses champs bien cultivés, à l'énergie de ses montagnards, dont la probité est renommée. Les Galiciens sont les Limousins de l'Espagne, ils vont dans les grandes villes y exercer les mêmes métiers.

De onze heures à une heure, je vis dans le lointain des montagnes dont les cimes se perdaient dans le plus bel azur, des plaines, des champs, des rivières, Astorga et sept autres stations. Au désert galicien avaient succédé les petites villes et les grands villages ; le soleil était revenu, et cependant quelque chose me tourmentait : c'était le proverbe sur les plus belles cathédrales :

Sevilla en grandeza ; Toledo en riqueza ; Compostela en fortaleza ; Leon en sotileza.

Je savais la légèreté de la structure de celle-ci, sa hardiesse, son balcon à jour, ses peuplades de statues, ses vastes cours, ses faisceaux de colonnes intérieures, ses murs qui ne sont pas plus épais que des vitres, ses vases flamboyants, ses trésors ; enfin, je la savais déclarée *Pulchra Leonina*, et je me disais, appréciant justement ma méchante brosse :

Hélas ! hélas, comme je vais *badigeonner* tout cela dans mon journal. Tu verras tout à l'heure ma surprise.

Je descendis à la Fonda Suiza, neuve et propre, et où j'ai été le moins mal nourrie de toute l'Espagne. Je tirai ma lettre de recommandation pour Don Gaurino Zuineda *canonigo* de la cathédrale de Léon. La Fonda Suiza nous donna pour guide un enfant, et nous sortimes vers une heure et demie. Tu te rends compte, je suppose, que c'était le jeudi, et que depuis le mercredi à deux heures du matin, nous étions en route; ce qui, ajouté à sept nuits que nous avions passées çà et là sans nous coucher, nous prêtait, même à Maria, un air des plus canonique.

La vieille et royale Léon m'a paru bien découronnée;

ses murailles à *cubos* qui lui donnaient une fière mine, sont abattues. Sa tranquillité est celle de la tombe ; des porcs broutent dans les rues désertes, mais on a changé les glacis en belles promenades.

Le jeune déguenillé nous mena au couvent de San-Isidoro, où nous montâmes, où nous descendîmes, où nous frappâmes à plusieurs portes, et d'où nous renvoya, en éclatant de rire, un gros garçon joufflu. Nous finîmes par trouver la demeure du chanoine. Une vieille à l'air honnête, me fit asseoir et porta ma lettre, c'était, je crois, l'heure du dîner. Don Gaurino Zuineda vint néanmoins au bout de très-peu d'instants, et nous reçut avec ce grand air si bon des saints personnages espagnols. Il ne parlait pas le français ; il comprit notre baragouin et nous donna rendez-vous à trois heures à la cathédrale.

A la cathédrale ! ô surprise ! les saints que je croyais voir cent pieds en l'air, je les ai vus par terre ; une tour est tombée ; les rosaces sont emmagasinées, les échelles et les échafauds cachent ce qui demeure ; je suis restée confondue de cette ruine. On travaille à la réparer, mais l'argent manque ; s'il y en avait, l'architecte demanderait dix ans pour terminer l'ouvrage.

Nous avons escaladé les madriers et les bois mis en travers, et jeté les yeux partout ; je n'ai pu juger de rien.

De la cathédrale, Don Zuineda nous conduisit à la collégiale de San-Isidoro : le corps du saint y fut apporté sur les épaules de Ferdinand I et de ses fils. Le Saint-Sacrement y reste exposé jour et nuit.

Le temps me manque pour décrire ; je ne parlerai pas de la chapelle de Santa Catalina ni de ses coffres sépulcraux. Notons les magnifiques reliques et la croix byzantine, l'une des plus belles que j'aie vues. J'arrive au célèbre monastère de San Marcos, qu'on aperçoit du chemin de fer. C'est immense, superbe, fait pour abriter la science. Don Zuineda me dit qu'avant 1868 il y avait connu cent cinquante jésuites, et que là où je voyais l'abandon et la ruine, il avait vu les hommes les plus éminents et les meilleurs. Les offices s'accomplissaient avec la plus grande majesté. Le cabinet de physique et la bibliothèque étaient remarquables; les RR. PP. faisaient de sérieux travaux astronomiques à l'observatoire dont on voit de loin la haute tour. Les jésuites ont deux astronomes d'une célébrité universelle, le Père Benito Vinès, qui possède en outre une science théologique pouvant servir de modèle à toute l'Europe, a dit l'abbé Moigno, et en Italie le Père Secchi.

Nous finîmes par l'hospice qui est sous la direction des Sœurs de saint Vincent de Paul, et qui a été fondé par un évêque ; il est vraiment royal, il a cinq patios. La supérieure nous montra un bel ornement d'église fait dans l'hospice, ainsi que d'excellents ouvrages à l'aiguille. Les Espagnoles, en général, sont très-habiles aux travaux manuels.

Nous rentrâmes dîner enchantées de notre journée et de la bonté du chanoine qui m'offrit de dire la messe le lendemain à neuf heures, avant mon départ. Il y a bien des années, il montra la ville de Léon au comte Charles de Montalembert, me dit-il.

. . . .
. . . .
. . . .

Le lendemain, j'entendis à neuf heures, à la cathédrale, la messe de Don Zuineda ; il me conduisit ensuite dans la petite bibliothèque du chapitre, y déjeuna d'une très-petite tasse de chocolat et d'un grand verre d'eau, puis nous descendîmes dans une salle où il y avait plusieurs chanoines. Quels airs respectables, quelle douce gravité, quelle noble pauvreté ! Un chanoine m'offrit une médaille et des vues de la cathédrale ; tous étaient d'une grande politesse.

J'aime la politesse, surtout celle des amis de Dieu ; elle est invariable, elle fait du bien et rend heureux l'exilé.

Don Zuineda me donna une lettre de recommandation pour le recteur magnifique de Burgos.

. . . .
. . . .
. . . .

Nous sommes partis de Léon à deux heures après midi, pour arriver à Burgos à une heure du matin. Léon est entouré de trente lieues de pâturages excellents, où on élève les fameux mérinos. J'y ai vu aussi un troupeau de trente ânes, réunion assez rare. Les comtes de Villada eurent jadis de la renommée. Il y avait à la gare de ce nom, une jeune femme escortée de cinq ou six autres ; j'admirai sur son chapeau quatre coquelicots, une grosse rose ponceau, une touffe de fleurs bleues, une aigrette blanche et des rubans noirs ; elle avait deux châles, l'un en laine bleue et rouge, et l'autre de toutes les couleurs. Serait-ce l'éclatante comtesse de Villada ?

Malgré le soleil, presque toutes les Espagnoles portent encore des manchons. Ai-je dit le talent dont elles sont douées pour arranger leurs cheveux noirs ? Mais les femmes du peuple les couvrent d'un fichu en coton, ce qui est laid et disgracieux. Je leur reproche aussi d'aimer beaucoup trop les robes vert-pomme et tabac d'Espagne, puis encore de déposer ces éclatantes parures pour entrer dans des haillons sordides.

. . . .
. . . .
. . . .

Deux heures d'arrêt me permirent de me promener à Palmeira, de voir l'extérieur de la grande et belle cathédrale, la gaîté des promenades, et de me réjouir néanmoins de n'y pas demeurer.

Nous changeâmes de train à Venta-de-Banos. Je fus jetée au sein d'une famille où il y avait servante et enfant de servante, car en Espagne on fait un tout compact. Souvent, quand je causais en Andalousie avec Don Philippo, la petite fille de la cuisinière nous tenait compagnie, et chez Doña Maria-José, l'enfant de la femme de chambre ne quittait pas le salon.

. . . .
. . . .

Burgos est une belle ville pleine de vieux souvenirs, mais on n'y a d'yeux que pour la cathédrale...

Il faut me taire, je pars.

Vaya Usted con Dios.

LETTRE XXIX.

A Madame la Comtesse Adhémar de Bousies.

Loyola, lundi, 23 avril 1877.

Ma chère Alix.

JE suis bien mieux qu'en Suisse, je suis dans la belle vallée de Loyola. Ses hautes montagnes fleuries et verdissantes, me parlent d'éternelles espérances. L'Urola qui court entre des rives enchantées, m'avertit sagement de la fuite des jours heureux. La beauté et la magnificence du monastère apprennent ce que l'amour de Dieu inspire et fait faire.

C'est ici qu'Ignace est né. J'ai vu la Santa-Casa, tour carrée qui a le charme poétique des constructions du quatorzième siècle. Nous avons entendu la messe dans la chambre où on transporta Ignace blessé, et où il eut la vision de la sainte Vierge et de saint Pierre.

J'ai bien prié pour vous. J'espère que vous y prierez un jour vous-même, car c'est un des lieux augustes de la terre, là où est né le serviteur de Dieu, père de cette Compagnie, soutien, guide, exemple et défense aux jours de danger.

Vous avez reçu mes lettres de Grenade, de Séville et de Santiago sans doute? Hélas! pour moi je n'ai pas lu un mot de vous depuis plus d'un mois ; tout est-il perdu, même votre cœur fidèle ? Je ne le crois pas et j'accuse la poste. Écrivez-moi à Paris, où je vais arriver après de rapides séjours à Lourdes et à Bordeaux. J'espère avec tendresse que vous n'avez que bonheur, santé, sainteté en vous et autour de vous. Où sont vos enfants ? Mettez dans votre âme et dans la leur le désir d'aller à Loyola ; jamais je n'ai vu de plus belle solitude.

Je suis logée dans une hôtellerie monacale, construite pour les pèlerins en même temps que le monastère qui est tout près. De ma fenêtre je vois l'église, le magnifique perron, ses lions, le portail grandiose, l'aile dont la bâtisse a été interrompue par la suppression des jésuites en 1768.

Cent ans après, année pour année, la révolution de 1868 les chassa encore de l'Espagne. Ils étaient ordinairement cent cinquante à Loyola. Don Alphonse vient de permettre à deux pères et à deux frères d'y rentrer.

Le R. P. Yridin m'a montré l'admirable édifice dans lequel est enclavée la *Casa Santa*, les salles immenses, les galeries grandioses, la vaste bibliothèque entièrement vide, l'église. C'est admirablement beau, c'est profondément triste à l'heure qu'il est, c'est même lugubre; nos pas retentissaient dans l'immense solitude comme dans le désert.

Cette fondation a été faite en 1683, par la veuve de Philippe IV.

Le portail armorié de l'église est construit en marbres précieux du pays. L'église est une admirable rotonde de trente-six mètres de diamètre ; huit immenses pilastres de marbre supportent la coupole. Les beaux autels sont d'une richesse de marbre qu'on ne peut guère surpasser.

La Santa-Casa a trois étages. C'est au troisième qu'est la chambre de saint Ignace, transformée en chapelle ; elle est très-basse, très-ornée et remplie de souvenirs précieux, ainsi que les chambres environnantes.

Les promenades sont superbes. Nous sommes allées à l'Aspeitia. Chacun garde avec amour le souvenir de Carlos et de Marguerite. Daignez ne pas effacer le mien de votre bon cœur. Jetez mon nom, horrible en espagnol, *Krôulieta*, dans l'oreille de nos amis. O Alix chérie, je vous tends la main par-dessus les Pyrénées et le cœur est dans la main.

LETTRE XXX.

A Mademoiselle Charlotte de Grammont.

Loyola.

DOLOR! Pas de lettre, pas une seule, moi qui croyais en trouver ici à passer des semaines à y répondre. Voilà quinze jours que je suis sans nouvelles. Nuit cruelle où je démêle mal ce qui t'arrive, et ce que font les miens; où je vois moins clairement encore l'état du pauvre malade de Séville, et les anxiétés de Trinidad.

Comment vous êtes-vous tous entendus pour commettre le grand crime de l'oubli?... J'en suis confondue.

. . . .
. . . .

Le temps est bien sombre; il y a de l'orage et de la pluie dans l'air, et la magnifique route que j'ai parcourue en voiture de Zummarraga à Loyola, était enveloppée de draperies funèbres. L'Urola bondissait, les cascades étaient superbes dans leur précipitation et leur murmure, et les montagnes voilées de deuil, ne me rappelaient que trop Vergara et la mort des braves qui ont péri sans nous sauver. Malheur aux traîtres !

. . . .

. . . .

. . . .

Le départ de Burgos, dont je parlerai tout à l'heure, a été bien languissant ; je l'ai attendu dans mon fauteuil une partie de la nuit, et le chemin de fer a attendu lui-même je ne sais où, ce qui a causé deux heures de retard dont personne n'a paru se soucier ; voyant cela, je ne m'en suis pas souciée non plus. Nous ne sommes partis qu'à quatre heures et demie du matin, au lieu de deux heures.

Loyola, le soir. — Quelle surprise ! quel étonnement ! que je suis béate !

Vers deux heures, je me rends au monastère qui est à un pas, avec ma lettre de recommandation. Un révérend Père vient ; il n'est que depuis quatre jours à Loyola. Il me demande mon nom deux fois et tire de sa manche sacrée, bénie à jamais, *holy for ever !!!* ta lettre en personne et deux autres. Je n'en croyais pas mes yeux. Beaucoup manquent à l'appel, entre autres Albert, Mathilde et Lille, Lille toujours ; mais enfin j'ai ton esprit et ton cœur charmant en quatre pages, et je sais que Mariano vit encore.

. . . .

. . . .

Hélas ! hélas ! Fernan Caballero n'est plus. On me l'avait dit à Santiago et à Léon, mais il me restait l'espérance d'un doute. C'était un noble et fier cœur chrétien dans l'enveloppe d'une femme charmante encore, malgré son grand âge. Son génie chaste se répandait comme des ondes bienfaisantes et pures.

S'il est permis de parler de soi, elle m'aimait tendrement et je le lui rendais en affectueux respects.

. . . .

. . . .

Loyola, mardi 24. — Le calme, le silence et la majesté de Loyola sont admirables. Les hautes montagnes, sous leur naissante verdure et aux premiers mois du renouveau, disent ce qui n'est guère : Espérance ! La vallée est délicieuse ; l'Urola bondit et chante dans des buissons charmants ; les ponts de pierre sont pittoresques. L'étendue et l'espace entourent le noble monastère ; des marroniers et d'autres arbres animent la vaste pelouse qui se déroule devant le portail de l'église au fronton triangulaire et armorié ; on y monte par trois escaliers qui forment un perron de toute beauté. La belle église est une rotonde de trente-six mètres de diamètre, éclatante de marbres incrustés et de richesse. Huit colonnes de marbre supportent la coupole toute en pierre. Bien qu'il y ait huit portes d'entrée, quand on est sous la coupole, on n'en voit qu'une seule, la principale, qui est très-belle et en bois d'acajou massif.

Les autels sont dignes de remarque. Le maître-autel, soutenu par deux colonnes torses, possédait autrefois la grande statue d'argent de saint Ignace qui est aujourd'hui dans l'église de l'Aspeitia.

L'édifice entier, qui comprend l'église, la *Santa Casa* et le collége, est grand, noble, grave et si solidement fait que malgré les révolutions et le passage des soldats, il a peu souffert; il fut élevé en 1683 pour la Compagnie, par la veuve de Philippe IV, sur les plans de Fontana. Le bel escalier, le réfectoire, les galeries, les salles sont immenses, mais quelle morne solitude.

La *Santa Casa* enclavée dans les constructions, est une tour carrée; elle formait la demeure des Loyola; rien n'en a été démoli. Le soubassement est fait en pierres brutes, et le haut en briques qui forment de très-jolis dessins. L'ancienne porte, qui existe encore, est surmontée d'un écu armorié et d'une inscription récente ainsi conçue :

Casa Solar de Loyola
A qui nacio S. Ignace en 1491.
A qui visitado por S. Pedro
Y la S. S. Vergen. Se entrego a Dios en 1521.

Près du sol, on voit une meurtrière, pour la bouche d'un canon.

La tour a trois étages. C'est au troisième que se trouve la chambre où l'on croit qu'est né saint Ignace, où il fut certainement transporté après sa blessure, et où saint Pierre et la sainte Vierge lui apparurent. J'y ai entendu la messe ce matin; cette chambre est très-ornée et très-basse; on voit au plafond trois bas-reliefs peints, qui représentent saint Ignace prêchant à l'Aspeitia ou remettant la bannière de la foi à François Xavier, et enfin, François de Borgia en costume de grand d'Espagne, prosterné aux pieds du saint.

Dans une chapelle, saint François de Borgia est peint donnant la communion à son fils.

. . . .
. . . .

Je voudrais que tu visses l'hôtellerie monacale que j'habite, et qui a été construite pour les femmes en même temps que le monastère, où, sauf l'église, elles ne pouvaient entrer jadis. De mon salon, je vois en t'écrivant, l'admirable perron, le portail, l'église, une partie du couvent, surtout celle qui resta inachevée lors de la suppression de l'Ordre sous Charles III. De ma chambre à coucher, qui est à côté, j'ai la vue de la magnifique vallée; mon salon est immense, très-haut de plafond et peint à la chaux. La porte en chêne noirci par deux siècles, est assez grande pour servir de porte d'église.

Les rideaux de mousseline, mon lit et ses guipures, éclatent de blancheur. Il y a un beau Christ en bois peint dans le salon et des tableaux pieux. Les corridors et l'escalier sont grandioses; jamais je n'ai été logée d'une façon si conforme à mes goûts.

L'hôtel est tenu par une honnête famille; le dîner a

été non-seulement sain et abondant, mais succulent, et la jeune fille qui nous servait, m'a fait boire du cidre.

Ne t'ai-je pas dit que les potages espagnols sont rougis au safran, que les fourchettes aux dents plates ont le manche renversé, que le bon vin est invisible, que celui qu'on boit est violet d'évêque ? Je n'aime ni ne hais le *pucherò*, mais décidément je ne peux souffrir les *garbanzos*. Quant au *gaspachò* qui me paraît composé par le génie des rafraîchissements, génie très-répandu en Espagne, hélas ! je n'en ai pas goûté; en voici la recette : de l'eau froide, du sel, du vinaigre, de l'huile, du pain, des tomates, des piments, de l'ail et du concombre.

Les poissons sont exquis et les fritures sont parfaites. Je n'ai pas trop aimé le célèbre fromage au lait de chèvre, appelé le *queso de Burgos*.

A part le béret des provinces basques et quelques paysans andaloux, on ne voit plus de costume. Je trouve affreux les grands tartans et les mouchoirs sur la tête, dont les femmes du peuple s'enveloppent.

Ai-je parlé des grincements des chars à bœufs ? J'y suis toujours prise ; quand ils sont loin, je prête une oreille effarée et j'hésite entre le bruit des casseroles traînantes à la queue des chiens, les rumeurs d'un poulailler épouvanté, le glapissement des chacals. Comment les roues pleines de ces petits chars mérovingiens peuvent-elles produire un pareil vacarme ? On dit que les paysans l'aiment et qu'ils se mettent sur la porte pour en mieux jouir.

. . . .

. . . .

4 heures, Loyola. — Le temps est superbe. Nous revenons de l'Aspeitia, petite ville jolie, fleurie, très-vivante, surtout en ce jour de marché. Nous avons vu dans la grande église, les fonts où saint Ignace fut baptisé, et sa statue d'argent dont le visage a beaucoup de vérité. Près de cette église, car il y en a encore trois autres, j'ai remarqué une charmante maison de la même époque et dans le même style que la *Casa Santa*.

Je suis fatiguée d'écrire. Un jour on dit à une taupe : décrivez ce que vous voyez ; la taupe obéissante, au lieu de répondre : Je ne vois rien, décrivit. Je connais cette taupe ; décrivons Burgos.

J'avais une lettre de recommandation pour le recteur magnifique, théologien du Concile, supérieur du séminaire. Il m'envoya un professeur, puis vint lui-même ; je crus revoir le Père Pisart. Il me dit qu'il était accablé d'occupations, que néanmoins il irait à la cathédrale avec nous pour peu de temps, il est vrai, puis qu'un de ses professeurs nous la montrerait dans tous les détails.

Quand le sacristain me vit entrer avec monsieur le recteur magnifique, il laissa tomber la clef de sa sacristie ; le balayeur fit choir son balai, les enfants se poussèrent, et les monstrueux mendiants qui encombrent les portes, au lieu d'aumônes, demandèrent la bénédiction; les femmes en prières laissèrent tomber leurs chapelets. Heureusement que l'air bon et simple du grand recteur me rassura: j'aurais pu me laisser tomber moi-même. Je vis plusieurs choses avec lui, entre autres les stalles où se trouvent environ quatre mille figures artistement faites, animées, quelques-unes pleines d'humour et de caprice, la plupart suaves et idéales.

Quels livres ferait Didot s'il dessinait seulement la quarantième partie de la cathédrale de Burgos! Dix volumes de planches ravissantes donneraient à peine une idée des stalles.

Au milieu de mon admiration, le recteur me fit ses adieux, et me remit aux mains d'un professeur et d'un sacristain, avec lesquels nous commençâmes une inspection telle, et nous vîmes des trésors si beaux, que je sens la tête me tourner.

Ah! que le bon Dieu a inspiré de chefs-d'œuvre, c'est mon cri habituel, et qu'il a donné de patience, de force, de dévouement, de talent et d'amour à ses ouvriers, pour inventer, commencer et surtout finir des ouvrages que les génies semblent seuls capables de faire. Quelle génération étaient-ce donc que ces ouvriers artistes, que ces architectes, que ces donateurs?

La cathédrale de Burgos est du treizième siècle; elle élève avec l'emportement de l'amour qui ne connaît pas d'obstacles, des tours en dentelles fines, et si travaillées, qu'il semble que la brise va les renverser, des clochers à formes coniques, des roseaux de pierre, des statues de grande physionomie chrétienne.

La façade principale, dédiée à la Vierge, m'a délicieusement arrêtée. La belle fontaine du parvis semble murmurer l'admiration des siècles.

La porte de la Pellegaria a une profusion inouïe d'ornements, de figurines, de détails qui ravissent. Ses quatre grandes statues de saint André, saint Jacques, saint Jean-Baptiste et saint Jean l'Évangéliste, sont très-bonnes, mais passons, passons....

Le dôme est hardi et somptueux; il a soixante mètres de haut; Philippe II en a dit : " c'est plutôt l'œuvre des anges que des hommes," on peut le penser de l'édifice tout entier, mais passons, passons....

Le professeur, qui savait l'hébreu, et le sacristain qui parlait français, me firent entrer dans la célèbre chapelle de style ogival fleuri du Condestable. J'allai d'abord à ses tombeaux, les grands morts m'attirent, j'épie leurs visages avec une tristesse curieuse. Celui du Condestable Pedro de Valasco, mort en 1492, est ferme, tranquille, indomptable. Sa femme Doña Mencia de Mendoza, morte en 1500, est douce, attrayante, heureuse. Les ornements faits avec une rare perfection, sont intéressants à examiner. Doña Mencia de Mendoza, habillée d'un costume magnifique de l'époque, égrène un très-grand rosaire terminé par un médaillon ; un petit chien de race qui n'existe plus, est couché dans le pli de sa robe, mais passons, passons....

Ne nous arrêtons pas aux belles sculptures du rétable qui représente l'Agonie, le Crucifiement, la Résurrection, et qui a plus de cinquante personnages en bois peint presque de grandeur naturelle, qui parlent, qui émeuvent et font prier et pleurer avec eux.

Je ne dirai rien du grand bloc de jaspe ; rien de saint Sébastien, presque rien de saint Jérôme, petit chef-d'œuvre de sculpture.

Nous entrons dans la sacristie. Le sacristain ouvre une armoire, tire un rideau, nous montre la fameuse Madeleine attribuée à Léonard de Vinci, et tombe en extase. Il apporte une *paz* un peu plus grande que la main, dont la Vierge est en jais, tout le reste est perles, pierres fines, et ravissement. Passons, passons....

Ne parlons pas des dyptiques d'ivoire du Condestable. Voyons encore deux crucifix et puis passons. Va ! pauvre taupe !

La chapelle de Santa Ana demanderait plus de cinq ans au dessinateur, et plus d'un mois à l'écrivain ; passons... sans parler de son tombeau d'Acuña y Osorio, modèle de sculpture gothique, ni du tableau d'Andrea del Sarto, ni du rétable surnommé " parfait. "

Passons la chapelle de Santiago. Voici celle de San Enrique et sa statue en bronze ; passons.... Faut-il aussi passer l'Enfant-Jésus et la sainte Vierge attribués à Michel-Ange, dans la chapelle de la Présentation ? Il le faut bien, car les paroles me manquent pour dire la puissance de cette peinture. Passe, courageuse taupe, Santa Tecla qui est diversement jugée. La richesse remplace l'art, c'est écrasant, inouï, vertigineux de travail, peut-être beau encore, mais à coup sûr c'est le dernier pas avant la décadence ; sa *media naranja* de 1734 s'élève à soixante pieds de haut.

Que de fois je me suis arrêtée devant la tête de pierre de saint François d'Assise enveloppée du capuchon. Cette angélique figure va prier. Le saint suivait avec attention les travaux du portail; un des sculpteurs présents, esquissa son portrait, l'exécuta ensuite en pierre et le plaça où il est aujourd'hui. Parlerai-je des beaux portraits des archevêques de Burgos dans la chapelle de Santa Catalina, et du Christ du Greco, connu du monde entier ?

Nous entrâmes dans une grande salle très-nue et très-haute. Le coffre du Cid est attaché presque au plafond. Si on le mettait au chemin de fer, la locomotive elle-même s'arrêterait; jamais mon imagination n'aurait pu créer une malle si vieille, si extraordinairement vieille, elle a l'air d'avoir flotté sur les eaux du déluge.

J'avais envie de terminer brusquement mes récits, de ne pas mentionner la jolie promenade de l'Espolon au bord de l'Arlanzon, Saint-Gil, Saint-Nicolas, Santa Agueda où se passa la scène dramatique et terrible du serment. Le Cid, tout parle du Cid dans la ville de Burgos, y fit jurer à Alphonse VI, qu'il n'était pas le meurtrier de son frère, Don Sanchez, tué devant Zamora.

L'excellent souper que je viens de faire me rappelle à la vie. J'ai la force de t'assassiner d'un dernier récit.

Le hasard m'a conduite ce matin à San Esteban, tandis que les militaires exécutaient une très-belle messe en musique ; à l'élévation, ils jouèrent la marche royale.

J'ai visité la célèbre Cartuja de Miraflores qui est à trois kilomètres de Burgos. Elle mérite sa réputation, c'est un monde entier dont les bâtiments sont du style gothique fleuri ; l'abandon et la mort y règnent, le gouvernement n'a permis qu'à trois chartreux de l'habiter ; l'un d'eux nous a servi de guide. Il est doux au malheur, doux à ses ennemis, patient et résigné. Il répondait avec simplicité à mes questions ; ses réponses te le feront connaître :

" — Oui, j'étais très-heureux sans jamais parler — j'étais très-heureux de ne parler qu'à Dieu. Je le suis encore de faire sa volonté. " — J'avoue qu'il ajouta non sans malice : " Je ne crois pas que les femmes puissent comprendre le bonheur du silence ! "

Je voulus cueillir quelques fleurs dans le cimetière ; je marchais émue et pensive sur l'inégal terrain où il n'y a aucun nom, aucune pierre, mais une seule petite croix ; le chartreux me dit qu'elle marque la tombe d'un profond casuiste, mort en odeur de sainteté, Antonio de Molina.

. . . .
. . . .
. . . .

TABLE GÉNÉRALE.

		PAGE.
Avant-Propos de la seconde édition		I
Préface de la première édition.		III
Lettre I. . . . . A Melle C. de GRAMMONT. départ de Paris.		1
Lettre II. . . . » » Biarritz, Madrid.		4
Lettre III. . . . » » Madrid . . .		7
Lettre IV. . . . » » Madrid . . .		9
Lettre V. . . . » » Séville . . .		13
Lettre VI. . . . » » Séville . . .		17
Lettre VII. . . A Mme la M^{se} de V * * Séville . . .		26
Lettre VIII. . . A Melle C. de GRAMMONT. Séville . . .		28
Lettre IX. . . . » » Séville . . .		41
Lettre X. . . . A Mme la M^{se} de V * * Séville . . .		50
Lettre XI. . . . A Melle C. de GRAMMONT. Séville . . .		53
Lettre XII. . . A Mme VERSPYCK. Séville		56
Lettre XIII. . A Melle C. de GRAMMONT. Séville . . .		59
Lettre XIV. . . A * * * Séville . . .		68
Lettre XV. . . A Melle C. de GRAMMONT. Séville . . .		71
Lettre XVI. . » » Cordoue . . .		79
Lettre XVII. . A * * * Cadix . . .		88
Lettre XVIII. A Melle C. de GRAMMONT. Cadix . . .		90
Lettre XIX. . . » » Gibraltar . . .		97

*

			PAGE.
Lettre XX......	A Mme la M^{se} de V * *	Gibraltar.	. 101
Lettre XXI.....	A Melle C. de GRAMMONT.	Tanger.	. 105
Lettre XXII. ...	» »	Tétouan.	. 111
Lettre XXIII....	» »	Tanger.	. 123
Lettre XXIV....	» »	Gibraltar.	. 132
Lettre XXV.....	» »	Ronda.	. 138
Lettre XXVI. ...	» »	Malaga.	. 150
Lettre XXVII. ...	A * * *	Grenade.	. 158
Lettre XXVIII...	» »	Grenade.	. 160
Lettre XXIX. ...	A Melle C. de GRAMMONT.	Grenade	. 163
Lettre XXX.....	» »	Grenade.	. 171
Lettre XXXI. ...	A Mme VERSPYCK.	Grenade.	. 181
Lettre XXXII. ...	A Melle C. de GRAMMONT.	Santa-Cruz-de-Muleda.	. 185
Lettre XXXIII...	A * * *	Tolède	. 190
Lettre XXXIV...	A Melle C. de GRAMMONT.	Tolède.	. 193
Lettre XXXV. ...	» »	Valence.	. 201
Lettre XXXVI...	» »	Monistrol	. 205
Lettre XXXVII. ..	A * * *	Barcelone	. 208
Lettre XXXVIII .	A Melle C. de GRAMMONT.	Barcelone.	. 210
Lettre XXXIX...	A Mme VERSPYCK.	Bagnères-de-Luchon.	. 214

TABLE ANALYTIQUE.

	PAGE.
Avant-Propos de la seconde édition	I
Préface de la première édition.	III
Lettre I. . . . . A Melle C. de GRAMMONT. Départ. Les landes. Bayonne	1
Lettre II . . . . A Melle C. de GRAMMONT. Biarritz. Danger. Les mules. Arrivée à Madrid . .	4
Lettre III. . . . A Melle C. de GRAMMONT. Madrid . .	7
Lettre IV. . . . » » Les Madrilènes. Le Prado. Les églises. El Chocolate . . .	9
Lettre V. . . . . A Melle C. de GRAMMONT. Séville. Processions de la Semaine sainte. Les del Aguila. Trinidad. Panales	13
Lettre VI. . . . A Melle C. de GRAMMONT. Séville. Les rues. Les patios. Le musée de Madrid. Le voyage. L'alcazar de Séville. Le Miserere. San Telmo.	17
Lettre VII . . . A Mme la Marquise de V. Séville. El Puchero	26
Lettre VIII . . A Melle C. de GRAMMONT. Séville. Procession de la Semaine sainte. Trésor de la cathédrale. Les rues de Séville. Les Ordres religieux. Musée Murillo. Courses de taureaux le jour de Pâques. .	28

	PAGE.
Lettre IX. . . . A Melle C. de GRAMMONT. Séville. La fabrique de tabac. La fonderie de canons. Maria Coronel. La Caridad. Les tableaux de Murillo et de Valdes. Hospice. Manière de vivre en Espagne. La bulle. La cathédrale. Saint Nicolas. San Jose. Santa Maria la blanca. Triana	41
Lettre X . . . . A Mme la Marquise de V. Séville	50
Lettre XI. . . . A Melle C. de GRAMMONT. Séville. Le mort. La cathédrale	53
Lettre XII . . . A Mme VERSPYCK. Séville. Posada et fonda	56
Lettre XIII. . . A Melle C. de GRAMMONT. Séville. Politesse espagnole. La duchesse de M. Tombeau de saint Ferdinand. Marie Padilla. Sacristie de la cathédrale. École sévillane. Le chœur de la cathédrale. Détails. Le Novio. L'hôpital. La folle.	59
Lettre XIV. . . A *** Séville. La feria.	68
Lettre XV. . . . A Melle C. de GRAMMONT. Séville. Réminiscences. La fabrique de capsules. Beauté. Le Sacré-Cœur. Italica. Couvent des Hiéronymites. San Isidro. Fernan Caballero. Encore San Telmo	71
Lettre XVI. . . A Melle C. de GRAMMONT. Cordoue. Adieux. L'oie interprète. La mosquée. Désagrément de se tromper. Pluie. Les Ermitas de Cordoue.	79
Lettre XVII . . A *** Départ. Patio. Cathédrale de Cordoue .	88

Table Analytique.

		PAGE.
Lettre XVIII .	A Melle C. de GRAMMONT. Cadix. Cathédrale. Murillo. La Casa de misericordia. Mon cousin Pepe. Encore la cathédrale de Cordoue. Aventures. Séville.	90
Lettre XIX.	A Melle C. de GRAMMONT. Aventures en mer. Le San-Bernardo. Gibraltar	97
Lettre XX.	A Mme la M^{se} de V. Gibraltar. Le San-Bernardo	101
Lettre XXI.	A Melle C. de GRAMMONT. Tanger. Logement. Le pacha. Le harem.	105
Lettre XXII.	A Melle C. de GRAMMONT. La fête de l'Ascension à Tétouan. Le pacha. Les Juifs, leurs costumes, leur sabat. Les rues. Visites. Le R. P. Marian	111
Lettre XXIII.	A Melle C. de GRAMMONT. Tétouan et Tanger. Marché. Spleen. L'esclave. L'histoire des Achaz. La vie à bon marché	123
Lettre XXIV.	A Melle C. de GRAMMONT. Noce juive à Tanger. Retour à Gibraltar	132
Lettre XXV	A Melle C. de GRAMMONT. Gaucin. Ronda. Don Raphaël Minguez.	138
Lettre XXVI.	A Melle C. de GRAMMONT. Ronda. Les chemins. Casa Raboneda. Aventure. Malaga	150
Lettre XXVII.	A *** Grenade. Les brigands	158
Lettre XXVIII.	A *** Grenade. Réminiscences	160
Lettre XXIX.	A Melle C. de GRAMMONT. Grenade. Alhambra. La fête-Dieu. L'Alaméda. Encore Malaga. L'hospice des fous à Grenade. Cartuja.	163
Lettre XXX.	A Melle C. de GRAMMONT. Grenade.	

		PAGE.
	Alhambra. Palais de Charles-Quint. Cour des lions. Monte Sacro. Les cuevas. Lettres perdues. Généralifé.	171
Lettre XXXI. . . .	A Mme VERSPYCK. Grenade. Causeries	181
Lettre XXXII . . .	A Melle C. de GRAMMONT. Santa-Cruz-de-Muleda. La diligence. Les brigands. Les belles routes. Tolède. Le grillon	185
Lettre XXXIII . .	A *** Tolède. Cathédrale	190
Lettre XXXIV. . .	A Melle C. de GRAMMONT. Réminiscences de Grenade. Tolède. La novice. La cathédrale. La chapelle Mozarabe. Le trésor. L'Alcazar. San Juan de los reyes, etc. Les effets de la guerre. La fabrique d'armes.	193
Lettre XXXV . . .	A Melle C. de GRAMMONT. Aranjuez. Valence. Perte de ma lettre de crédit. Église des dominicains. Morales	201
Lettre XXXVI. . .	A Melle C. de GRAMMONT. Monistrol. Le Mont-Serrat	205
Lettre XXXVII. .	A *** Barcelone. Causeries	208
Lettre XXXVIII .	A Melle C. de GRAMMONT. Barcelone. Causeries. Le château de Chimène. La jeune fille morte	210
Lettre XXXIX . .	A Mme VERSPYCK. Bagnères-de-Luchon. Causeries. L'Escorial. Luchon.	214

TABLE GÉNÉRALE DES FRAGMENTS.

Fragments.

(Treize ans après.)

1876-1877.

		PAGE.
Lettre I.	A Melle C. de GRAMMONT. Départ de Paris pour Dos Hermanās. Arrivée. Séville.	221
Lettre II.	*A la même.* Dos Hermanas	229
Lettre III	A Mme la C^{sse} ADHÉMAR de BOUSIES. Dos Hermanas	232
Lettre IV	A Melle C. de GRAMMONT. Séville.	235
Lettre V	*A la même.* Séville	238
Lettre VI	» »	245
Lettre VII	» Dos Hermanas. Séville	253
Lettre VIII	» » »	261
Lettre IX	» » »	266
Lettre X	A Mme la C^{sse} ADHÉMAR de BOUSIES. Dos Hermanas.	272
Lettre XI	A Melle C. de GRAMMONT. Dos Hermanas et Séville	279
Lettre XII	A Mme la C^{sse} ADHÉMAR de BOUSIES. Causeries.	280
Lettre XIII	A Melle C. de GRAMMONT. Écrivains. Dos Hermanas.	282

		PAGE.
Lettre XIV	A Mme la C^{sse} ADHÉMAR de BOUSIES. Causeries	287
Lettre XV.	A Melle C. de GRAMMONT. Fernan Caballero. Casa de Pilatos.	291
Lettre XVI	*A la même.* Causeries	294
Lettre XVII. . . .	» L'hacienda. Séville . .	298
Lettre XVIII. . .	» Grenade	303
Lettre XIX	» Séville. Grenade . . .	308
Lettre XX.	» Lisbonne.	324
Lettre XXI	» Oporto.	326
Lettre XXII. . . .	» Santiago. Voyage . . .	329
Lettre XXIII. . .	» Santiago di Compostella.	332
Lettre XXIV. . .	A Mme la C^{sse} ADHÉMAR de BOUSIES. Santiago	344
Lettre XXV. . . .	A Melle C. de GRAMMONT. Santiago .	349
Lettre XXVI. . .	» » La Coroña. Santiago	351
Lettre XXVII. . .	*A la même.* La Coroña. Santiago .	354
Lettre XXVIII	*A la même.* Burgos. Lugo. Villafranca. Branuelas. Léon, etc.	360
Lettre XXIX. . .	A Mme la C^{sse} ADHÉMAR de BOUSIES. Loyola.	372
Lettre XXX. . . .	A Melle C. de GRAMMONT. Loyola. Burgos	375

TABLE ANALYTIQUE.

𝔉ragments
(Treize ans après.)
1876-1877.

		PAGE.
Lettre I	A Melle C. de GRAMMONT. Départ de Paris, le 8 décembre 1876. La jeune mère. L'Anglaise. Madrid. Départ. Doña Nicolassa. Les inondations. Arrivée à Dos Hermanas. Ma petite maison. Séville. La cathédrale	221
Lettre II	*A la même.* Dos Hermanas	229
Lettre III	A Mme la C^{sse} ADHÉMAR de BOUSIES. Dos Hermanas. Statistique.	232
Lettre IV	A Melle C. de GRAMMONT. Séville. Fêtes de Noël. Fernan Caballero. L'inondation. Nourriture	235
Lettre V	*A la même.* Séville. Messe de minuit. Tableau de St Antoine volé et retrouvé. Le Sacré-Cœur. San Salvator. Les balcons. Festins. Le musée. La danse sacrée. Mendiants	238
Lettre VI	*A la même.* Séville. Caridad. La fabrique de tabac. Trésor de la cathédrale. Deux nains. Le grand dîner. Les spectateurs. Dos Hermanas. Danse de los Seises	248

		PAGE.
Lettre VII.	*A la même.* Dos Hermanas. Solitude. Politesse. Les relations. Les usages. Le costume. Les maisons en terre. La pluie. La chaleur. La lessive. Le chemin de fer emporté. Réminiscence. Le mort	253
Lettre VIII	*A la même.* Dos Hermanas. Faire compagnie. Séville. Les présents. La Giralda. Fernan Caballero. Dos Hermanas. Les taureaux.	261
Lettre IX	*A la même.* Dos Hermanas. Danses. Le cours d'espagnol. Une scène. Promenades. Petites Sœurs des pauvres.	266
Lettre X.	A Mme la C^{sse} ADHÉMAR de BOUSIES. Dos Hermanas. Cueillette des olives	272
Lettre XI	A Melle C. de GRAMMONT. Dos Hermanas. Fra Antonio. Les oranges. Fête de la Purification. Mardi gras à Séville	279
Lettre XII.	A Mme la C^{sse} ADHÉMAR de BOUSIES. Causeries.	280
Lettre XIII	A Melle C. de GRAMMONT. Don Mariano. Théophile Gautier. Reinhold Baumstarck. *Tomar el sol.* Marché de Dos Hermanas	282
Lettre XIV	A Mme la C^{sse} ADHÉMAR de BOUSIES. Causeries. Le verre d'eau de l'évangile.	287
Lettre XV.	A Melle C. de GRAMMONT. Fernan Caballero. La Casa de Pilatos	291

		PAGE.
Lettre XVI	*A la même.* La visite imprévue. Causeries. *Dolor*	294
Lettre XVII	*A la même.* L'hacienda. Lazzareno. Séville. Arrivée d'Albert. Les *aficionados*	298
Lettre XVIII	*A la même.* Grenade. Alhambra. Sacro Monte. La Casa de la Ziros. La Cartuja.	303
Lettre XIX	*A la même.* Séville. Causeries sur Grenade. Les *torreros.* Les oiseaux. Les renoncules rouges. La Caridad de Séville, etc. etc. Victor Hugo. Semaine sainte à Séville. Les processions. Fernan Caballero. La Casa de Juan de Ribera.	308
Lettre XX	*A la même.* Lisbonne. Belem. La tour.	324
Lettre XXI	*A la même.* Oporto. Voyage. Deux enfants terribles	326
Lettre XXII	*A la même.* Santiago. Voyage	329
Lettre XXIII	*A la même.* Santiago. Voyage. San Bento. Viana. El Señor Pecqueño. Thuy. Les Beni Zoug-Zoug. La Galice. La prise de tabac. Pontevedra. Carril. Politesse de plusieurs Anglais. Santiago. Les savants. La cathédrale de St-Jaques. Trésors. L'antique pèlerinage. Mort de Fernan Caballero.	332
Lettre XXIV	A Mme la C^sse ADHÉMAR de BOUSIES. Santiago. Les escaliers. Causeries.	344
Lettre XXV	A Melle C. de GRAMMONT. Santiago. San Martino. St-Dominique	346

	PAGE.
Lettre XXVI. . . *A la même.* La Coroña. Épisode. St-Dominique de Santiago. Description de la cathédrale. St-Augustin, etc. . .	351
Lettre XXVII. . . *A la même.* La Coroña. Réminiscences. Saint Jacques de Compostelle. Injustes accusations	354
Lettre XXVIII . . *A la même.* Burgos. Réminiscences. Lugo. Burgos. Voyage dans la Galice. Villafranca. La neige. Branuelas. Pulchra Leonina. La cathédrale. San Isidoro. San Marcos. L'hospice. La dame de Villada. Palmeira . . .	360
Lettre XXIX . . . A Mme la C^{sse} ADHÉMAR de BOUSIES. Loyola. Le monastère. La Santa Casa	372
Lettre XXX . . . A Melle C. de GRAMMONT. Loyola. L'Urola. Lettres. Fernan Caballero. Beauté de la vallée de Loyola et du monastère. La Santa Casa. La bonne hôtellerie. *Gaspachos.* Les chars traînés par des bœufs. L'Aspeitia. Statue de St Ignace. Burgos. Le supérieur recteur magnifique. La cathédrale. L'Espolon. Santa Agueda, etc. Le Cid. Le chartreux	375

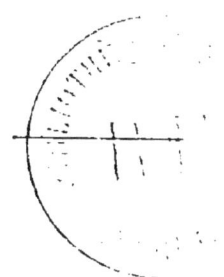

DU MÊME AUTEUR :

ORIENT-ÉGYPTE. *Journal de Voyage.* Paris, Watelier, 1 vol. in-12.

ORIENT-SYRIE. *Journal de Voyage.* Paris, Challamel aîné, 2 vol. in-12. Rue Jacob, n° 16.

Publications de l'Imprimerie de Saint-Augustin : Lille, rue Royale, 26.

MÉDITATIONS du V.-P. du Pont, de la Cie de Jésus, traduites par le R. P. Jennesseaux, de la même Cie. Les 1er, 2e et 3e volumes sont en vente.	Fr. 3,00
LA VIE DES SAINTS, ou une Vie de Saint pour chaque jour de l'année, suivie d'une méditation et d'une prière.	„ 3,50
ALLONS AU CIEL ! Manuel de l'âme pieuse, par Mme la M^{se} de ***.	„ 4,50
LE MÉNOLOGE DU CARMEL, ou Vie des saints, bienheureux, vénérables, et personnages illustres de l'Ordre du Carmel, 3 vol.	„ 10,00
UNE PENSÉE DE Ste Thérèse pour chaque jour de l'année (2e édit.).	„ 0,50
„ St Vincent de Paul. „ „	„ 0,50
„ St Ignace de Loyola. „ „	„ 0,50
„ St François d'Assise. „ „	„ 0,50
„ St Alphonse de Liguori. „ „	„ 0,30
„ des Saints Dominicains. „ „	„ 0,50
NOELS ANCIENS (série de 6 numéros), éd. de luxe, couverture en chromolithographie, impression de la musique en typographie. le N°	„ 1,50
LES MÊMES NOELS, éd. ordinaire en rouge et noir. le N°	„ 0,50
IMAGES EN CHROMOLITHOGRAPHIE DE GRAND FORMAT :	
de St François d'Assise.	„ 1,00
„ Ste Apolline	„ 1,00
„ Notre-Dame de la Guirlande.	„ 1,00
„ „ du Bon Conseil.	„ 0,75
IMAGES DE PETIT FORMAT :	
de St Vincent de Paul (éd. ordinaire). le cent	„ 5,00
„ (éd. de luxe) „	„ 12,00
„ Ste Apolline. „	„ 12,00

www.ingramcontent.com/pod-product-compliance
Lightning Source LLC
Chambersburg PA
CBHW050920230426
43666CB00010B/2262